论法的精神

[法] 查理·路易·孟德斯鸠 著　张雁深 译

MONTESQUIEU

云南出版集团
云南人民出版社

果麦文化 出品

6

TOME
SIXIEME

目 录

	第二十七章	罗马继承法的起源和变革
001	本章单独的一节	
	第二十八章	法国民法的起源和变革
015	第一节	日耳曼各族法律性格的差异
018	第二节	野蛮人的法律都是属人法
020	第三节	《撒利克法》和《西哥特法》、《勃艮第法》的主要差异
022	第四节	为什么罗马法在法兰克人统辖的地区就消灭，在哥特人和勃艮第人统辖的地区就存在
025	第五节	续前
026	第六节	在伦巴底人的领地内为什么罗马法能够存在
027	第七节	在西班牙为什么罗马法消灭了
028	第八节	假的敕令
028	第九节	野蛮人的法典和敕令是怎样消灭的
030	第十节	续前
031	第十一节	野蛮人的法律、罗马法和敕令废灭的其他原因
032	第十二节	地方习惯；野蛮民族的法律和罗马法的变革
034	第十三节	《撒利克法》和《海边法兰克法》、《河畔法兰克法》和其他野蛮民族法律的差异
036	第十四节	另一点差异
037	第十五节	一点说明
037	第十六节	《撒利克法》的开水立证

038	第十七节	我们祖宗的想法
041	第十八节	决斗立证为什么传播开了
046	第十九节	《撒利克法》、罗马法和敕令被忘却的另一原因
047	第二十节	荣誉观念的起源
050	第二十一节	关于日耳曼人荣誉观念的另一点意见
050	第二十二节	和决斗有关的风俗
052	第二十三节	决斗裁判的法学
052	第二十四节	决斗裁判的规则
054	第二十五节	对决斗裁判所加的限制
057	第二十六节	诉讼人和证人间的决斗
059	第二十七节	诉讼人和领主的司法家臣间的决斗。对裁判不公的上诉
065	第二十八节	对怠忽裁判职务的上诉
070	第二十九节	圣路易朝代
073	第三十节	关于上诉的几点考察
073	第三十一节	续前
074	第三十二节	续前
075	第三十三节	续前
076	第三十四节	诉讼程序如何成为秘密的
078	第三十五节	诉讼费用
079	第三十六节	公诉人
082	第三十七节	圣路易的《法制》怎样为人们所忘却
084	第三十八节	续前
087	第三十九节	续前
088	第四十节	为什么采用教皇诏论规定的裁判形式
089	第四十一节	教会裁判权和世俗裁判权的枯荣消长
091	第四十二节	罗马法的复活和它的后果。法庭的变化
094	第四十三节	续前

| 095 | 第四十四节 | 人证 |
| 095 | 第四十五节 | 法兰西的习惯 |

第二十九章　制定法律的方式

099	第一节	立法者的精神
099	第二节	续前
100	第三节	和立法者的意图好像相背驰的法律却常常是和这些意图相符合的
101	第四节	违背立法者意图的法律
101	第五节	续前
102	第六节	相似的法律未必就有相同的效果
103	第七节	续前。立法方式必须适当
103	第八节	相似的法律不一定出自相同的动机
104	第九节	希腊和罗马的法律都惩罚自杀,但是动机不同
105	第十节	看来相反的法律有时是从相同的精神出发的
105	第十一节	对两种不同的法律应当怎样进行比较
106	第十二节	看来相同的法律有时实在是不相同的
107	第十三节	不应当把法律和它所以制定的目的分开来谈。罗马关于盗窃的法律
109	第十四节	不应当把法律和它制定时的情况分开来谈
110	第十五节	有时候法律应当矫正自己
110	第十六节	制定法律时应当注意的事情
115	第十七节	制定法律的一个恶劣方式
116	第十八节	整齐划一的思想
117	第十九节	立法者

第三十章　法兰克人的封建法律理论和君主国的建立

118	第一节	封建法律
119	第二节	封建法律的资料
120	第三节	封臣制度的起源
121	第四节	续前
122	第五节	法兰克人的征服地
123	第六节	哥特人、勃艮第人和法兰克人
123	第七节	分割土地的不同方式
124	第八节	续前
125	第九节	《勃艮第法》和《西哥特法》关于土地分配条款的实施是恰当合理的
126	第十节	奴役
127	第十一节	续前
131	第十二节	野蛮人分领区的土地不缴纳赋税
135	第十三节	在法兰克人的君主国里罗马人和高卢人的赋税
137	第十四节	所谓"贡赋"
139	第十五节	只向农奴而不向自由人征收"贡赋"
142	第十六节	"忠臣"或封臣
144	第十七节	自由人的兵役
147	第十八节	双重职务
149	第十九节	野蛮民族的和解金
154	第二十节	后来的所谓领主司法权
158	第二十一节	教会的属地司法权
160	第二十二节	第二时期结束前采地司法权的建立
164	第二十三节	对杜波所著《法兰西君主国在高卢的建立》一书的总的意见
165	第二十四节	续前对杜波的基本理论的意见
169	第二十五节	法国的贵族

第三十一章　法兰克人的封建法律理论对他们的君主国的革命的关系

177	第一节	官职、采地的变更
181	第二节	民政是怎样改革的
184	第三节	宰相的职权
187	第四节	从宰相制度上所看到的国家的特点
188	第五节	宰相们是怎样取得了军队的指挥权的
190	第六节	黎明时期王权衰微的第二阶段
191	第七节	宰相治下的重要职位和采地
192	第八节	自由土地怎样变成了采地
195	第九节	教会的财产怎样被改成采地
197	第十节	僧侣的财富
199	第十一节	查理马特尔时代欧洲的情况
202	第十二节	什一税的建立
205	第十三节	主教和僧院长的选举
206	第十四节	查理马特尔的采地
206	第十五节	续前
207	第十六节	王冠和相职的结合。第二时期
209	第十七节	第二时期；选举国王的特殊情况
211	第十八节	查理曼
212	第十九节	续前
213	第二十节	柔懦路易
216	第二十一节	续前
217	第二十二节	续前
218	第二十三节	续前
221	第二十四节	自由人后来可以接受采地
222	第二十五节	第二时期积弱的主要原因。自由土地的变化
225	第二十六节	采地的变化

226	第二十七节	采地的另一种变化
227	第二十八节	重要官职和采地所发生的变化
229	第二十九节	秃头查理朝以后采地的性质
230	第三十节	续前
232	第三十一节	帝国怎样脱离了查理曼帝室的统治
232	第三十二节	雨格·卡佩家族怎样取得法兰西王冠
234	第三十三节	从采地永远给予所产生的几种后果
239	第三十四节	续前

241 原编者注

第二十七章　罗马继承法的起源和变革

本章单独的一节

　　这个问题渊源于极遥远的古代制度。为深入到问题的底奥，我就探究了罗马人最古的法律，并发现了一些到今天为止还没有人看到的东西。

　　人们知道，罗慕露斯把他的小国的土地分配给他的国民[①]；我看，这就是罗马继承法的起源[1]。

　　当时分配土地的法律，要求一个家庭的财产不要落入其他家庭；因此，当时法律只规定两系继承人[②]；就是（1）子女和一切生活在父权之下的后嗣，称为"父系自然继承人"；（2）在没有上述继承人的场合，则为男系最近亲属，称为"男族亲"。

　　由此说来，女系的亲属，即所谓"女族亲"，是不得继承的。这系的亲属如果继承的话，就会把一个家庭的财产带到另一个家庭去，

[①] 狄欧尼西乌斯·哈利卡尔拿苏斯：《罗马古代史》第2卷第3章；普卢塔克：《莱喀古士和努玛的比较》。

[②] "然而如果未写遗嘱而死，其继承人又不在跟前，则由父族的最近亲属继承。"《十二铜表法断篇》，载乌尔边：《断篇》末篇。

所以有这种规定。

再进一步说来,子女就不得继承母亲的财产;母亲也不得继承子女的财产;因为如果这样,就要使一个家庭的财产落入其他家庭了。因此,《十二铜表法》不许这种继承①;该法只规定"男族亲"为继承人,而儿子和母亲之间不存在"男族亲"的关系。

但是"父系自然继承人"或没有这系继承人时的男系最近亲属——男族亲,他们是男性或女性,那是无关紧要的,因为母方亲属是不继承的,虽然一个有继承权的女子可以结婚,但是财产总是回到原来的家庭去。由于这个缘故,《十二铜表法》的这项法律对继承人是男性或女性就没有加以区分②。

既然这样,虽然男儿所生的孙可以继承祖父的财产,但是女儿所生的孙(外孙)就不能继承祖父(外祖父)的财产了。因为,为了使财产不落入另一个家庭,人们就选择了"男族亲"为继承人而排除了女儿所生的孙。所以,女儿可以继承父亲的财产,而女儿的子女就不可以③。

因此,在古代的罗马,当妇女的继承和土地的分配法律相适合的时候,妇女是可以继承的;在妇女的继承和该法冲突的时候,妇女就不得继承。

初期的罗马人关于继承的法律就是如此;这些法律既然是自然地以政制为依据,既然是从土地的分配推演出来,人们就可清楚地看到,它们并不是渊源于外国,而且也不是被派遣到希腊的城市去的代表们

---

① 乌尔边的《断篇》第26篇第8节;《法制》第3篇《德笃利安元老院法案:特权》。
② 保罗:《判决》第4卷第8篇第3节。
③ 《法制》第3卷第1篇第15节。

所带回来的法律的一部分。

狄欧尼西乌斯·哈利卡尔拿苏斯告诉我们,塞尔维乌斯·图里乌斯在已废除了的土地分配制度里找到了罗慕露斯和努玛的法律;他恢复了这些法律,又制定了新律以增加旧律的效力[①]。因此,我们上面所说的,从土地分配制度产生出来的法律,毫无疑问是这三位罗马立法者的业绩。

继承的顺序既然是依据一种政治法而建立起来的,一个公民就不得用私人的意志去搅乱它;这意思就是说,在古代的罗马,一个公民是不得立遗嘱的。但是,当一个人在生命的最终时刻竟不能施人以恩爱,这是如何痛楚的事啊!

在这个问题上,罗马人找到了个使法律和私人意志相调和的方法。这就是准许个人在人民会议上处分他的财产;所以每一个遗嘱多多少少就是立法权力上的一种行为。

《十二铜表法》准许立遗嘱人选择他所乐意的公民做他的继承人。为什么罗马的法律那样严格地限制无遗嘱继承者的人数,这是因为有土地分配法。为什么罗马的法律广泛地扩大了立遗嘱的权利,这是因为父亲既然可以出卖子女[②],那他更可以剥夺子女们的财产了。因此,这些不同的效果,就是从各种不同的原则产生出来的。在这个问题上,罗马法的精神就是如此。

雅典古代的法律不许公民立遗嘱。梭伦准许立遗嘱,但是有子女

---

① 《罗马古代史》第 4 卷第 276 页。
② 狄欧尼西乌斯·哈利卡尔拿苏斯根据努玛的一条法律,证明准许父亲三次出卖儿子的法律是罗慕露斯的法律,而不是十大官的法律。见他所著《罗马古代史》第 2 卷。

的人除外①。罗马的立法者们的脑子里充满了父权思想；他们甚至准许立有损子女利益的遗嘱。应当承认，雅典的古代法律比罗马的法律，较有统一性，罗马人准许立遗嘱是漫无限制的，所以逐渐破坏了关于分配土地的政治法规；这主要引起了一个最不幸的后果，就是贫富的悬殊。好几份的财产都集中到一个人身上；有的公民得到的太多，无量数的公民什么也得不到。因此，不断得不到分配份额的人民，就不断地要求重新分配土地了²。人民提出这种要求是在节俭，吝啬和贫穷成为罗马人的特色的时代，也是极端奢侈的时代②。

遗嘱既然是人民会议正式通过的法律，那么军人就被剥夺了立遗嘱的权利。因此，人民也给予士兵立遗嘱的权利，就是让他们在几个同伴的面前订立遗嘱的条款③，这就同在人民面前订立是一样的④。

人民的大会议，一年只召开两次。而且，人民增多了，事务也浩繁了起来。因此，人们认为，准许每个公民在其他几个成年的罗马公民面前立遗嘱，较为方便⑤。这几个公民就代表人民会议。被邀的公民共计五人⑥，继承人就在他们面前购买立遗嘱人的"门第"，也就是说，他的遗产⑦；另一个公民拿秤称估量遗产的价值，因为那时罗

---

① 参看普卢塔克：《梭伦传》。
② 甲乙本作"也是他们的奢侈更使人惊异的时代"。
③ 这种遗嘱叫做"出征遗嘱"，同所谓"军人遗嘱"是不同的，后者是根据皇帝时代的律令才建立的。见《法律》1 等《关于军人遗嘱》。这是皇帝对军人的一种阿谀。
④ 这种遗嘱不是书面的，也没有任何形式；就好像西塞罗的《演说家》第1卷所说："没有任何法定手续和形式。"*

　* 这句拉丁文如果直译是："没有秤称，也没有记录。"——译者
⑤ 《法制》第2卷第10篇第1节；奥露斯·格利乌斯：《阿的喀夜话》第15卷第27章。人们把这种遗嘱叫做"正式遗嘱"。
⑥ 乌尔边：《断篇》第10篇第2节。
⑦ 梯欧非露斯：《法制》第2卷第10篇。

马人还没有货币①。

这五个公民似乎是代表人民的五个阶级；第六个阶级没有被算上，因为它是由一无所有的人所构成的。

我们不能同意查士丁尼的说法，认为这种秤称出售遗产是虚构幻想的东西。这种事情，后来确是成为虚构想象的东西了；但是起初并不这样。后世规定遗嘱的法律，大多数是渊源于这种秤称出售遗产的真确事实的。关于这点，乌尔边的《断篇》提供了极好的证据②。聋子、哑巴、浪荡者不得立遗嘱。因为聋子听不见遗产购买者的话；哑巴说不出继承人的条件；浪荡者被禁止处理一切事务，所以不得出售他的遗产。我不再举其他的例子了。

在人民会议所定的遗嘱，与其说是民法上的行为，毋宁说是政治法上的行为；与其说是私法上的行为，毋宁说是公法上的行为。由此说来，父亲是没有权力准许在他的权力支配下的儿子立遗嘱的。

在大多数的民族，遗嘱的形式并不比普通的契约更为严格，因为二者都是订立者的意思表示，都属于私法的范围。但是罗马人的遗嘱是由公法推演出来的，所以它的形式比其他法律行为更为严格③；在今天法国采用罗马法的各省份，仍然是如此。

我上面说过，罗马的遗嘱是人民的一种法律，所以立遗嘱应该是一种命令的发动，并使用所谓直接的和强制的语言。由此，便产生了一条规则，就是遗产的给予或移转必须使用命令式的语言④。因此，

---

① 他们到比鹿斯战争时才有货币。狄特·李维在《罗马编年史》第4卷记围困维埃城时说："还没有打印的银子。"
② 乌尔边：《断篇》第22篇第13节。
③ 《法制》第2卷第10篇第1节。
④ 例如："蒂蒂乌斯，你要当我的继承人。"

在某些情形之下,可以用"代替继承"①,命令"代替继承人"把遗产转移给另一个继承人。但是"委托继承"②是绝不许可的,因为"委托继承"是以恳求的形式委托一个人把遗产或一部分遗产转给另外一个人③。

如果一个父亲不立他的儿子为继承人,又没有剥夺他的继承权利,这个遗嘱是无效的。但是如果他没有剥夺他的女儿的继承权利,又没有立她为继承人,这个遗嘱是有效的。这个理由是显而易见的。当他不立他的儿子为继承人,又没有剥夺他的继承权利的时候,他损害了他的孙子的利益。因为他的孙子是可以无遗嘱地继承他们的父亲的财产的。但是当他没有剥夺他的女儿的继承权又没有立她为继承人的时候,他并没有损害他的外孙的利益,因为外孙既不是"父系自然继承人",也不是"男族亲",是不得没有遗嘱而继承他们的母亲的遗产的④。

初期罗马人的继承法只考虑遵循分配土地的精神,所以对妇女的财富不十分加以限制。这就给奢侈敞开了方便之门,因为奢侈和妇女的财富是分不开的。在第二次至第三次布匿战争这一段时期,人们开始感到这个害处,因此才制定了《窝可尼安法》⑤,由于:(1)该法

---

① 有普通的代替继承、未成年的代替继承(代替幼年人继承)、惩戒性的代替继承*。
 * 例如代替浪荡人继承。——译者
② 由于一些特殊的理由,奥古斯都开始许可"委托继承"。《法制》第2卷第23篇第1节。
③ "代替继承",例如继承人年纪太小,遗嘱规定,先由某老人代替他继承,老人死后,再把遗产移转给他,"委托继承"是可以用来规避法律的,例如依法律妻子不得继承丈夫的遗产,因此丈夫恳托友人作继承人,并在获得遗产后,把遗产交还给妻子。——译者
④ "按照《十二铜表法》,没有立遗嘱的母亲,她的子女不得继承她的遗产,因为妇女没有自己的继承人。"乌尔边:《断篇》第26篇第7节。
⑤ 该法是在罗马585年,也就是在公元前169年由护民官昆都斯·窝可尼乌斯提出的。参看西塞罗:《第二次反维烈斯的演说》。又狄特·李维:《史略》第41卷内的"窝露姆尼乌斯",应作"窝可尼乌斯"。

是出于极重要的考虑而制定的；（2）关于该法的记录今天残存得很少；（3）到今天为止，关于该法的论述是混乱不堪的；所以我将在这里加以说明。

西塞罗给我们保存了该法的一个断片；它禁止立妇女为继承人，不管她结婚与否①。

狄特·李维的《史略》里谈到了这项法律，但所记并不多于西塞罗②。从西塞罗③和圣奥古斯丁④的著作去看，似乎是女儿，甚至独生女，都在被禁之列。

先贤卡托竭尽了他的一切努力要使该法得以通过⑤。奥露斯·格列乌斯引了卡托这次演说的一个片断⑥。卡托反对妇女继承，为的是要杜绝奢侈的根源；这犹如他给《欧比安法》辩护时，为的也是要消灭奢侈本身一样。

查士丁尼⑦和梯欧非露斯⑧的《法制》谈到《窝可尼安法》有一章对遗赠的权利加上了限制。读了这些著作之后，谁都认为，这章的目的是为了防止遗产因遗赠过多，以致所余甚少，继承人不愿接受。但是，这绝不是《窝可尼安法》的精神。我们刚刚看到，该法既禁止妇女接受遗产，那么它限制遗赠权利的一章的目的应该是：如果人们可以随

---

① "谕旨规定，……任何人不得立处女或妇人为继承人。"西塞罗：《第二次反维烈斯的演说》第57章。
② "法律宣布，任何人不得立妇人为继承人。"狄特·李维的《史略》第41卷。
③ 《第二次反维烈斯的演说》。
④ 《神的国》第3卷。
⑤ 狄特·李维：《史略》第41卷。
⑥ 《阿的喀夜话》第17卷第6章。
⑦ 《法制》第2卷第22篇。
⑧ 同上。

007

意遗赠的话，妇女们就可以在遗赠的名义下接受她们不能在遗产继承的名义下得到的东西。

《窝可尼安法》制定的目的是在防止妇女们过于富裕。因此，就应该禁止她们接受巨额的遗产，而不是禁止她们接受那种不可能维持奢侈生活的遗产①。所以该法规定，应该要有一笔钱给予被该法禁止继承遗产的妇女。西塞罗告诉了我们这个事实②，不过没有说到这笔款是多少；但是狄欧说，这笔款的数额是十万塞斯德斯③④。

《窝可尼安法》制定的目的是为着调节财富，而不是调节穷困。所以西塞罗告诉我们，该法的规定仅仅牵涉经户口登记的人⑤。

这就给人们一个规避法律的空隙。我们知道，罗马人是极端的形式主义者。我们上面已经说过，罗马共和国的精神是死搬法律文字。有一些父亲就没有作户口登记，以便把遗产留给他们的女儿。裁判官认为，这样并没有违背《窝可尼安法》，因为他们没有违背法律的文字。

有一个叫做阿尼乌斯·阿塞露斯的人立他的女儿为唯一的继承人。西塞罗说，他是可以这样做的；《窝可尼安法》并不禁止他这样做，因为他没有经户口登记⑥。那时维烈斯当护民官；他剥夺了阿塞露斯

---

① 这里甲乙本多一句："因此我们在西塞罗的著作里看到，妇女仅仅不得继承那些经户口登记的人们的遗产。"（这段完）
② "除了按照《窝可尼安法》的规定所可得到的份额以外，没有人认为应多给法荻雅*。"西塞罗：《善与恶的界线》第2卷第55章。
  * 法荻雅是个妇女。——译者
③ 甲乙本从"所以该法规定，应该要有一笔钱……"起到"……十万塞斯德斯"为止另成一段。又下面九段甲乙本都没有。
④ "因为《窝可尼安法》禁止给予妇女多于十万帑穆斯**的遗产。"狄欧：《罗马史》第56卷。
  ** 帑穆斯就是塞斯德斯，古罗马的小银币。——译者
⑤ "那些经户口登记的人。"西塞罗：《第二次反维烈斯的演说》。
⑥ "他没有经户口登记。"同上。

的女儿所继承的遗产。西塞罗认为维烈斯可能是受到了贿赂，否则他不至于打乱其他护民官们所曾经遵循的秩序。

户口登记既是包括所有公民，那么那些没有户口登记的公民还算是什么公民呢？但是，按照狄欧尼西乌斯·哈利卡尔拿苏斯所记述的塞尔维乌斯·图里乌斯的制度，凡是没有户口登记的公民都降为奴隶①。西塞罗自己也说，这样的人便失掉自由②。佐那拉斯也有同样的说法。因此，从法制的精神去看，《窝可尼安法》的所谓户口登记和塞尔维乌斯·图里乌斯制度的所谓户口登记，二者的意义应当是有区别的了。

按照《窝可尼安法》的精神，凡是不在户口的头五个阶级登记的人，就不算是经过户口登记的；这五个阶级③是按财产区分的。按照塞尔维乌斯·图里乌斯制度的精神，凡是不被监察官登录在六个阶级之内，或是没有被登录为所谓"按人头纳税者"④，就算是没有经过户口登记。由于天性的驱使，有些父亲甘于忍受在第六阶级里同无产者们和按人头纳税的人们混在一起，甚至被放进"公民资格不全者"⑤的名册内⑥等等羞辱，以规避《窝可尼安法》。

我们已经说过，罗马法学是不许可委托继承的。它是人们为着规避《窝可尼安法》而产生的。人们立了一个在法律上可以接受遗产的人为继承人，然后请求他把这份遗产给予一个在法律上无权继承的人。这个处分遗产的新方法所产生的后果是极不同的。有的人就把由

---

① 《罗马古代史》第 4 卷。
② 《为该基那辩护》。
③ 头五个阶级人数极多，所以有时候著作家们就只说五个阶级。
④ 这种人纳人头税，但不能选举或担任官职。——译者
⑤ 这级公民不能投票；他们的公民资格是不完全的；监察官可以把公民降为这级人。——译者
⑥ "列入'公民资格不全者'的名册内；成为'按人头纳税者'。"

这种继承所得的遗产抛弃了；塞克司图斯·柏杜库斯的行为是值得钦佩①。他接受了一大笔遗产；全世界没有一个人知道他曾经接受了恳托放弃这笔遗产。他寻找立遗嘱者的妻子，把她的丈夫所有的财产交给了她。

但有的人却把这样继承的财产留给自己。柏·塞克斯蒂利乌斯·卢夫斯更是一个著名的例子，因为西塞罗在和伊壁鸠鲁派争论时引用了它②。他说："当我年轻的时候，塞克斯蒂利乌斯求我陪同他到他的一些朋友那里去，问他们到底他应否返还昆图司·法比乌斯·加路斯的遗产给他的女儿法荻雅。他聚集了几个年轻人，还有一些极严肃庄重的人物。他们全都认为，他只能给法荻雅按照《窝可尼安法》她所应获得的部分。因此，他得到了一大笔遗产。如果他对他所应起的作用采取公正、诚实的态度的话，他对这笔遗产是一个塞斯德斯也不应当保留的。"西塞罗又说："我认为，你们是应当把这种遗产返还给人的；我相信，如果是伊壁鸠鲁的话，也是会把这种遗产返还给人的。但是你们并没有遵循你们的原则。"我在这里有几点意见要论述一下。

当立法者们被迫制定违背天然感情的法律的时候，这对人道来说是一种不幸。《窝可尼安法》就是如此。因为立法者们立法时，考虑社会多于公民，考虑公民多于人性。法律牺牲了公民和人性，而仅仅考虑共和国。一个人竟要恳求朋友把自己的遗产返还给自己的女儿。这是因为法律蔑视了立遗嘱者的天然感情，又蔑视了女儿的孝心。法律是完全没有顾虑到那个受委托返还遗产的人的。这个人的处境是可

---

① 西塞罗：《恶与善的界线》第2卷第58章。
② 同上。

怕的。如果他返还遗产的话，他便是一个坏公民；如果他保留遗产的话，他便是一个不诚实的人。只有天性善良的人才想规避这种法律；只有诚实的人才能被选择来规避这种法律，因为受委托的人必须能够战胜贪婪和淫欲；只有诚实的人才能取得这种胜利。把这种人当做坏公民看待，就未免失之过严。虽然如此，这样的法律只能强迫诚实的人去规避它，所以立法者还是可能达到他的主要目的的[1]。

《窝可尼安法》制定的时代，罗马仍然保存一些纯朴的古风；它有时候就用良心来维护法律，让人们立誓遵守法律[2]，这样就好像用诚实来同诚实作战。但是到了末了，风俗腐败不堪，以致委托继承的办法失掉了规避《窝可尼安法》的力量，而《窝可尼安法》却增加了被人们遵守的效果。

内战[3]期间，国民死的多得不计其数。在奥古斯都的时候，罗马几成废墟；需要增加人口，所以制定了《巴比恩法》，在该法中，凡是能够鼓励国民结婚生子的办法没有一项被漏掉[4]。主要办法之一就是给那些拥护该法宗旨的人增加继承遗产的希望，给那些违反该法宗旨的人减少继承遗产的希望。《窝可尼安法》剥夺了妇女继承遗产的能力，所以《巴比恩法》在某一些场合解除了这些禁例。

按照《巴比恩法》，妇女，尤其是有子女的妇女，可以根据丈夫的遗嘱接受遗产；当她们有子女的时候，她们还可以根据无血属关系人的遗嘱接受遗产[5]。所有这些都是同《窝可尼安法》的规定相抵触的。

---

[1] 因为诚实的人不多。——译者
[2] 塞克斯蒂利乌斯说他曾经立过誓要遵守法律。西塞罗：《善与恶的界线》第2卷第55章。
[3] 甲乙本已中断的本文又从这里开始。
[4] 参看本书第23章第21节。
[5] 参看乌尔边：《断篇》第15篇第16节关于这点的记载。

不过,《巴比恩法》并没有完全放弃《窝可尼安法》的精神,这点是值得注意的。例如,《巴比恩法》[①]准许有一个孩子的男人根据遗嘱接受一个无血属关系人的全部遗产[②];但是一个妇女要有三个孩子,才能得到这个恩惠[③]。

应当指出,《巴比恩法》仅仅准许有三个孩子的妇女依据无血属关系人的遗嘱继承财产;关于继承亲属的遗产,《巴比恩法》则保存古法和《窝可尼安法》的全部效力[④]。但这个情况并不存在得多么长久。

罗马受到列国财富的腐蚀,风俗改变了;问题已不是遏止妇女们的奢侈了。奥露斯·格利乌斯生活在亚得里安时代;他告诉我们,那时《窝可尼安法》已几乎被废除;该法已为城市的富裕所淹没了[⑤]。保罗生活在奈遮时代;乌尔边是严厉亚历山大时候的人。在保罗的《判决》[⑥]和乌尔边的《断篇》[⑦]里,我们也看到,父亲的姊妹可以继承遗产,而且只有再远一亲等的亲属才在《窝可尼安法》的禁例之内。

罗马的古法[⑧]已开始显得太严峻了。除了公平、温和、适宜这些

---

① 《巴比恩法》的其他几项规定,也有同样的区别。参看乌尔边:《断篇》末篇第4—6节。
② "因为我给你生了子女……
有了做父亲的权利;
为我的缘故,你被立为继承人。"
——茹维纳尔:《讽刺诗》第9章第83、87节。
③ 参看《法律》9《提奥多西乌斯法典:关于被宣告为公敌的人的财产》;狄欧:《罗马史》第55卷;乌尔边:《断篇》末篇第6节和第29第3节。
④ 乌尔边:《断篇》第16篇第1节;《梭佐末奴斯著作集》第1卷第19章。
⑤ 《阿的喀夜话》第20卷第1章。
⑥ 第4卷第8篇第3节。
⑦ 第26篇第6节。
⑧ 甲乙本作:"我们从维烈斯的诉讼中可以看到,裁判官们根据自己的幻想对《窝可尼安法》随便加以扩张或限制。罗马的古法……"

考虑之外,已不再有其他东西能感动裁判官们了①。

我们已经看到,按照罗马的古法,母亲不得继承子女的财产。《窝可尼安法》成为排除她们参加这种继承的一个新的根据。但是格老狄乌斯皇帝使母亲得以继承她的子女的遗产,作为对她丧失了子女的一种安慰。亚得里安②时代通过的《德笃利安元老院法案》规定,自由民的妇女如果有三个孩子的话,就可以继承;脱离奴籍的妇女如果有四个孩子的话,也可以继承。显然,这项元老院法案仅仅是扩张了《巴比恩法》而已;在同样的场合,《巴比恩法》曾经准许妇女接受无血属关系人给予的财产。末了,查士丁尼则不计子女的数目而准许妇女们继承遗产③。

有一些因素削弱了禁止妇女继承遗产的法律。这些相同的因素也就逐渐破坏阻止妻方亲属继承财产的法律,这些法律本来是极其适合于一个良好的共和国的精神的。因为一个良好的共和国应该使妇女不能因拥有财富,或因有占有财富的希望而骄奢。反之,君主国的奢侈使婚姻负担重而靡费多,所以妇女们应该拥有财产,或是有获得继承财产的希望来鼓励人们结婚。因此,当君主政体在罗马建立之后,关于继承的整个制度就都起了变化。在没有父系亲属的时候,裁判官们就让母系亲属继承,虽然按照古法,母系亲属一向是不得继承的。《奥尔飞甸元老院法案》准许子女继承母亲的遗产。瓦连提尼耶诺斯、提

---

① 这里,甲乙本又多一句:"裁判官们所以把这一切古法都削弱了,是因为这些法律常常使大善隐晦,小恶昭著。"
② 就是安托尼努斯·比乌斯皇帝。他因为入继,改用了"亚得里安"这个名字。
③ 《法制》,《法律》2,《法典:关于子女的权利》;又同书第3卷第3篇《德笃利安元老院法案》。

奥多西乌斯、阿加底乌斯诸帝让女儿生的外孙继承外祖父的遗产[①]。最后，查士丁尼皇帝则完全废除了有关继承的古法，使不留丝毫痕迹[②]。他规定了三系继承人，就是直系卑亲属、直系尊亲属和旁系亲属，没有任何男女之分，没有女系亲属和男系亲属之分，并废除这方面所存留的一切区别。查士丁尼认为，这样就扫除了他所谓古代法学的障碍，是顺从人性的自然的。

[①] 《法律》9《法典：关于亲生和合法的子女》。
[②] 《法律》12，同法典；又《新法》118 和 127。

第二十八章　法国民法的起源和变革

"我将谈谈形体的变化更新……"

奥维得：《变形记》[3]

第一节　日耳曼各族法律性格的差异

法兰克人离开了本国之后，就命令族中贤明的人编纂《撒利克法》[①]。当克罗维斯朝的时候，莱茵"河畔法兰克"部落和"海边法兰克"部落[②]合并[③]，但仍旧保存本族原有的习惯；奥斯特拉西亚王梯欧多立克命令人们把这些习惯记录成书[④]。他甚至命令人把附庸于他的王国的巴威利亚人和阿尔曼人的习惯也编纂成书[⑤]。由于这许多民族离开了日耳曼，日耳曼就衰弱下去了。法兰克人在征服了他们前面的地方

---

① 参看《撒利克法》的《绪言》。莱布尼兹先生在他所著的论文《法兰克人的起源》中说，该法是在克罗维斯朝以前制定的，但是它不可能在法兰克人离开日耳曼以前制定的，因为那时法兰克人还不懂拉丁语。

② 即"撒利法兰克"；"撒利"是"海"的意思，因为这个部落居住在注入荷兰瑞得尔海的依塞尔河两岸。——译者

③ 参看格列高里·德·都尔：《法兰克史》。

④ 参看《巴威利亚法》的《绪言》和《撒利克法》的《绪言》。

⑤ 同上。

之后，又重新向后转进，从而统制了他们的祖宗的森林地带。条麟吉亚人的法典①显然也是由同一个梯欧多立克制定的，因为条麟吉亚人也是他的属民。查理马特尔和柏彬征服了佛里兹人；在这两个君主之前，佛里兹人是没有法律的②。查理曼最先征服了撒克逊人，给他们制定了今天仍然存在的法典。只要一读上面这两个法典，就可知道它们出自征服者之手。西哥特人、勃艮第人和伦巴底人建立了各自的王国，就把自己的法律用文字写下来，目的并不是要让被征服各民族遵守他们的习惯，而是为着给自己遵守。

《撒利克法》、"河畔法兰克"部落的法律、阿尔曼人、巴威利亚人、条麟吉亚人和佛里兹人的法律，都是朴实可风的。它们带着一种原始的粗野性格，并具有一种精神，这种精神从未被他种精神所削弱过。这些法律变化很少，因为这些民族，除了法兰克人而外，都留在日耳曼境内。甚至法兰克人所建立的帝国也有一大部分是在日耳曼境内，因此，他们的法律全都具有日耳曼性格。但是西哥特人、伦巴底人和勃艮第人的法律就不是如此。这些法律大大失掉了它们原有的性格，因为这些民族在新的地方定居之后已大大失掉了他们原有的性格。

勃艮第王国存在得不久，没有足够的时间使征服民族的法律由于外来影响而发生巨大的变化。贡德鲍和西吉孟虽然把他们的习惯编纂成书，但这二人几乎已是末代之君了。伦巴底人的法律因外来的影响而增多了，但它的变化是很少的。继罗塔利的法律之后，就有格黎墨尔、雷伯兰、拉锡和爱斯杜尔夫诸法律；但这些法律并没有采用任何新的

---

① "央格鲁维利诺人的法律就是条麟吉亚人的法律。"
② 那时佛里兹人没有文字。

形式。西哥特人的法律就不是这样①；他们的君王们修订了这些法律，又命令僧侣们再加以修订。

黎明时期②的君王们把《撒利克法》和莱茵河畔法兰克部族的法律中同基督教绝对不能相容的部分删掉③；但保留了全部基本的部分。西哥特人的法律就没有这种情况。

勃艮第人的法律，特别是西哥特人的法律，准许体刑；但是《撒利克法》和莱茵河畔法兰克部族的法律是不容许体刑的④，它们更好地保存了原有的性格。

勃艮第人和西哥特人由于领地地势十分暴露，总是想方设法同旧有的居民妥协，并给他们制定最公平的民法⑤。但是法兰克的君王们，自知有充足的力量，就没有这些考虑了⑥。

撒克逊人生活在法兰克帝国之内，但他们有一种不屈不挠的性格，固执地进行反抗。因此在他们的法律里就可以看到征服者严厉的法规⑦；这是其他野蛮人的法典里所看不到的。

在罚金上，我们看到了日耳曼法律的精神；在体刑上，我们看到了征服者的精神。

---

① 欧里克制定这些法律，利维基尔都斯加以修订。参看伊西多露斯：《史记》。申达逊突斯和列赛逊突斯加以改革。爱吉伽斯叫人制定的法典今天仍然存在着；他又委任主教们进行这一工作；但是申述逊突斯和列赛逊突斯的法律被保存了下来，这从图列多第十六次的主教会议可以看到。
② 即第一朝代；注释见本书本章第2节译者注。——译者
③ 参看《巴威利亚法》的《绪言》。
④ 人们只在柴尔德柏的敕令里看到一些体刑。
⑤ 参看《勃艮第法》的《绪言》和该法典本身，尤其是第12篇第5节和第38篇；格列高里·德·都尔：《法兰克史》第2卷第33章，和《西哥特法》。
⑥ 参看本章第3节。
⑦ 参看《撒克逊法》第2章第8—9节；第4章第2和7节。

当撒克逊人在自己的国内犯罪时，他们受到体刑；只有当他们在自己的领土之外犯罪时，他们所受的刑罚才遵照日耳曼法律的精神。

法律清楚地规定，如果撒克逊人犯了罪是永远不能平安过去的；法律甚至不许他们到教堂避难。

在西哥特君王们的朝廷里，主教们有极大的权威；最重要的事件就在主教会议里解决。我们今天的宗教裁判所的一切箴规，一切原则和一切观点都是从西哥特人的法典来的；僧侣们在反对犹太人时，只是抄袭从前主教们所制定的法律而已[4]。

再者，贡德鲍给勃艮第人所制定的法律显得十分贤明；罗塔利和其他伦巴底君主们的法律更是如此。但是西哥特人的法律，例如列赛逊突斯、申达逊突斯和爱吉伽斯的法律，则是幼稚的、拙劣的、愚妄的；他们是达不到目的的；它们充满修饰的词藻，但空洞无物，在实质上是轻薄的，在体裁上则是夸张的[5]。

第二节 野蛮人的法律都是属人法

这些野蛮人的法律有一个特殊的性格，就是不受地域的限制。法兰克人按照《法兰克法》裁判；阿尔曼人按照《阿尔曼法》裁判，勃艮第人按照《勃艮第法》裁判；罗马人按照罗马法裁判。当时的征服者们完全没想象到要使自己的法律趋于统一；甚至也没想到要给被征服的民族制定法律。

我发现这种情况是渊源于日耳曼民族的风俗的。这些部族被沼泽、河泊、森林所分隔。我们甚至在恺撒的著作里也看到，这些部族是喜欢分居的①。惧怕罗马人使他们联合了起来；在它们混合了起来的时候，每一个个人是被按照本族的习惯和风俗裁判的。当这些部族分开的时候，它们全都是自由独立的；当它们混合的时候，它们仍然是独立的。各族共有一个国家；但又各有自己的政府；领土是共同的；部族是各异的。因此，在这些部族离开它们的家乡之前，它们的法律精神就已是属人的了；它们把属人法的精神又带到它们的征服地去。

我们看到，这个习惯被规定在马尔库尔富斯的《法式书》②里，在野蛮人的法律里，尤其是在河畔法兰克部族的法律里③，和在黎明时期④君王们的敕令里⑤。第二时期⑥所颁发的关于这问题的《敕令》⑦就是从上一时期的敕令里引申出来的。子女遵从父亲的法律⑧；妻子遵从丈夫的法律⑨；寡妇恢复自己本来的法律⑩；脱离奴籍的人遵从原奴隶主的法律⑪。不仅如此，每个人都可以选择自己所乐意遵从的法律，但罗达利乌斯一世规定，这种选择必须公开发表⑫。

---

① 《高卢战争》第6卷。
② 第1卷法式8。
③ 《莱茵河畔法兰克部族法》第31章。
④ 黎明时期即第一时期，指的是法国开国的墨罗温朝（423—751），亦即第一朝代；
⑤ 560年格罗大利乌斯敕令，载巴路兹辑《敕令会纂》第1卷第4条；又同书末。
⑥ 第二时期，指的是在此以后的喀罗林朝（751—986），亦即第二朝代。——译者
⑦ 《伦巴底法：附加敕令》第1卷第25篇第71章；第2卷第41篇第7章；第56篇第1—2章。
⑧ 同上书，第2卷第5篇。
⑨ 同上书，第2卷第7篇第1章。
⑩ 同上书，第2章。
⑪ 同上书，第2卷第35篇第2章。
⑫ 载《伦巴底法》第2卷第37篇。

第三节 《撒利克法》和《西哥特法》、《勃艮第法》的主要差异

我已经说过，勃艮第人的法律和西哥特人的法律是公平的[1]。但是《撒利克法》就不是如此；它在法兰克人和罗马人之间建立起最令人痛心的区别对待的界线。杀一个法兰克人、一个野蛮人或一个生活在《撒利克法》之下的人，应付给死者亲属赔偿金二百苏[2]；如果被杀的人是当业主的罗马人的话，就只付赔偿金一百苏[3]；如果被杀的人是当仆从的罗马人的话，则只给付赔偿金四十五苏。杀国王的一个法兰克家臣，要付赔偿金六百苏[4]；杀国王的一个罗马幕宾[5]，则只付赔偿金三百苏[6]。《撒利克法》就这样横暴地把一个法兰克绅贵和一个罗马绅贵区别开来，把一个普通的法兰克人和一个普通的罗马人区别开来。

不仅如此，如果聚众到一个法兰克人家里对他进行袭击，并且把他杀死的话，按照《撒利克法》的规定，应付赔偿金六百苏[7]；但是如果被袭击的是一个罗马人或脱离奴籍的人[8]的话，则只付赔偿金半数。按照同一法律，如果一个罗马人用链子捆缚一个法兰克人的话，

---

[1] 见本章第1节。
[2] 《撒利克法》第44篇第1节。
[3] "凡是在村庄居住的人就有自己的产业。"《撒利克法》第44篇第15节；又参看第7节。
[4] "国王的宠信"。同上书，第44篇第4节。
[5] 这种幕宾就是附随朝廷的重要罗马人；这从一些在朝廷里成长的主教的生活可以看到。当时会写字的几乎只是罗马人。
[6] "如果这个罗马人是国王的幕宾的话"。《撒利克法》第44篇第6节。
[7] 《撒利克法》第45篇。
[8] 这种人拉丁文作lidus；他们的地位比农奴好一些。《阿尔曼法》第95章。

应付赔偿金三十苏；但如果一个法兰克人同样捆缚一个罗马人的话，则只付赔偿金十五苏①。如果一个法兰克人被一个罗马人剥光了衣服的话，可以得到赔偿金六十二苏半；如果一个罗马人被一个法兰克人剥光了衣服的话，则只能得到赔偿金三十苏。所有这一切对罗马人都是沉痛的。

但是有一位有名的著者②做出了一套有关"法兰克人定居高卢"的理论；他假定法兰克人是罗马人最好的朋友，这个假定是它的理论的基础。那么，法兰克人既然是罗马人的朋友，为什么法兰克人带给罗马人，并由罗马人得来那样可怖的灾祸呢？③法兰克人既然是罗马人的朋友，但他们却在用武力屈服了罗马人之后，又用自己的法律冷酷无情地压迫罗马人啊！他们是罗马人的朋友，这正像征服了中国的鞑靼人是中国人的朋友一样啊！

即使有几个罗马天主教的主教想利用法兰克人去消灭阿里乌斯教的君王们，能够因此就说他们是愿意生活在那些野蛮民族统治之下么？能够因此就得出结论说，法兰克人特别关心罗马人么？我却要从上述情况得出另外的结论，就是：法兰克人越感到罗马人不足虑，就对罗马人越不宽大。

但是杜波神父④所引证的，对一个史家来说⑤，是劣等的资料，是诗人们和演说家们的作品；要建立理论是不应当用浮夸虚饰的作品做根据的。

---

① 《撒利克法》第35篇第3—4节。
② 即杜波神父。
③ 阿波伽斯特斯战役就是明证。载格列高里·德·都尔：《法兰克史》第2卷。
④ 甲乙本无"但是"二字，又在"神父"后有"先生"二字。
⑤ 甲乙本作"对历史来说"。

第四节　为什么罗马法在法兰克人统辖的地区就消灭，在哥特人和勃艮第人统辖的地区就存在

我在上面所说的情况将使迄今晦暗不明的另外一些其他情况得到澄清。

今天叫做法兰西的国家，在黎明时期，是受罗马法，也就是《提奥多西乌斯法典》，和在那里居住的野蛮人[①]的各种法律的支配的。

在法兰克人统辖的地区，人们制定《撒利克法》给法兰克人遵守，制定《提奥多西乌斯法典》[②]给罗马人遵守。在西哥特人统辖的地区，阿拉立克下令编纂《提奥多西乌斯法典》[③]，以解决罗马人间的争讼；欧里克下令编纂本族习惯[④]，以解决西哥特人间的争讼。但是在法兰克人地区，为什么《撒利克法》取得了一种几乎是普遍的权威？在那里，为什么罗马法逐渐消亡，而在西哥特人的领地里，罗马法却扩张势力，并取得了一种普遍的权威呢？

我认为，在法兰克人的地区罗马法所以被废除不用，是因为当法兰克人、当野蛮人或是当一个生活在《撒利克法》之下的人[⑤]享有巨大利益，这就使每一个人都愿意舍弃罗马法而去生活在《撒利克法》之下了。只有僧侣们保持罗马法[⑥]，因为改变法律对这些人是没有什

---

① 即法兰克人、西哥特人和勃艮第人。
② 这部法典在433年完成。
③ 据该法典的序言说，阿拉立克王在本朝20年颁发命令，法典在两年后由阿尼安公布。
④ 这是西班牙纪504年。见伊西多露斯：《史记》。
⑤ "法兰克人或野蛮人，或生活在《撒利克法》之下的人。"见《撒利克法》第45篇第1节。
⑥ "按照罗马法，教会生活在罗马法之下。"见《莱茵河畔法兰克部族法》第58篇第1节。又参看杜刚支：《中末期拉丁语解》"罗马法"条下所举极多的有关权威著作。

么好处可得的。我在别的地方将要谈到,身份、阶级的不同,只表现在赔偿金的多寡上。而当时有一些特别法①给予僧侣们的赔偿金和法兰克人所得的赔偿金是一样优厚的,因此僧侣们就保持了罗马法。罗马法没有给他们任何害处;而且对他们又是适宜的,因为罗马法是信基督教的皇帝们所制定的。

另一方面,在西哥特人的领地里,西哥特人的法律②并不给西哥特人比罗马人更多的民事上的利益,所以罗马人没有理由舍弃自己的法律,而去生活在另一种法律之下。因此,他们保持自己的法律,而没有采用西哥特人的法律。

我们越往前探求,就越可以肯定这点。贡德鲍的法律是非常公平的;它并不厚勃艮第人而薄罗马人。从该法的《绪言》,我们知道该法是为勃艮第人而制定的,而且它还有一个目的,是解决罗马人和勃艮第人之间所可能发生的争讼;在这种争讼发生的时候,法庭的组织是罗马人和勃艮第人各占半数。由于特殊的理由,所以必须是这样。这些特殊理由是由当时的政治协定推演出来的③。罗马法存在于勃艮第,是用以解决罗马人间所可能发生的争讼的。那里的罗马人并没有像在法兰克人的国家那样,有理由放弃自己的法律;从阿果巴尔写给柔懦路易的那封著名的信去看,勃艮第人并没有制定《撒利克法》,那么罗马人更没有理由舍弃自己的法律了。

---

① 参看林登布洛版的《撒利克法》末尾所增加的《法令》,以及野蛮人的各种法典在这方面所给予僧侣们的特权。又参看807年查理曼给他的儿子意大利王柏彬的信,载巴路兹辑《敕令会纂》第1册第462页;信里说,僧侣们应得到三倍的赔偿金。又巴路兹辑《敕令会纂》第1册第5卷第302条。
② 参看该法。
③ 我将在本书第30章第6—9节谈及。

023

阿果巴尔要求这位君王在勃艮第制定《撒利克法》[①]，但是勃艮第人并没有因此而制定《撒利克法》。因此罗马法在当时存在，今天仍然存在于从前附属于勃艮第王国的许多省份里。

罗马法和哥特法同样存在于哥特人定居的国家里。那里《撒利克法》却从未被采用过。当柏彬和查理马特尔把萨拉森人驱逐出境的时候，向这两位君主投降的城市和行省曾要求保存自己的法律，并得到许可[②]。结果是，不久人们就把罗马法看做是这些国家里一种属物与属地的法律，虽然按照当时的习惯，法律全都是属人的。

关于这点，秃头查理864年在毕斯特所颁布的一项敕令可以证明；该敕令把依据罗马法裁判的地区和不依据罗马法裁判的地区分别开来[③]。

《毕斯特敕令》证明两件事情。第一，当时有一些地区是依据罗马法裁判的；另有一些地区是不依据罗马法裁判的。第二，从该敕令去看，按照罗马法裁判的地区恰恰就是今天仍然遵守罗马法的那些地区[④]。因此，法兰西遵守习惯法的地区和遵守成文法的地区二者的区分，在《毕斯特敕令》的时代就已经成立了。

[①] 阿果巴尔：《著作集》。

[②] 参看杜深：《汇选》第3册第366页哲尔维，德·蒂尔布里所说："和法兰克人结盟以后，哥特人在那里按照祖宗的法律和习惯生活。就这样，纳尔波内兹省隶属于柏彬的统治下。"又卡特尔《朗格笃的历史》所引759年的一篇《史记》*。又《柔懦路易传》的不知名著者论伽里西阿果会议赛提曼尼人民的要求，载杜深：《汇选》第2册第316页。

* 甲乙本附注引该《史记》的一段："法兰克人包围了纳尔波那，给哥特人施行宗教礼，为的是把该城市划入柏彬的地区，又允许他们有自己的法律；后来哥特人消灭了撒拉色诺人，并把该城市归还给柏彬的地区。"

[③] 该《敕令》第16款："如果一个地区是按照罗马法决案的话，那么在该地区就按照自己的法律审判；如果一个地区……。"又参看第20款。

[④] 参看《毕斯特敕令》第12和16款《在卡维洛诺》《在纳尔波那》等等。

我已经说过，在君主国成立的初期，一切法律都是属人的；因此，《毕斯特敕令》既然把罗马法地区和非罗马法地区划分开来，这就可以看出，在非罗马法的地区里一定有极多的人选择了某一种野蛮民族的法律，以至在这些地区，几乎没有人选择罗马法，而在罗马法的地区，很少人选择野蛮民族的法律。

我知道，我在这里所谈的是一些崭新的东西；如果这些东西是真实的话，它们已是很古老时代的东西了。所以这些东西不论是我说的，还是瓦罗哇或比格侬[6]说的，毕竟有什么要紧呢？

第五节 续前

贡德鲍的法律在勃艮第人之间存在得很久，和罗马法相并而行；它在柔懦路易时代仍然有效；阿果巴尔的那封信使人们对此不能有任何怀疑。同样，虽然《毕斯特敕令》把西哥特占领的地区叫做罗马法地区，但是西哥特的法律老是在那里存在着。这从878年也就是《毕斯特敕令》后十四年，口吃路易时代召开的德洛伊宗教会议可以证明。

后来，哥特人和勃艮第人的法律甚至在他们自己的国家里也消灭了。这是由于一些普遍性的原因[①]；这些原因使各处野蛮民族的属人的法律都归于消灭。

---

① 参看本章第9—11节。

第六节　在伦巴底人的领地内为什么罗马法能够存在

一切都同我的原则相符合。伦巴底人的法律是公平的，所以罗马人不能从舍弃自己的法律，选择伦巴底人的法律而得到任何好处。使法兰克人统治下的罗马人选择《撒利克法》的那种动因，在意大利是不存在的；所以在意大利，罗马法和《伦巴底法》同时并存。

后来，《伦巴底法》甚至向罗马法让步；而不再是统治民族的法律了。虽然它曾经继续作为主要贵族的法律而存在，但是由于大多数城市都自己成立了共和国，而这些贵族就自己衰亡或是被摧毁了[①]。这些新共和国的公民都不愿意选择《伦巴底法》，因为它建立了"决斗裁判"[②]的习惯，而且它的制度保留着许多骑士的风俗和习惯。僧侣当时在意大利极有权势；他们几乎都是生活在罗马法之下；因此，遵守《伦巴底法》的人数就一天比一天地减少了。

不但如此，《伦巴底法》不像罗马法那样庄严雄伟，使意大利回忆起它曾经统治过整个世界。《伦巴底法》也没有罗马法那种宏大宽广的幅度。《伦巴底法》和罗马法这时的作用只是补充那些已成立为共和国的各城市的法制而已。《伦巴底法》仅仅对某一些案情有了规定；而罗马法则是包罗万象的；那么二者之中哪一种可以更好地补充这些城市的法制呢？

---

① 参阅马基雅弗利关于佛罗伦萨古贵族的消灭的记述。
② 通过决斗来正式解决纷争。——译者

第七节　在西班牙为什么罗马法消灭了

西班牙的情形正相反。在那里，西哥特人的法律胜利了，而罗马法消灭了。申达逊突斯①和列赛逊突斯禁止罗马法，甚至不准许法庭引证②。列赛逊突斯又制定一项法律，解除哥特人和罗马人间的婚姻禁令③。这两项法律的精神显然是相同的；就是：这位国王愿意消除构成哥特人和罗马人间隔阂的主要因素。当时人们认为，最使哥特人和罗马人隔阂的莫如（1）禁止他们通婚和（2）准许他们适用不同法律这两件事了。

但是，虽然西哥特的君王们在西班牙禁止罗马法，然而在他们所领有的今天法国的南部高卢诸领地，罗马法却老是存在着。这些地区离开西班牙君主政权的中心较为遥远，所以过着极为独立自主的生活④。瓦姆巴王在672年登基。我们从《瓦姆巴王的历史》，可以看到，本地人已经在这些地区占了优势⑤。因此，在那里罗马法享有较高的权威，而哥特法衰微了。西班牙的法律对于本地人的风俗和实际情况都是不适宜的。本地人也许甚至坚持要罗马法，因为他们把选择罗马法和他们的自由思想联系在一起。不仅如此，申达逊突斯和列赛逊突斯的法律含有一些反对犹太人的可怕条款；但是这些犹太人在南部高

---

① 他在642年登基。
② "我们不愿再受外国法和罗马法的烦恼。"《西哥特法》第2卷第1篇第9—10节。
③ "许可哥特人和罗马人互通婚姻。"《西哥特法》第3卷第1篇第1章。
④ 参看加西奥都露斯：《东哥特史》第4卷19和第26信，关于东哥特王梯欧多立克——当代最为人们信仰的君主——对这些领地如何谦虚、宽大的记述。
⑤ 从《瓦姆巴王的历史》后部的判决去看，可以知道南部高卢这些省份的叛乱是具有一般性的。鲍禄斯和他的追随者们是罗马人；他们甚至受到主教们的支持。瓦姆巴不敢把他所打败的叛乱者们处死。《瓦姆巴王的历史》的著者称纳尔波内兹高卢为叛乱的温床。

卢是有势力的。《瓦姆巴王的历史》的著者把这些省份叫做犹太人的"娼家妓寮"。萨拉森人侵略了这些省份；但他们是被邀请进来的。那么，除了犹太人或罗马人之外，还有谁能邀请他们呢？哥特人就最先受到了压迫，因为他们是统治的民族。我们从普罗哥比乌斯的著作里看到，当大难临头的时候，哥特人从纳尔波内兹高卢退到西班牙去了[①]。无疑，当灾难发生的时候，他们避难到西班牙仍在进行抵抗的省份去，而南部高卢适用《西哥特法》的人数就大为减少了。

第八节　假的敕令

那位可怜的敕令编纂者本尼狄克都斯·列维达不是企图把上述西哥特人禁止使用罗马法的那项法律改为一种"敕令"么？从那时起，这项法律就被当做查理曼的敕令了[②]。他把这项特殊的法律变成一项普遍的法律，他仿佛要把罗马法从整个地球上消灭掉。

第九节　野蛮人的法典和敕令是怎样消灭的

《撒利克法》《莱茵河畔法兰克部族法》《勃艮第法》《西哥特法》，都逐渐为法兰西人所废弃了。经过情形，有如下述。

采地成为世袭的了；"附属采地"[③]扩大了；由此便形成了许多

[①] "经过一场杀戮剩下来的哥特人带着妻子儿女从高卢出走，投奔到西班牙众所周知的暴君德狄那里。"《哥特战役》第1卷第13章。
[②] 巴路兹辑《敕令会纂》第6卷第343章第981页。
[③] "附属采地"的意义，后面有说明。——译者

习惯；对这些新习惯，这些法律是没有适用的余地的。这些法律用赔偿解决大多数纠纷的这种精神，被很好地保存下来。但是货币的价值无疑已经改变，所以赔偿本身也就改变了；我们看到领主们的许多条例①，规定了赔偿金；这些赔偿金是应该在他们的小法庭里给付的。可见他们遵从法律的精神，而不遵从法律本身。

此外，法兰西被分割成无数食封的小领地；领地对国王的服从与其说是政治性的，毋宁说是封建性的，所以很难仅仅颁发一种法律。实际上，就是颁发的话，也没法子加以执行。派遣一些特命官吏②到各行省去，对司法及政治事项进行监督——这种习惯几乎已经不再存在了。甚至从领主们的条例中也可以看到，当新采地成立的时候，国王就剥夺了自己向那些地方派遣特命官吏的权力。因此，当整个国家差不多都成为采地的时候，国王就不可能再派遣这种官吏了；所以也就没有公共的法律，因为已经没有人去加以执行了。

因此，到了第二时期③末的时候，撒利克、勃艮第和西哥特这些法律已大为人们所忽视；到了第三时期④的初期，就几乎听不见人们谈到它们了。

第一和第二两时期，常常召开全国会议，也就是说领主们和主教们的会议；那时还没有平民的问题。在这些会议里，人们曾企图对僧侣加以节制；僧侣仿佛就是在征服者们的统治下形成起来的团体，并

---

① 德·拉·多玛榭尔先生在所著《贝利的古代风俗》里曾收集了一些这类条例。参看该书第61、66等章所载各例。
② 拉丁文作 Missi dominici（钦差、主人的使者）。
③ 注释见本章第2节译者注。——译者
④ 即卡佩朝（987—大革命），也就是第三朝代。——译者

建立了自己的特权，这些会议所制定的法律就是我们的所谓"敕令"[1]。这就产生了四种情况：（1）建立了采地的法律；（2）教会极大部分的财产受这些法律的支配；（3）僧侣更加分散了；（4）僧侣们忽视了那些改革条例——僧侣们并不是唯一的改革者[2]。人们纂辑了宗教会议制定的教规和教皇们的谕旨[3]；僧侣们认为这些法律的来源更为纯洁，而加以接受。我已经说过，自从大采地建立之后，国王就没有必要再派遣钦差到各省去执行他所发布的法律了。因此，在第三时期，就不再听到人们谈"敕令"了。

第十节　续前

人们曾给《伦巴底法》、《撒利克法》和《巴威利亚法》附加一些敕令。曾有人探究附加这些敕令的理由；但是理由应从这件事本身去追寻。敕令有好几个种类。有的和政治行政有关系；有的和经济行政有关系；大多数和宗教行政有关系；一小部分和民事行政有关系。末后一种就被人附加到民法上去；也就是说，附加到各民族的属人法上去。就是因为这个缘故，所以敕令里说，里头没有反对罗马法的规

---

[1] 因为用国王名义发布，所以人们译为"敕令"。——译者
[2] 秃头查理在844年《敕令》第8款里说："不要让主教们借口他们有权威制定教规，而反对或忽视本律令。"他似乎已经预见到这个律令将被废弃。
[3] 在《教规汇篇》里，人们插入无数教皇的论旨；在古本的《汇篇》里，这种教令是很少的。矮子狄欧尼西乌斯（狄欧尼西乌斯·爱克斯古斯）在他的《汇篇》里就加进许多教皇论旨；伊西多露斯·墨尔伽佗的《汇篇》则充满了真的和假的教皇论旨。在查理曼以前，法国使用的是古本的《汇篇》。查理曼从教皇亚得里安一世的手里得到矮子狄欧尼西乌斯的本子，并命令人们使用它。伊西多露斯·墨尔伽佗的本子差不多就在查理曼朝的时候问世；人们热爱它；随之而来的便是我们的所谓《寺院法》了。

定①②。实际上，有关经济的、宗教的或政治的行政的敕令同民法是没有任何关系的。有关民事行政的敕令则仅仅和野蛮民族的法律有关；它们对这些法律进行解释、修改、扩张和减缩。但是我想，把这些敕令附加到属人法上面去，反而使敕令的主体本身受到人们的忽视。在蒙昧时代，节略一本书常常就使这本书不能流行。

第十一节 野蛮人的法律、罗马法和敕令废灭的其他原因

当日耳曼各民族征服了罗马帝国的时候，它们在那里学会了文字的使用。它们就模仿罗马人，把自己的习惯用文字写出来，并编纂成为法典③。继查理曼之后，历朝帝王不善统治，加上诺曼人入侵，内战频仍，因此这些已经脱离了榛榛狉狉的生活的胜利民族，又重新回到蒙昧无知的时代；他们又不会读书，不会写字了。这就使法兰西和日耳曼的人把成文的野蛮人的法律、罗马法和敕令都忘掉了。文字的使用在意大利被较好地保持下来。意大利是教皇们和希腊的皇帝们统治的地方，有繁盛的都市，经营着当时几乎是独无仅有的商业。在高卢，从前哥特人和勃艮第人所征服的地区，由于同意大利毗邻的关系，就更好地保存了罗马法；不仅如此，在那里，罗马法更成为一种属地法和一种特仪。在西班牙，《西哥特法》的废弃也显然是由于不懂文字[7]。这么许多的法律都消灭了，于是各地的习惯便形成了起来。

---

① 参看从毕斯特发布的《敕令》第 20 款。
② 因为野蛮民族的属人法和罗马法不是同一个体系。——译者
③ 这点在这些法典的某些绪言里是说得很明白的。我们在撒克逊人和佛里兹人的法典里甚至看到不同的地区有不同的法规。人们在这些习惯之外，又按照情况的要求增加了一些特殊的条款；为压制撒克逊人而制定的严峻法律就属于这类。

属人法消灭了。赔偿金和所谓安全税金[8]①主要是依习惯而不是依这些法律的条文规定的。所以情况是：当君主国建立的时候，人们离开了日耳曼人的习惯，走向成文法；但在几个世纪之后，人们又从成文法回到不成文的习惯去了。

第十二节　地方习惯；野蛮民族的法律和罗马法的变革

从几种历史记录可以看到，在黎明时期和第二时期已经有地方性的习惯了。当时人们有"地方习惯"②"古代习惯"③"习惯"④"法律"⑤和"各种习惯"这些说法。一些著者认为，当时所谓"各种习惯"，指的是野蛮民族的法律；当时所谓"法律"，指的是罗马法。我可以证明，并不如此。柏彬王规定，凡是没有法律的地方就遵从习惯；但是习惯不得优先于法律⑥。所以如果按照这些著者的说法，罗马法（法律）就优于野蛮人的法典（习惯）了，这就等于推翻一切古代的历史记录，尤其是等于推翻这些野蛮人的法典，因为这些法典所肯定的恰恰和这种说法相反。

野蛮民族的法律绝不是这些习惯；而是这些法律，作为属人法，采用了这些习惯。比方说，《撒利克法》是一种属人法；但是，在"海

---

① 关于安全税金，我将在后面（第30章第14节。——译者）谈及。
② 马尔库尔富斯：《法式书》的序言。"我是按照我们祖先的遗训，按照我们居住的地方的习惯学习的，或更确切地说，是考虑过了的"。
③ 《伦巴底法》第2卷第58篇第3节。
④ 同上书，第2卷第41篇第6节。
⑤ 《圣雷哲传》。
⑥ 《伦巴底法》第2卷第41篇第6节。

边法兰克人"普遍或差不多普遍居住的地区，这种《撒利克法》，不管它有如何属人法的性质，在同这些"海边法兰克人"的关系上，就成为一种属地法了；而它只有在同他处居住的法兰克人的关系上是属人性质的。那么，如果在《撒利克法》是属地性质的一个地方，恰巧有一些勃艮第人、阿尔曼人或者甚至罗马人常常发生争讼的话，就应该按照这些民族的法律进行裁判；而按照这些法律做出的判决一定有许多把新的习惯输入到这个地方来。这个情形就是上述柏彬法制最好的说明。在不依《撒利克法》裁决的案件，这些新习惯甚至有可能影响当地的法兰克人，这是自然的。但这些习惯如果竟是优于《撒利克法》，那就不是"自然"的了。

因此，每一个地方都有一种主要的法律，又有一些习惯。这些习惯是在不违背主要法律的范围内被采用来作为主要法律的补充的。

甚至有可能发生这种情形，就是这些习惯成为非属地性质的一种法律的补充。再就上面所举的例子说：如果在《撒利克法》是属地性质的地方，一个勃艮第人应按他本族的法律裁判，而这个案情在《勃艮第法》中又没有条文规定的话，那么毫无疑义，人们将按照当地的习惯裁判。

在柏彬王时代，既成的习惯并没有法律的力量大；但是不久，习惯却把法律摧毁了。新的法规总是一种救济手段，说明有一种时弊存在着。因此，我们就可以想象，在柏彬时代，人们已经开始把习惯放在法律之上了。

我上面所说，已足以说明为什么罗马法，犹如我们在《毕斯特敕令》里所看到的一样，早在黎明时期就已经开始成为一种属地法；已足以说明为什么《哥特法》不能够像在上述德洛伊宗教会议[1]的时候那样，仍然继续存在下去。罗马法成为一般的属人法，而《哥特法》成为特殊的属人法；结果罗马法就是属地法。但是奇怪的是，为什么各地的野蛮民族的属人法全都消灭，而罗马法却在西哥特和勃艮第各省份作为属地法而继续存在？我的答复是：罗马法本身和其他属人法的命运差不多是相同的；不然的话，在罗马法曾经是属地法的省份里我们将仍然看到《提奥多西乌斯法典》；但是我们所看到的却是《查士丁尼法》。在这些省份里，当时所残留的差不多仅仅是罗马法或成文法地区的名义而已；仅仅是这些人民爱恋他们自己的法律的感情而已，尤其是因为他们把罗马法看做是一种特权；仅仅是罗马法的几条条文仍然留在人们的记忆中而已。但是这种情形就足以产生一种效果，就是：当查士丁尼编纂的法典刊行的时候，在哥特人和勃艮第人辖下的省份，人们把它当做"成文的法律"来接受；而在法兰克人的旧辖地里人们却仅仅把它当做"成文的道理"来接受。

第十三节 《撒利克法》即《海边法兰克法》、《河畔法兰克法》和其他野蛮民族法律的差异

《撒利克法》不容许使用消极证言[2]的习惯。这就是说，按照《撒利克法》，提出诉讼或控告的人就有积极立证的责任，而被告单单加以否认是不够的。这几乎同世界上所有国家的法律都是相符合的。

---

[1] 参看本章第5节。
[2] 指单凭誓言否认。——译者

《莱茵河畔法兰克部族法》则具有完全不同的一种精神①。它是满足于消极证言的。在大多数的场合，被告只要同一些证人立誓，说他没有做过人们所控告的罪行就够了。案情越重要，立誓的证人的数目就越多②；有时候证人多到七十二人③。阿尔曼人、巴威利亚人、条麟吉亚人、佛里兹人、撒克逊人、伦巴底人、勃艮第人的法律，是和《河畔法兰克法》一模一样的。

我已经说过，《撒利克法》不许可消极证言；但是有一种情况，它是许可这种证言的④。不过就是在这种场合，它并不是仅仅许可消极证言，而不要求同时提出积极证据的。原告要陈述他的证据，来支持他的控诉；被告也要陈述他的证据，来为自己辩护⑤。裁判官就由双方的证据去审断实情⑥。这种做法和河畔法兰克人的法律以及其他野蛮人的法律是很不一样的。按照这些法律的做法，被告立誓说自己没有犯罪，又让他的亲属立誓，证明他所说的都是实情，就这样来为自己辩护。这种法律只适合于一个简单纯朴、性情率直的民族。立法者又须采取措施来防止流弊的发生，这点我们马上就会看到。

---

① 这同塔西佗的说法是相符合的。塔西佗在所著《日耳曼人的风俗》第28章里说，日耳曼人有一般的和特殊的习惯。
② 《莱茵河畔法兰克部族法》第6—8等篇。
③ 同上书，第11、12、17篇。
④ 就是当人们控告法兰克王的侍从的时候。他是国王的家臣，享有较大的自由。参看《撒利克古条例》第76篇。
⑤ 见同书同篇。
⑥ 犹如今天英国仍然存在的做法。

第十四节　另一点差异

《撒利克法》不许可依个人决斗确定证据；但是河畔法兰克人的法律①和几乎所有野蛮民族的法律都接受这种证据②。从我看来，决斗法律是自然产生的；它对采用消极证言的法律是一种补救手段。原告提出诉讼，看到被告就要用不公正的誓言逃脱，一个尚武的人③眼看自己就要受到羞辱，他除了对所受的冤枉，甚至对提出的伪誓，要求伸张正气而外，还有什么其他办法呢？《撒利克法》不许可使用消极证言，就不需要，也不采用决斗立证；但是莱茵河畔法兰克部族的法律④和其他野蛮民族的法律⑤都准许使用消极证言，所以就不能不采用决斗立证。

如果我们读一读勃艮第王贡德鲍关于这个问题的两条著名的法规⑥，我们便将看到，它们是从事物的性质推演出来的。用这些野蛮人的法律的语言来说，就是：必须把誓言从有意滥用它的人的手中拯救出来。

伦巴底的《罗塔利法》在某些场合，准许用誓言为自己辩护的人

---

① 《莱茵河畔法兰克部族法》第32篇：第57篇第2节；第59篇第4节*。
* 此注原文有误；这是参照其他版本译出的。——译者
② 见下注。
③ 这种精神在《莱茵河畔法兰克部族法》（第59篇第4节和第67篇第5节）和附加在该法的《803年柔懦路易敕令》（第22款）里，表现十分突出。
④ 参看该法。
⑤ 佛里兹人、伦巴底人、巴威利亚人、撒克逊人、条鳞吉亚人和勃艮第人的法律。
⑥ 《勃艮第法》第8篇第1和第2节关于刑事的法规。第45篇又扩张到民事方面。又参看《条鳞吉亚法》第1篇第31节；第7篇第6节；和第8节；《阿尔曼法》第89篇；《巴威利亚法》第8篇第2章第6节，第3章第1节；第9篇第4章第4节；《佛里兹法》第2篇第3节；第14篇第4节；《伦巴底法》第1卷第32篇第3节；第35篇第1节；第2卷第35篇第2节。

不再受决斗的困苦。这个习惯传布开了①。我们将要看到它产生了如何恶劣的后果,和人们如何不能不恢复古时的成法。

第十五节 一点说明

我不是说,在野蛮人法典修改的地方,在增订的条文里,在全部敕令里,就不可能找到一鳞半爪,那里的决斗立证在事实上不是因为准许消极证言而产生的。在几个世纪的时期中,特殊的情况就有可能产生特殊的法规。我谈的只是日耳曼法律的一般精神,以及它们的性质和起源。我谈的是这些民族的古代习惯;这些习惯是这些法律所提及或采用的。这里的问题,只此而已。

第十六节 《撒利克法》的开水立证

《撒利克法》容许使用开水来确定证据②的习惯③。这种试证法是极端残忍的,所以该法采取一种折中办法来减少它的残酷性。它准许被传唤来进行用开水立证的人,在对方同意之下,出一些钱赎回他的手④,也就是可以不用手试开水。原告既得到了法律所规定的这笔钱,那么被告仅仅由几个证人立誓说他的确没有犯过罪,原告也许就可能感到满意了。这是《撒利克法》容许消极证言的一个特殊事例。

---

① 参看本章第18节末。
② 用手插入开水,不受伤,就证明无罪。——译者
③ 还有几种野蛮人的法律也是如此。
④ 《撒利克法》第56篇,"手要用钱赎回"。

这种消极证言法，是经双方同意，由法律加以容许，但它并不是法律所规定的。法律给予许可被告用消极证言为自己辩护的原告一些赔偿金。原告既有自由原谅被告的非法行为或损害行为，那么他也有自由相信被告的誓言了。

法律采取了这种折中办法，使害怕残酷试证法的一造和希望得到一点赔偿金的一造，在判决之先，解决他们的争讼，结束他们的仇恨①。我们清楚地看到，这样的消极证言一旦完成，就不再需要什么其他立证的事情了；所以《撒利克法》的这个特殊规定是不可能产生决斗立证的。

第十七节　我们祖宗的想法

人们不能不感到诧异，当他们看到，我们的祖宗在决定国民的荣誉、财产和生命问题时所根据的事物，是属于理性的少，而属于运气的多；当他们看到，我们的祖宗不断使用一些立证方法，既不能证明任何东西，而且同犯罪的有无是毫不相干的。

日耳曼人，从未被人征服过，所以享有极端独立自主的生活②。各家族之间为着凶杀、盗窃、侮辱、损害事件就打起仗来③。后来人们把这个习惯改变得温和一些，规定这类战斗必须遵守一定规则；必

---

① 《撒利克法》第56篇。
② 这从塔西佗所说的这句话可以看到："身份对于一切人都是一样的。"见《日耳曼人的风俗》第4章。
③ 维烈优斯·巴特尔库露斯的《世界史简篇》第2卷第118章说，日耳曼人的一切事情，都用决斗来解决。

须奉官吏的命令,并在官吏的面前进行[1];这比普遍地自由地互相侵扰要好些。

今天的土耳其人相信上帝进行裁判;在内战的时候,他们认为第一次的胜利就是上帝的判决。日耳曼各民族也像这些土耳其人一样;他们相信上帝时时在注意惩罚罪犯和掠夺者;他们在私人的案件上,也把决斗结果看做是上帝的判决。

塔西佗说,一个日耳曼国家和另一个日耳曼国家要进行战争的时候,就想法子俘虏一个对方的人来和本国的一个人决斗;他们认为从这个决斗的结果就可以预断战争的胜负。这些民族既然认为个人的决斗能够决定公共的事情,那么他们当然更相信,个人的决斗能够解决个人间的纠纷了。

在许多国王中,勃艮第王贡德鲍最赞成决斗的习惯[2]。这位君主就在自己的法律里给决斗法律提供理由。他说:"决斗法律的目的是要使我们的臣民不再为暧昧的事情立誓,不再为明确的事情立伪誓。"因此,当僧侣们宣布,许可决斗的法律是对神的不敬的时候,勃艮第人的法律却认为,许可立誓的法律是对神的亵渎[3]。

人们所以采用个人决斗来确定证据,是有一些道理的。这些道理是以经验为根据的。在一个专事武艺的民族,懦怯就必然意味着其他邪恶;懦怯证明一个人背离他所受的教育,没有荣誉感,不按照别人所遵守的原则行事。懦怯说明一个人对别人的轻蔑满不在乎,对别人的尊重也不当一回事。一个人的出身只要略为过得去的话,他通常就

---

[1] 参看野蛮人的各种法典。关于较近时代,可参阅波马诺亚:《波瓦西斯的古代风俗》。
[2] 《勃艮第法》第45章。
[3] 参看阿果巴尔的著作。

不缺少那种应当和武力相结合的机敏,也不缺少应当和勇敢相结合的武力。因为一个人看重了荣誉,就终身从事一切获致荣誉所不可或缺的事情。此外,在一个尚武的国家,人们尊重武力、勇敢和刚毅,所以真正丑恶可厌的犯罪就是那些从欺诈、狡猾、奸计,也就是说,从懦怯产生出来的犯罪。

至于以火立证,在被告把手放在热铁上或插进开水里之后,人们就把他的手用一个口袋包里起来,加上封印。如果三天后没有烧伤的痕迹的话,就把这人宣告无罪。谁不知道,在这个对武器的使用经常进行锻炼的民族,人们的皮是又粗又硬的,在放在热铁上或插进开水里以后是不可能在三天后留着什么痕迹的。如果在三天后留有痕迹的话,那么只能证明这是一个柔弱而无丈夫气的人。我们的农民,用他们粗硬的手随便触摸热铁,若无其事。至于劳动妇女的手也是能够抵抗热铁的。妇女们是不缺乏决斗者们来替她们辩护的[①]。而且,在一个没有奢侈存在的民族,是没有什么中产阶级的。

按照条麟吉亚人的法律,一个被控行淫的妇女,只有在没有人出来为她决斗的时候,才得依开水立证定她的罪[②]。莱茵河畔法兰克部族的法律则只有在一个人找不到证人来为自己辩护的时候,才许可开水立证[③]。但是一个妇女,如果她的亲属谁也不愿给她辩护的话,一个男人,如果不能提出任何证人来证明自己的诚实正直的话,这就足以认为他们是有罪了。

[①] 参看波马诺亚:《波瓦西斯的古代风俗》第61章。又《安格尔法》第14章;按照该法,开水立证只是辅助的东西而已。
[②] 《条麟吉亚法》第14篇。
[③] 《莱茵河畔法兰克部族法》第31章第5节。

总上说来，我认为：在决斗立证、热铁与开水立证的习惯仍然存在的时代环境之下，这些法律和民情风俗是协调和谐的，所以这些法律本身虽不公平，但不公平的后果却是产生得很少的；后果比原因更为纯洁无垢；这些法律损害公平多于侵犯权利；它们的不合情理多于专制横暴。

第十八节　决斗立证为什么传播开了

从阿果巴尔给柔懦路易的信，我们可以得到一个结论，就是法兰克人不采用决斗立证的习惯，因为阿果巴尔把贡德鲍法律的弊害向该君主奏陈之后，要求在勃艮第依法兰克人的法律裁决争讼①。但是当人们从其他方面的材料看到，当时法国是使用决斗裁判的时候，就将感到大惑不解。其实这点，从我上面所说的话，就可以得到解答。我说：海边法兰克人不许可决斗立证，河畔法兰克人则加以采用②。

但是，僧侣们虽然吵闹，决斗裁判的习惯在法国却是一天比一天地传播开了；我马上可以证明，使这个习惯传播的，主要就是僧侣们自己。

伦巴底人的法律给我们提供了证据。奥托二世的《律令》的《序言》里说："很早以前有一个可恨的习惯传入；就是，如果某个遗产的证书被人认为是假的的话，提出证书的人只要指《福音书》立誓说它是真的，他就可不经过任何审判而成为遗产的所有人了；因此伪誓必然

---

① 如果我们的主人［国王柔懦路易］同意的话，就让他们［勃艮第人］按照法兰克人的法律审判。
② 参看《莱茵河畔法兰克部族法》第59篇第4节；第67篇第5节。

达到目的"①。当皇帝奥托一世在罗马让人给他加冕的时候②，教皇约翰十二召开了一个会议，所有意大利的贵绅们都喧嚷着要求该皇帝制定一项法律，消除这种丑恶的流弊③。教皇和皇帝认为，应把这件事提交不久即将在拉温那召开的会议④处理。在这个会议中，贵绅们提出了同样的要求，并且喧嚷得更厉害；但是，人们以某些人物没有出席为借口，把这件事又一次地推迟了。当奥托二世和勃艮第王康拉德⑤到意大利去的时候，他们在味罗那⑥和意大利的贵绅们举行了一个会议⑦。由于贵绅们的不断请求，皇帝经全体的同意，制定了一项法律，规定如果在遗产发生争讼时，一造要使用遗产证书，而另一造则认为该证书是伪造的的话，这个案件就应用决斗解决；关于采地问题也适用这项法律；教堂也要受这项法律的管辖，但它们将由它们的决斗人代为进行决斗。我们看到：（1）由于教会所采用的立证方法产生了流弊，所以贵族们要求决斗立证；（2）虽然贵族们喧嚷，虽然流弊是众目共睹的，虽然奥托是有权威的，并且是以主人的身份到意大利来说话与行动的，但是僧侣们却在两次会议里坚守了他们的阵地；（3）贵族和君主们的协作迫使僧侣们让步了，所以决斗裁判的习惯当然就被看做是贵族的一种特权，是反抗不公平的堡垒，是贵族财产所有权的保障；（4）从这时起，这个习惯就传播开了。它的传布是在皇帝们强大、

---

① 《伦巴底法》第2卷第4篇第34章。
② 962年。
③ "意大利的贵绅们喧嚷，要至圣的皇帝变更法律，消灭这种丑恶的罪行。"《伦巴底法》第2卷第55篇第34章。
④ 这个会议在967年召开；教皇约翰十三和皇帝奥托一世均出席。
⑤ 奥托二世的舅父，路德福的儿子，朱拉山外勃艮第的王。
⑥ 988年。
⑦ "对这件事，所有的人都向皇帝进谏。"《伦巴底法》第2卷第4篇第34章。

教皇们弱小的时代；是在诸奥托帝到意大利重建帝国权威的时代。

我将再提出一个想法，来证实我上面所说的，就是：消极证言的制度产生了决斗的法学。人们向诸奥托帝所申诉的流弊是：一个人的遗产证书被认为是伪造的而受到非难的时候，他只要用消极证言来为自己辩护，指《福音书》宣誓证书不是假造的，就可了事。这样，法律被破坏了，流弊产生了，应当用什么办法来加以纠正呢？人们就采用了决斗的习惯。

我赶快谈谈奥托二世的《律令》，好使人们清楚地看到当时僧俗纠纷的情形。在这以前曾有过罗达利乌斯一世的《律令》①。这位君主所遇到的是同样的怨诉和同样的纠纷；他为着确定财产所有权，就规定证书的制作人应立誓说证书不是伪造的；如果制作人已死，则由签署的证人们立誓；但是流弊总是一直存在着，所以人们终于不能不采用我上面所说的救济手段了。

我发现，在这时代以前查理曼召开的那些会议里，全国向他申诉说，在实际情况之下，要原告或被告不立伪誓，是极不容易的事，所以还是恢复决斗裁判制度好些②。查理曼照办了。

决斗裁判的习惯在勃艮第人之间推广了，而立誓的习惯受到了限制。意大利王梯欧多立克废除了东哥特人的个人决斗③。申达逊突斯和列赛逊突斯的法律对于决斗似乎是连思想上也要加以根除的。但是在纳尔波内兹，这些法律很少为人们所接受，因为在那里，人们把决

---

① 在《伦巴底法》第 2 卷第 33 篇内。穆拉托利先生所用的本子却说它是基多皇帝所制定的。
② 《伦巴底法》第 2 卷第 55 篇第 23 节。
③ 加西奥都露斯：《东哥特史》第 3 卷第 23 和第 24 信。

斗看做是哥特人的特权①②。

在希腊人歼灭了东哥特人之后，伦巴底人征服了意大利，并且把决斗的习惯也带到那里去③，但他们初期的法律则抑制决斗的习惯④。查理曼、柔懦路易、诸奥托帝颁发了各种一般性的《律令》⑤。这些《律令》被插入到伦巴底人的法律里，又被加到《撒利克法》上。它们推广了决斗，首先推广到刑事案件，后来又推广到民事案件。人们不知道应该怎样办才好。根据立誓的消极证言，是有弊病的；决斗立证也是有弊病的，因此他们时常更变，喜欢哪一种立证方法时，就采用哪一种立证法了。

在一方面，僧侣们喜欢看到人们把一切世俗的事情都提到教堂⑥和祭坛去解决；而在另一方面，傲慢的贵族们都喜欢用他们的剑来支持他们的权利。

我并不是说，贵族们所抱怨的这个消极证言制度是僧侣们倡议的。

---

① "宫廷侍卫白拉是巴其诺人；当他被一个名叫苏尼拉的人控告不忠的罪，又被后者追捕时，因为他们二人都是哥特族人，所以必须按照自己的法律举行一场马战；最后白拉被战胜了。"《柔懦路易传》（著者不明）*。

* 甲乙本没注明出处，只说："我已经不记得这段话是从什么地方引来的了。"（孟德斯鸠原注）

② 末了两句，甲乙本是这样写的："在东哥特人之间，申达逊突斯和列赛逊突斯的法律根除了个人决斗，使不留任何痕迹。僧侣们反对这个习惯。后来，这些人停止了人们过去在这方面对他们所施的暴行。"

③ 甲乙本作："伦巴底初期诸君王抑制决斗的习惯，查理曼……"。

④ 参看《伦巴底法》第1卷第4篇和第9篇第23节；第2卷第35篇第4—5节；第55篇第1—3节。《罗塔利条例》；和《雷伯兰条例》第15节。

⑤ 《伦巴底法》第2卷第55篇第23节。

⑥ 当时立誓裁判是在教堂里进行的；在黎明时期（第一朝代），王宫里设有一所礼拜堂，专供裁判争讼使用。参看马尔库尔富斯：《法式书》第1卷第38章；《莱茵河畔法兰克部族法》第59篇第4节；第65篇第5节；格列高里·德·都尔：《法兰克史》；《撒利克法》增附《803年敕令》。

这个习惯是从野蛮人的法律的精神和消极证言的制度推演出来的。但是一种习惯已经使许多罪犯解脱了罪责，人们就想到利用教会的神圣庄严使罪犯丧胆，使立伪誓者惊慌失色，所以僧侣们才支持了这种习惯及其实行的方式，但是在别的场合僧侣们是反对消极证言的。我们在波马诺亚的著作里看到，教会的法庭是从来不采纳消极证言的[①]。这无疑是引起消极证言制度崩溃的重要因素，并大大地削弱了野蛮人的法典关于消极证言的规定。

这又将使我们很好地体会到消极证言的习惯和决斗裁判的习惯之间的联系。关于决斗裁判，我已经谈得很多了。世俗的法庭对这两种习惯是全都容许的；教会法庭对这两种习惯则是全都加以拒绝的。

当这个民族选择了决斗立证的时候，它是遵循了自己的尚武精神的；因为当人们把决斗作为上帝的判决而加以采用的时候，人们就废除十字架立证、冷水立证、开水立证这些制度——这些立证方法，人们也曾同样地看做是上帝的裁判。

查理曼规定，如果他的子女之间发生了什么纠纷的话，应该用十字架裁判加以解决。柔懦路易只许在教务纠纷案件使用这种裁判[②]；他的儿子罗达利乌斯则无论什么案件均不许使用这种裁判；他甚至于连冷水立证也给废除了[③]。

当时被普遍接受的习惯是很少有的，所以我并不是说，后来就没有任何教堂又采用了这些立证方法，尤其是菲利普·奥古斯都的一

---

① 《波瓦西斯的古代风俗》第 39 章第 212 页："僧侣们认为消极证言不足为凭，因为它是无从证明的。"
② 这些《律令》被插入在《伦巴底法》里和附加在《撒利克法》的末尾。
③ 参看他的《律令》，载《伦巴底法》第 2 卷第 55 篇第 31 节。

项法规①里就提到这些立证方法呢！但是我所说的是，这些立证方法很少被人采用。波马诺亚生在圣路易及他略为后一些的时代，他的著作②在叙述各种立证方法时，只谈到决斗立证，其他的立证方法则全都没有提到。

第十九节 《撒利克法》、罗马法和敕令被忘却的另一原因

我已经谈过《撒利克法》、罗马法和敕令的权威消失的原因；我还要加上一句，就是：决斗立证习惯的广远传布是主要的原因。

《撒利克法》不准许决斗立证的习惯，所以它就多多少少成为无用之物而没落了。罗马法同样不准许决斗立证，因而也同样死亡了。当时人们所殚精竭虑的只是如何制定决斗裁判的法律，并建立一种优良的决斗裁判的法学③。敕令里的条规也同样归于无用了，这许多法律就这样丧失了它们的权威，而我们却说不上它们的权威究竟是什么时候丧失了的；它们被人们忘却了，而我们却找不到代替它们而兴起的其他法律。

这样的一个民族是不需要成文法的；所以它的成文法就很容易为人们所忘却。

当有什么争议发生的时候，只要命令两造决斗便了。这是不需要很多才能的。

一切民刑事的诉讼都被缩减成为单纯的事实。人们就是为着这些

---

① 1200年。
② 《波瓦西斯的古代风俗》第39章。
③ 甲乙本作："并根据决斗裁判所可能遇到的各种案情建立一种优良的决斗裁判的法学。"

事实而决斗。不但诉讼的主要内容,即连附带事件和预审事件[①],也都是取决于决斗;这是波马诺亚所说[②]的;他还举了一些例子。

我发现,第三时期开头的法学完全是礼法问题;荣誉观念支配了一切。如果一个人不服从法官的话,法官就对他的无礼进行追究。在布尔治[③],如果主监官召唤一个人,这人不来,主监官就对他说,"我派人找你,你却藐视不来;对这种轻蔑行为你要给我赔礼"。他们就决斗了,胖子路易改革了这个习惯[④]。

在奥尔良,一切债务的要求都采用决斗裁判[⑤]。少年路易宣布,这个习惯要在要求超过五个苏时才能适用。这个条例是一项地方性的法律,因为在圣路易时代,只要价值超过十二个逮那利就可以适用了[⑥]。波马诺亚听一位法律家说,法国从前曾经有过一种很坏的习惯,就是一个人可以在一个期间内雇佣一个决斗者给他的各种诉讼决斗[⑦]。可见当时决斗裁判的习惯一定是流行得非常广的。

第二十节　荣誉观念的起源

在野蛮人的法典里,是有一些不解之谜的。佛里兹人的法律对受到棍子打的人只给赔偿金半个苏[⑧]。但对极轻微的伤害,它却规定要

---

① 注释见本书末原编者注 115。——译者
② 《波瓦西斯的古代风俗》第 61 章第 309—310 页。
③ 1145 年胖子路易的《条例》,载《法令会纂》。
④ 同上。
⑤ 1168 年胖子路易的《条例》,载《法令会纂》。
⑥ 参看波马诺亚:《波瓦西斯的古代风俗》第 63 章第 325 页。
⑦ 同上书,第 28 章第 203 页。
⑧ 威烈玛利:《哲人的增加》第 5 篇。

047

给付比这还要多的赔偿金。按照《撒利克法》，一个自由民打另外一个自由民三下棍子的话，就要给赔偿金五苏；如果流了血的话，则将按照以铁器伤人受罚，而给付赔偿金十五苏；刑罚是按照伤害的大小衡量的。伦巴底人的法律对打一棍、两棍、三棍、四棍等等，各定出不同的赔偿金额①。今天打人一棍和打人十万棍是一样的。

插入《伦巴底法》内的《查理曼律令》规定，该律令所许可的决斗，应该使用棍子②。这也许因为顾虑到僧侣们的意见；也许因为决斗习惯已广为传播，所以想法子减少决斗的血腥气味。柔懦路易的敕令③准许决斗者自由选择使用棍子或武器。结果却只有农奴们决斗时使用棍子④。

我已经看到，我们的荣誉观念的特别准则已在产生与形成。起先由原告在法官面前宣称某人曾犯某种罪行；被告答说原告撒谎；这时法官就命令决斗⑤。这里便产生了一条准则，就是：当人们说你撒谎的时候，就应当格斗。

一个人一旦宣布说他要决斗，就不能翻悔；如果他翻悔的话，就要被判处刑罚⑥。从这里又产生了一条准则，就是：一个人的约言已经说出，荣誉就不许他收回。

绅贵之间的决斗，是二人骑马、手持各种武器进行的⑦；贱人之

---

① 《伦巴底法》第1卷第6篇第3节。
② 同上书，第2卷第5篇第23节。
③ 819年，附加在《撒利克法》内。
④ 参看波马诺亚：《波瓦西斯的古代风俗》第64章第328页。
⑤ 同上书，第329页。
⑥ 同上书，第3章第25页和第329页。
⑦ 同上书，第61章308页和第64章328页论决斗武器。

间的决斗,则是步行着、手执棍子进行的①。由于这个缘故,人们便把棍子看做是侮辱的工具②,因为一个人受到棍子打,就是被看做贱人了。

只有贱人决斗时不把脸掩盖③,所以只有他们的脸才会受伤。由于这个缘故,人们便认为打耳光是一种侮辱,需要用血来洗雪,因为一个人被打耳光就是被当做了贱人。

日耳曼各民族在荣誉的观念上,同我们是一样敏感的;不,他们甚至是更为敏感些。对于各种侮辱,就是最疏远的亲属也猛烈地感同身受;他们所有的法典都建立在这个基础之上。伦巴底人的法律规定,如果一个人带着佣人去打一个冷不防的人,使他蒙受羞辱和嘲笑的话,应给付打死人时所应付的赔偿金的半数④;如果出于同一动机,而把那人捆绑起来的话,则应给付同样赔偿金的四分之三⑤。

总上看来,我们可以说,我们的祖宗对于侮辱是极端敏感的;但是他们对各种各样的侮辱,例如用某种工具打身体的某一部分和怎样的打法,还没有加以区分。所有这一切都包括在打人的侮辱内;在这场合,侮辱的大小就是以暴行的多少来衡量。

---

① 参看波马诺亚:《波瓦西斯的古代风俗》第64章第323页,和伽兰:《自由土地论》第263页所引圣欧彬唐珠的条例。
② 罗马人就不认为棍打是特殊的羞辱。但是野蛮人的《关于棍打的法律》却说,"受棍打就是受到羞辱"。
③ 他们只拿着盾牌和棍子。波马诺亚:《波瓦西斯的古代风俗》第64章第328页。
④ 《伦巴底法》第1卷第6篇第1节。
⑤ 同上书第2节。

第二十一节　关于日耳曼人荣誉观念的另一点意见

塔西佗说:"日耳曼人认为战斗时遗弃了盾牌,是极大的羞耻;有不少人因为这种不幸的事而自杀。"① 因此《撒利克古法》规定,造谣诽谤他人遗弃盾牌的,应该给被诽谤者赔偿金十五苏②。

查理曼修改了《撒利克法》③;他在这种场合只规定赔偿金三苏。人们不应怀疑这位君主有意削弱军事纪律,因为这个改变显然是由于武器的改变。许多习惯的改变是渊源于武器的改变的。

第二十二节　和决斗有关的风俗

我们和妇女的关系是建立在感官的快乐所产生的幸福上,在爱与被爱的情趣上,在取悦于妇女的愿望上——因为妇女是某些构成个人价值的品质的最精明的鉴定者。这种要取悦于妇女的一般的愿望产生了艳侠之风。这种风气并不是爱情,而是一种优雅的、轻浮的、永久的"爱情的伪装"。

爱情按照每个民族、每个时代情况的不同,对上述三种因素的倾向也因之不同,它常常着重其中之一,而漠视其中之二。关于我们所谈的决斗时代,我认为最为盛行的应该是艳侠之风。

在伦巴底人的法律里,我看到,如果决斗者之一带有魔术神草的

---

① 《日耳曼人的风俗》第6章。
② 《撒利克古条例》第6章。
③ 我们有《撒利克古法》和经查理曼修改的《撒利克法》。

话，裁判官就要让人把它拿掉，并让他立誓已经不再有这种草了[①]。这项法律只能是以普通人的想法为根据的。人们认为恐惧最会捏造东西。幻想出这种邪术的根源，也是恐惧。在个人决斗的时候，决斗者用各种武器来武装自己；在这些攻和守的沉重武器之中，如果有一种具有特殊性能和力量的武器，就可能给人无限的好处；所以认为某些决斗者持有魔术性的武器的想法就一定会纠缠了许多人的脑子。

由此就产生了骑士的奇异制度。一切人的心思都被这种幻想吸引住了。在小说里，人们看到游侠骑士、巫术士、仙人、有翼的或智慧的马、看不见的或受不了伤的人、关心伟大人物的降生或教育的魔术师、有妖魔居住的和妖魔被驱逐掉的宫殿；在我们的世界出现了一个新的世界；只有鄙野平凡的人才遵循大自然的普通行径。

游侠骑士们，什么时候都武装着自己，就在世界上充满着城寨、堡垒和强盗的地区，为人打抱不平，保护弱者，而以此为光荣。从此，我们的小说就充满了艳侠之风。它的基础是：爱情的思想和武力及保护思想的结合。

当人们想象出一些非常的男子；他们看到了一个有品德、美丽而又娇弱的女子，就乐意为她冒一切的危险，并在日常的行为上取悦于她；艳侠之风就这样产生出来了。

我们的骑士小说使人们的这种要取悦于女子的愿望得到满足；它们又把艳侠的精神散布在欧洲的一部分地区。我们可以说，这种精神古人是不十分懂得的。

罗马这个大城市的极度奢侈使享受感官乐趣的思想得到了满足。

[①] 《伦巴底法》第2卷第55篇第11节。

希腊寂静的原野的某种意念引起了人们描写爱的感情①。保护有品德而美丽的妇女的游侠骑士的思想,产生了艳侠的思想。

这种精神更因为武士的马上比武的习惯而久远流传。这种比赛把武勇和爱情二者的权利结连在一起;这就大大地增加了艳侠之风的重要性。

第二十三节 决斗裁判的法学

人们也许好奇,要寻找决斗裁判这个荒谬的习惯[10]的原则,要发现这么一种怪异不堪的法学的基础。人类归根结底是有理性的,甚至对自己的偏见也用一些规则加以范围。没有任何东西比决斗裁判更违背良知了;但是既规定了决斗裁判,人们就采取一定智虑明达的措施来加以执行。

要很好地了解当时的法学,就应该细心地研读圣路易的法规。圣路易对裁判的制度曾做了极大的变更。戴方丹和这位君主是同时代的人;波马诺亚的书是在他以后写的②;其他著者都生活在他以后的时代。因此,我们应该从后人所作的修改,去探寻这个古代的习惯。

第二十四节 决斗裁判的规则

如果有好几个原告的话,他们就应该取得协议,专由一人进行诉讼③。如果他们不能取得一致意见的话,控诉的听取人就应当指定其

---

① 可以看中世纪希腊的小说。
② 在1283年。
③ 波马诺亚:《波瓦西斯的古代风俗》第6章第40—41页。

中的一人负责争讼。

如果一个贵绅向一个贱民挑战的话，贵绅就应该步行着、手执盾牌和棍子[①]。如果他骑着马又带着武器的话，就应该去掉他的马和武器；他就只剩下衬衣，并将被迫在这种情况下和贱人决斗。

在决斗之前，裁判官就发布三条命令[②]。第一，命令双方的亲戚退场。第二，要大众安静。第三，禁止援助决斗的任何一方。违者处以重刑；或者死刑，如果决斗的一方因为这种援助而失败的话。

裁判的人员监守比武场[③]；如果一方愿意言和，裁判人员便特别注意这时双方所处的地位情况，所以如果和议不能成立的话，就可以恢复双方这时所处的这种地位情况[④]。

在犯罪案件或裁判不公案件，如果双方已经提出了决斗的"邀战物质"[⑤]的话，就必须决斗；如果没有得到当地领主的同意，原告和被告双方是不得言和的。当一方被打败时，如果没有得到宗主伯爵的许可[⑥]，也不得言和；这种许可就类似我们今天的恩敕令。

但是如果在死罪的场合，当地领主因受贿而准许他们言和的话，则应处领主罚金六十里佛尔，又领主惩罚恶人的权利[⑦]将由宗主伯爵取而代之。

---

① 波马诺亚：《波瓦西斯的古代风俗》第64章第328页。
② 同上书，第64章第330页。
③ 同上。
④ 同上。
⑤ 如帽子、手套之类。——译者
⑥ 重要的家臣拥有特别的权利。
⑦ 波马诺亚：《波瓦西斯的古代风俗》第64章第330页说："他将丧失他的管辖权。"从当时各家的著述来看，这种说法指的并不是他所有的一般管辖权全都丧失了，而仅仅是丧失了对本案的管辖权。戴方丹：《劝言》第21章第29条。

许多人是没有能力提出决斗或接受决斗的。所以在查明原因之后，可以准许他们找决斗者代行决斗。为使决斗者尽其所能以防卫他所代表的人出力，所以有这样的规矩：如果他打输了的话，他的手就要被砍掉①。

在上世纪，人们制定了法律禁止决斗，违者处死。但是我想，可以不必处死刑，只要把格斗者的手砍掉，使失去格斗的资格，也许就够了；一般地说，一个人失掉了自己的特有能力而还活着的话，已是最可悲的事情了。

在死罪的场合，如果是由决斗者代为决斗的话，就把原被两造放置在看不见决斗的地方，每人都用一条绳子捆住；这条绳子就是准备在他的决斗者打败时执行他的死刑用的②。

一个人在决斗时失败，未必就是败讼。例如他决斗的是预审的裁判的话，那么他输的就仅仅是预审[11]的裁判而已③。

第二十五节　对决斗裁判所加的限制

在毫不重要的民事案件，如果双方提出了决斗的"邀战物质"的话，当地领主须饬令双方收回。

如果事实是众所周知的话，例如在集市众目睽睽之下杀人，则不需要证人立证或决斗立证；裁判官就根据众所共知的事实宣判④。

---

① 这个习惯可以在《敕令》里看到；它在波马诺亚的时代仍然存在。参看他所著《波瓦西斯的古代风俗》第61章第315页。
② 波马诺亚：《波瓦西斯的古代风俗》第64章第330页。
③ 同上书，第61章第309页。
④ 同上书，第63章第330页。

如果当地领主的法庭常常用同一方式裁判，而且这种习惯已是家喻户晓的话，领主就不许两造决斗，以免决斗的种种事情改变这些习惯①。

一个人仅仅可以为自己，或为他的家族的一员，或为他所尽忠的领主，要求决斗②。

如果一个被告已经开释，原告的其他亲属就不得再要求和他决斗；否则讼案就没有完结的日子了③。

如果有亲属们要为一个人的死亡复仇，这个人却并没有死而又回来了的话，这就不再存在决斗的问题。如果谁都知道某个人不在，根本就不可能发生人们所控告的事实的话，也同样不存在决斗的问题④。

如果一个被杀害的人，在未死之前，曾为被告的无罪辩解，并指控另外一个人的话，人们就不得要求和被告决斗。但是，如果死者未曾指控另外一个人的话，人们则把死者宣称被告无罪仅仅看做是一种临死的宽恕行为而已。人们仍旧将继续进行追诉；在绅贵之间，甚至可能因此发生战争⑤。

当发生战争的时候，如果有亲属一人提出或接受了决斗的"邀战物质"的话，战争的权利就终止；这时人们就认为双方已愿意遵循通常的裁判程序了；继续战争的一方将被判处损害赔偿。

---

① 波马诺亚：《波瓦西斯的古代风俗》，第61章第314页。又参看戴方丹：《劝言》第22章第24条。
② 波马诺亚：《波瓦西斯的古代风俗》，第63章第322页。
③ 同上书，第63章第322页。
④ 同上。
⑤ 同上书，第323页。

可见决斗裁判这种习惯有一点好处，就是它能够把一个一般性的纠纷转变为一个个人的纠纷，恢复法庭的权力，使那些已经是仅仅由国际法管辖的人们又回到国内法的范围里去。

有许多智慧的事情被极愚蠢地处理；同样，也有许多愚蠢的事情被极智慧地处理。

如果一个被控告犯了某一罪行的人清楚地证明了犯这个罪行的人恰恰就是控告人自己的话，这就不可能准许提出决斗的"邀战物质"了，因为没有一个罪犯不愿意试试结果未可预定的决斗，企图侥幸地逃避他的罪所应得的刑罚①。

已经由公断人或教会法庭裁判的案件，不得决斗；有关妇女妆奁的问题也不得决斗②。

波马诺亚说，妇女不得决斗。如果一个妇女向一个人要求决斗而没有指派决斗者的话，人们是不得接受决斗的"邀战物质"的。又妇女没有得到她的"主人"即丈夫的许可是不得要求决斗的；但是他人可以不得到她的丈夫的许可而向她要求决斗③。

如果要求或接受决斗的人不满十五岁的话，不得决斗④。但是有关孤儿的案件，如果监护人或管理人愿意冒这种法律程序的险的话，是可以准许决斗的。

据我看，农奴似乎是可以在这几种情形之下进行决斗的，即：农奴和另一农奴决斗；农奴和一个自由民决斗；他甚至可以和一个贵

---

① 波马诺亚：《波瓦西斯的古代风俗》第68章第324页。
② 同上书，第63章第325页。
③ 同上。
④ 同上书，第323页。又参看本书第18章第26节。

绅决斗，如果他受到挑战的话；但是如果他向一个贵绅挑战的话，贵绅可以加以拒绝；农奴的领主甚至有权利可以把他从法庭撤回①。农奴可以依据领主的条例或依据习惯，和一切自由民决斗②。教会主张它的农奴也有这种权利③，把这个权利当做教会受到尊重的一种标记④⑤。

第二十六节　诉讼人和证人间的决斗

　　据波马诺亚的记载，如果一个诉讼人看到对方的第一个证人就要作不利于自己的口供时，可以巧妙地避开第二个证人⑥，而对裁判官们说，对方所提出的这个证人是假的，是诽谤者；如果该证人仍然要支持对方的讼争的话，该诉讼人就可以提出决斗的"邀战物质"⑦。这案就不再进行调查了，因为如果该证人决斗输了的话，对方就被判提出假证人而败诉了。

　　如果用上述方法拒绝第一个证人没有成功的话，对第二个证人也应当用同一方法使他没有机会发誓；因为如果发誓的话，他就要作证，而讼案将因两个证人的供述而告结束。反之，如果成功地阻止了第二个证人发誓的话，第一个证人的口供则将归于无用。

---

① 波马诺亚：《波瓦西斯的古代风俗》第 63 章第 327 页。
② 戴方丹：《劝言》第 22 章第 7 条。
③ "他们可以决斗，也可以作证。"1118 年《胖子路易的条例》。
④ 同上。
⑤ 指的是给教会做农奴，身份因之提高的意思。——译者
⑥ 波马诺亚：《波瓦西斯的古代风俗》第 61 章第 315 页。
⑦ "在他们还没有发誓之先，应当问他们要为谁作证；因为出现了伪证时，审问证人就停止了。"同上书，第 39 章第 218 页。

如果用这一方法成功地拒绝了第二个证人的话，对方就不能再提出其他证人，所以就败诉了；但是如果诉讼人没有提出过决斗的"邀战物质"的话，就仍旧可以提出其他证人①。

波马诺亚说，证人在供述前可以先告诉他的诉讼人说："我无意为你的争讼决斗，也不愿意争辩；如果你肯防卫我的话，我将乐意把我的实话说出来。"②这样，诉讼人就必须为证人决斗。如果诉讼人打败了的话，他并没有败诉③，而只是他的证人受到拒绝而已。

我想，这是由古代习惯蜕变而来的。我所以这样想，是因为这种向证人要求决斗的习惯在巴威利亚人④和勃艮第人⑤的法律里都有规定，不过不加任何限制就是了。

我已经谈过贡德鲍的《律令》。阿果巴尔⑥和圣亚威⑦曾声嘶力竭地反对它。

这位君主说："如果被告提出一些证人，发誓说被告未曾犯过被控的罪行的话，原告可以要求和证人之一决斗；因为这个证人既然发誓，又宣称他知道实情，他当然不会有什么困难，为支持他所说的实话而决斗。"这位君主不留给证人们任何口实可以用来避免决斗。

---

① 波马诺亚：《波瓦西斯的古代风俗》第61章第316页。
② 同上书，第6章第40页。
③ 但如果是由决斗者代为决斗并且打败了的话，决斗人的手就要被砍掉。
④ 《巴威利亚法》第16篇第2节。
⑤ 《勃艮第法》第45篇。
⑥ 《致柔懦路易书》。
⑦ 《圣亚威传》。

第二十七节　诉讼人和领主的司法家臣间的决斗。对裁判不公的上诉

决斗裁判,从性质来说,就是要永远解决争讼,是不容许重新审理、重新追诉的[①]。所以,如同罗马法和寺院法所规定的上诉,也就是说,向更高级的法庭申诉,以改正原法庭的判决,在当时的法国人们都是不懂得的。

一个好战的民族,纯粹为荣誉的观念所支配,是不懂得这种诉讼形式的;而且,它在同一精神支配下,甚至准许人们使用反对诉讼人的方法去反对法官[②]。

在这个民族,上诉就是要求武装决斗,就是要求用鲜血来解决;它不是要求打笔墨官司;打笔墨官司是后代才懂得的。

因此,圣路易在他的《法制》里说,上诉是既不忠又不义的[③]。因此,波马诺亚告诉我们,如果一个人要控告他的领主加害于自己的罪行,他应当向领主宣告放弃他的采地;然后再向领主的宗主上诉,并提出决斗的"邀战物质"[④]。同样,如果领主向宗主伯爵控诉自己的下属的话,也要放弃下属对自己的臣服关系。

下属控告领主裁判不公,就是说领主不诚实地、恶意地做出他的裁判;那么,一个下属这样地控告领主,就是犯了一种不忠的罪。

领主建立并管理法庭;法庭本身则是由他的家臣们组织而成的。

[①]　"因为人们到法庭去,履行约战的义务,决斗完了时,讼争也就结束,如果没有其他未决问题的话。"波马诺亚:《波瓦西斯的古代风俗》第2章第22页。
[②]　波马诺亚:《波瓦西斯的古代风俗》第61章第312页,第67章第338页。
[③]　《法制》第2卷第15章。
[④]　波马诺亚:《波瓦西斯的古代风俗》第61章第310—311页,第67章第337页。

因此，如果不控告领主裁判不公，而仅仅控告这些家臣的话，就可以避免不忠的罪，就仅仅侮辱了这些家臣；控诉人总是要接受家臣们由于这种侮辱所提出的决斗邀请的。

控告家臣们裁判不公，是十分冒险的[①]。如果等待到他们宣判并要加以执行的时候，控诉人就必须和他们全体决斗[②]。如果在裁判官们还没有全体发表意见之前进行控告的话，就应该和那些已发表同一意见的裁判官们[③]全体决斗。为着避免这种危险，控诉人可以请求领主命令每一个家臣大声说出自己的意见[④]；在第一个家臣已经发表意见，第二个即将发表意见的时候，控告人可以告诉第一个家臣，说他是撒谎者、恶棍、诬谤者；这就可以仅仅和他一个人决斗。

戴方丹说，按照习惯，在控告裁判不公[⑤]之先，应准许三个裁判官发表意见。他没有说控告人和这三个人全都要决斗。他更没有说，控告人和所有宣布同一意见的裁判官们都必须决斗[⑥]。他所以有这些不同的说法，是因为当时各地没有完全相同的习惯。波马诺亚说的是克莱蒙郡发生的事情；戴方丹谈的是维尔曼多哇的习惯。

当一个家臣或采地的封臣宣布他要支持原判的时候，裁判官就让提出"邀战物质"，同时又让上诉人提出担保，要维持他的控告[⑦]。但是受到控告的家臣是不必提出担保的，因为他是领主的封臣，本来

---

① 波马诺亚：《波瓦西斯的古代风俗》第 61 章第 313 页。
② 同上书，第 314 页。
③ 即那些同意判决的裁判官们。
④ 波马诺亚：《波瓦西斯的古代风俗》第 61 章第 314 页。
⑤ 史料原文 fausser（假拟、伪造）应作"控告裁判不公"解。
⑥ 戴方丹：《劝言》第 22 章第 1、10、11 条。他只说他们每人可得少许赔偿金。
⑦ 波马诺亚：《波瓦西斯的古代风俗》第 61 章第 314 页。

有义务和控告者决斗,否则就要给领主罚金六十里佛尔。

如果上诉人决斗失败,因而不能证明原判决是不好的,他就要给领主罚金六十里佛尔①,对他所控告的家臣,以及那些公开宣布同意原判的每一个人,也都要给予同额的罚金②。

一个犯有死罪的重大嫌疑的人被逮捕、判罪之后,是不能因判决不公上诉的③;因为这种人总是要上诉以延长自己的生命或是取得和解的。

假使有人说判决是不公的、恶劣的,但又没有出面来主张,也就是说不出来决斗;如果他是一个绅士的话,则对他所说的坏话,应判罚金十苏,如果是农奴的话,就判罚金五苏④。

决斗失败的裁判官或家臣既不必丧失生命也不必丧失手足⑤;但是在重罪的场合,控告他们的人如果打败了的话,却是要处死刑的⑥。

上面控告封臣裁判不公的方法是为了避免控告领主本身。但是如果领主没有家臣,或是家臣数目不足的话⑦,他可以出资向他的宗主伯爵借家臣⑧。不过如果这些家臣不愿意审判的话,是不能勉强他们的;他们可以宣布,他们来只是要提些意见而已;在这种特殊场合,

---

① 波马诺亚:《波瓦西斯的古代风俗》。又戴方丹:《劝言》第22章第9条。
② 戴方丹:《劝言》第22章第9条。
③ 波马诺亚:《波瓦西斯的古代风俗》第61章第316页;戴方丹:《劝言》第22章第21条。
④ 波马诺亚:《波瓦西斯的古代风俗》第61章第314页。
⑤ 戴方丹:《劝言》第22章第7条。
⑥ 参看戴方丹:《劝言》第21章第11、12等条;这里对(1)上诉人应当处死、(2)主审败诉,或是(3)仅仅预审败诉等不同案情,是加以区别的。
⑦ 波马诺亚:《波瓦西斯的古代风俗》第62章第322页;戴方丹:《劝言》第22章第3条。
⑧ 伯爵并不是非将家臣出借不可。波马诺亚:《波瓦西斯的古代风俗》第67章第337页。

领主就自己审案，自己宣判①；如果有人控告他裁判不公的话，抵御这个挑战，就要由他自己承当了。

如果这个领主很贫穷，没有钱向他的宗主伯爵借家臣，或是由于疏忽没有向他借，或是宗主伯爵拒绝借给他，那么领主就不得单独审判，就谁也没有义务向这样一个不能审判的法庭提出控告；所以人们就把诉讼向宗主伯爵的法庭提出②。

我想，这就是司法和采地分离的主要原因之一。从这里就产生了法国法学的这条箴规："采地是采地，司法是司法。"因为有无数采地的封臣自己没有属臣，不能够维持自己的法庭；一切讼案都提到宗主的法庭去解决；他们丧失了司法的权利，因为他们既不能也不愿主张这种权利。

在宣判的时候，所有参与审判的法官都要出席，以便在那个要控告裁判不公的人问他们是否同意裁判时可以表示同意说"是"③。因为，据戴方丹说："这种表示是一种礼貌和忠诚所必须的，是不得逃避和迟延的"④。我想，英国今天仍然遵守的一种习惯就是从这种想法产生出来的。这个习惯就是，关于死刑的判决，陪审员的意见必须全体一致。

据上所述，判决就应该是根据多数的意见；如果法官们的正反意见人数相等的话，在刑事案件则宣布被告胜诉；在民事案件则宣布债务人胜诉；在遗产案件则宣布被告胜诉。

---

① 就是波马诺亚（《波瓦西斯的古代风俗》第67章第336—337页）所说"没有人能够在他的法庭里审判"的场合。
② 同上书，第67章第322页。
③ 戴方丹：《劝言》第21章第27—28条。
④ 同上书，第28条。

据戴方丹的记载①,一个家臣不能以法官只有四人②或是以法官没有全体出席或是以法官中最贤能的几人没有出席为借口而拒绝出庭审判。这犹如他在战斗方酣的时候说,他所带兵员没有全体都来,不能去救他的领主一样。但是,使领主的法庭受到尊重,用最勇敢和最智能的臣属组织法庭,是领主分内的事情。我谈这点,为的是说明家臣们有决斗和裁判的义务;这个义务甚至是:裁判就是决斗。

如果一个领主在自己的法庭控告他的臣属而被判罪的话,他可以控告他的家臣中的一人裁判不公③。但是,家臣对领主曾立誓忠诚,所以必须尊敬领主;领主曾接受过家臣忠诚的誓言,所以有义务施家臣以恩泽;因为这个缘故,人们对如下两种情况加以区别。一种情况是,领主仅仅一般地说裁判不公、不正④。另一种情况是,他归咎于该家臣个人的渎职⑤。在第一种情况,他攻击的是他自己的法庭,多少也就是攻击自己,所以不能提出"邀战物质"。在第二种情况,是可以提出"邀战物质"的,因为他攻击的是他的家臣的荣誉。两人决斗,失败的一方就要丧失生命和财产;这样才能维持公共的安宁。

在这种特殊的场合,这个区别是必要的;但它被扩大沿用了。波马诺亚说,控告裁判不公时,如果是归咎于某一家臣个人,而加以攻击的话,那就是要决斗的;但如果攻击的只是判决的话,那么这个案

---

① 戴方丹:《劝言》第 21 章第 37 条。
② 至少要有四人。参看同上书,第 21 章第 36 条。
③ 参看波马诺亚:《波瓦西斯的古代风俗》。
④ "裁判是不公又不正的。"同上书,第 67 章第 337 页。
⑤ "或者是由于金钱,或者是由于预许的礼物,你做出了不公正的、恶劣的判决,就像你一样地恶劣!"波马诺亚:《波瓦西斯的古代风俗》第 67 章第 337 页。

063

件应由决斗裁判或法律裁判，被控告的家臣可以自由选择①。但是，由于一方面，波马诺亚时代的普遍风气是在抑制决斗裁判的习惯；另一方面，被控家臣可以自由决定是否通过决斗来维护原判，这不但和当时既有的荣誉观念相违背，而且同家臣有防卫领主的法庭的义务也是相矛盾的；所以我想，波马诺亚所说的这个区别是当时法兰西法学的一种崭新的东西。

我不是说，对不公正判决的一切控告都要用决斗来解决；这种控告是如此，一切其他的控告也是如此。人们还能记得，我在第二十五节曾谈到一些例外。在这里所谈的上诉案件，决定应否撤销决斗的"邀战物质"的，是宗主的法庭。

对国王法庭所做出的判决，是不得控告裁判不公的；因为没有人是同国王平等的，所以没有人可以控告国王；国王是没有上级的，所以没有人能够对他的法庭的判决提出上诉。

这条基本的法律，不但作为一条政治性的法律是有必要的，而且它又像民法一样，减少了当时司法实践的一些弊端。如果一个领主害怕有人对他的法庭提出判决不公之诉，或是看到有人出头要这样做，而为着公道正义的利益，他的法庭的判决不应受到控告的话，领主就可以要求国王法庭的人来审判，他们的判决是不得被认为不公的②。戴方丹说，国王菲利普曾派遣他所有枢密院的人员到柯尔比神父的法庭审判过一项案件③。

当领主请不到国王的判官的时候，他可以把他的法庭迁到国王的

---

① 波马诺亚：《波瓦西斯的古代风俗》第 67 章第 337—338 页。
② 戴方丹：《劝言》第 22 章第 14 条。
③ 同上。

法庭里去，假使他是直接属于国王管辖的话。如果他和国王之间还有一些中间领主的话，他可以首先向他的宗主伯爵提出申请，就这样从一个领主走到另一个领主，一直到国王。

据上所述，虽然当时不存在今天上诉的实践，甚至也没有今天上诉的观念，但是人们却已上告于国王。——国王永远是一切江河出发的水源和汇合的大海。

第二十八节　对怠忽裁判职务的上诉

一个领主的法庭对诉讼延宕、规避或拒绝审理的话，诉讼人可以对怠忽裁判职务提出上诉。

当第二时期（第二朝代），虽然宗主伯爵手下有几个官员，他们的人身隶属于宗主，但是他们的司法管辖权却不隶属于他。这些官吏在他们的"裁判会议"①也就是"刑事法庭"里，进行最后的裁判，和宗主伯爵一样。和伯爵所不同的地方仅仅是司法管辖权的划分；例如，伯爵可以判处死刑，审理有关自由和财产的偿还等案件；而百人长就不能审理这类案件②。

基于同一理由，有一些重大案件是保留给国王审理的③。这是一些和政治秩序有直接关系的案件。例如主教、修道院长、宗主伯爵及

---

① "裁判会议"原文plaid，来自拉丁文placitum；"刑事法庭"原文assise，拉丁文为pacitum（见底下孟德斯鸠注），所以这句话原文直译是："裁判会议，即刑事法庭或placitum"。——译者

② 812年《敕令Ⅲ》第3款，载巴路兹辑《敕令会纂》第497页；又秃头查理《敕令》（附加于《伦巴底法》第2卷）第3款。

③ 812年《敕令Ⅲ》第2款，载巴路兹辑《敕令会纂》第497页。

其他大领主之间的争讼，则由国王会同重要封臣①审理。

有一些著者说，宗主伯爵审理了的案件可以向国王的钦差大臣②上诉，这是没有根据的。伯爵和钦差的司法管辖权是平等的，是彼此独立的③；唯一的不同是，钦差的刑事法庭在一年的四个月间开庭，伯爵则在其余的八个月间开庭④。

如果一个人在一个刑事法庭⑤被判罪，要求重新审理而败诉的话，则罚金十五苏，或由审判的法官亲手打十五棍⑥。

如果宗主伯爵们或钦差们自觉力量不足使一个大领主服从道理的话，他们可以让他取保，保证到国王的法庭去受审⑦。这是审理，不是重审。我在麦次的敕令里看到一条法律，规定关于裁判不公的案件，可以向国王的法庭上诉，其他种类的案件则禁止上诉，违者处罚⑧。

如果有人对郡官⑨的判决不服，但又不提出诉讼的话，就要把他下监，直到他服从为止；如果他控诉的话，就用卫兵妥当地把他押解到国王那里，他的讼案则由国王的法庭审理⑩。

当时几乎不能有怠忽裁判职务的问题。因为当时不但没有习惯控

---

① 拉丁文所谓"会同亲信"。柔懦路易《敕令》，载巴路兹辑《敕令会纂》第667页。
② 拉丁文作 missus dominicus。
③ 参看秃头查理《敕令》（附加于《伦巴底法》第2卷）第3款。
④ 812年《敕令Ⅲ》第8款。
⑤ 拉丁文作 placitum。
⑥ 《敕令》（附加于《伦巴底法》第2卷第59篇）。
⑦ 这在《则例》、《条约》、《敕令》里可以看到。
⑧ 757年《敕令》第9—10款，载巴路兹辑《敕令会纂》第180页。和755年味罗那会议颁发的《敕令》第29款，载同书第175页。这两个敕令都是在柏彬王时制定的。
⑨ 即宗主伯爵手下的官吏，拉丁文称 scabini。
⑩ 805年查理曼《敕令Ⅺ》，载巴路兹辑《敕令会纂》第423页；又罗达利乌斯的法律，见《伦巴底法》第2卷第3篇第23条。

告伯爵及其他有权审判的人不严格按期开庭审理案件,而且恰恰相反,人们抱怨他们开庭开得太多了①。曾经有无数法令禁止伯爵及其他司法官吏一年开庭在三次以上。当时无须纠正他们的怠忽,反而要抑制他们的活动。

但是后来,出现了无数的小采地,不同等级的臣属关系也建立了起来,一些封臣怠忽了开庭审案的职务,因此就产生了这一类的上诉②;不但如此,这种上诉而且使宗主获得大量的罚金。

由于决斗裁判的习惯逐渐推广,所以在某些地方某些时候和某些情况之下不容易把家臣们集合在一起,因此产生了对司法的怠忽。这就产生了对怠忽裁判职务的上诉。这种上诉常常关系我们历史上极堪注目的问题;因为当时大多数的战争都肇因于违背政治法规,就像我们今天的战争通常是以违背国际法规为起因或借口一样。

波马诺亚说,关于怠忽裁判职务的上诉,一向是不进行决斗的。原因是:(1)由于对领主人身的尊敬,诉讼人不能要求领主本身出来决斗;(2)诉讼人也不能要求领主的家臣们决斗,因为事情是很明白的,他们只要算一算传唤或其他延缓的日期就够了;(3)既然没有裁判,也就不能有裁判不公的控告;(4)末后一点:家臣们的罪行冒犯了领主,同冒犯了诉讼人是一样的;但是领主和他的家臣决斗,是违背规矩的③。

但是,在宗主的法庭里,怠忽职务是由证人加以证明的,因此可

---

① 参看《伦巴底法》第2卷第52篇第22条。
② 早在菲利普·奥古斯都的时候就有了怠忽裁判职务的上诉。
③ 《波瓦西斯的古代风俗》第61章第315页。

以要求证人们决斗；这样，既不冒犯领主，也不冒犯他的法庭①。

1. 如果怠忽职务是由于领主的下属或家臣，也就是说，因为他们迟延裁判或是在延缓日期已过时规避裁判，那么诉讼人就向宗主控告家臣们怠忽职务。如果家臣们败诉的话，他们就要交付他们的领主以罚金②。领主不得给予他的臣属任何援助；反之，他查封他们的采地，直到每个人交付罚金六十里佛尔为止。

2. 如果怠忽职务是由于领主自己，也就是说，因为他的法庭由于家臣不足不能进行审判，或是因为他没有召集他的家臣，或是没有指定一个人代替他召集，以致怠忽了审判职务，那么诉讼人便可向宗主伯爵控告他怠忽职务；但是由于要尊敬领主，所以这时仅仅传唤上诉人，而不传唤领主③。

领主则自己要求由宗主的法庭审理；如果他胜诉，也就是说被认为没有怠忽职务，那么讼案就发回给他审理，诉讼人并且要给他罚金六十里佛尔④。但如果人们证明他怠忽职务属实的话，他受到的处罚就是，丧失对该讼案的审理权⑤。该案则由宗主的法庭审理；实际上这也就是上诉人控告怠忽职务的目的。

3. 如果有人在领主的法庭控告领主的话⑥，——只有在有关采地

---

① 《波瓦西斯的古代风俗》第61章第315页。
② 戴方丹：《劝言》第21章第24条。
③ 同上书，第21章第32条。
④ 波马诺亚：《波瓦西斯的古代风俗》第61章第312页。
⑤ 戴方丹：《劝言》第21章第29条。
⑥ 路易八世的时候，领主内尔控告佛兰德公爵夫人琼茵。他要她在四十天内将讼案交付审判。后来他又向国王的法庭控告她怠忽裁判职务。她回答说，她要把该案交付她在佛兰德的家臣们审判。国王的法庭宣称，该案不能被发回佛兰德，公爵夫人将被传唤＊。
＊ 甲乙本作"路易八世时领主内尔和佛兰德公爵夫人的著名争讼就是这样……"

的问题上才能发生这种控告——法庭在作出各种迟延之后才传唤领主本身到这些优柔寡断的人们的面前来①。这种传唤必须经君主批准，并由君主出名。家臣不能用自己的名义传唤，因为他们不能传唤自己的领主；当然他们是能够代表领主传唤别人的②。

有时候，在控告怠忽裁判职务之后，接着就是控告裁判不公；因为有时领主虽然怠忽了裁判职务，却又让人做出了判决③。

封臣错误地控告他的领主怠忽裁判职务时，领主可随意规定应处的罚金④。

根脱人曾向国王控告佛兰德公爵怠忽裁判职务，说他曾在他的法庭里迟延审理他们的案件⑤。国王法庭发现他的迟延期间比当地习惯所许可的迟延期间还要短些，所以将原件发回佛兰德公爵审理。公爵命令人没收根脱人价值六万里佛尔的财产。根脱人又向国王法庭要求减轻罚金的数额；该法庭判决认为，伯爵可以要这笔罚金；如果他愿意的话，甚至还可以要更多的罚金。这些审判，波马诺亚都是在场的。

4. 关于封臣的人身或名誉，或不属采地的财产，领主可能和封臣发生争执；但是这种案件不会发生怠忽裁判职务的问题，因为这种案件不由领主的法庭审理，而是由他所属的宗主的法庭审理的。戴方丹说，有关领主的人身问题，家臣们无权审理⑥。

---

① 戴方丹：《劝言》第 21 声第 34 条。
② 同上书，第 9 条。
③ 波马诺亚：《波瓦西斯的古代风俗》第 61 章第 311 页。
④ 同上书，第 312 页。但如果控告人不是领主的臣属或佃户的话，则只付罚金六十里佛尔。见同书。
⑤ 同上书，第 318 页。
⑥ 《劝言》第 21 章第 33 条。

我费了心力把上述这些东西搞清楚了。这些东西在当时的著述中是极混乱、极暧昧不明的，所以把它们从混乱中找出来，实际上就等于新发现。

第二十九节　圣路易朝代

圣路易废除了他辖地内各法院的决斗裁判。这在他所公布的有关《法令》[①]和《法制》[②]里可以看到。

但是他没有废除他的男爵领主们的法庭的决斗裁判，而只有控告裁判不公的案件不许适用决斗裁判[③]。

本来诉讼人控告领主法庭裁判不公[④]，就必须要求同宣判的法官们决斗。但是圣路易建立了控告裁判不公无须决斗的惯例[⑤]。这个改变是一种革命。

他宣布，诉讼人对他各辖地内领主们的法庭所做出的裁判，不得提出不公之诉，因为这是一种不忠的罪行[⑥]。诚然，如果这对领主是一种不忠的罪行，那么对国王更是一种不忠的罪行了。但是他规定，诉讼人可以要求修改这些法庭所作出的判决[⑦]；这不是因为这些判决是不公正地、恶意地做出的，而是因为他们产生了某种损害[⑧]。在相

---

① 1260年颁布。
② 《法制》第1卷第2和7章；第2卷第10—11章。
③ 这在他的《法制》里处处可以看到；又波马诺亚：《波瓦西斯的古代风俗》第61章第309页。
④ 原文 fausser la cour 指的是控告裁判不公的意思。
⑤ 圣路易：《法制》第1卷第6章；第2卷第15章。
⑥ 同上书，第2卷第15章。
⑦ 同上书，第1卷第78章；第2卷第15章。
⑧ 同上书，第1卷第78章。

反方面，他却规定，诉讼人对他的男爵们的法庭[1]的判决如果控诉的话，就必须提出裁判不公之诉[2]。

如上所述，按照圣路易的《法制》，诉讼人对国王辖地内法庭的判决不得提出不公之诉。但诉讼人可以向原法庭要求修改；如果那里的法官不愿做出必要的修改的话，国王准许诉讼人向国王的法庭上诉[3]；或是更正确地说，他可以按照自己对《法制》的解释，向国王呈递请愿书或恳求书[4]。

关于男爵领主们的法庭，圣路易准许诉讼人对他们的判决提出不公之诉，并规定向国王的法庭或宗主伯爵的法庭提出[5]；在这些法庭，并不是依据决斗[6]，而是依据证人，按照他的法规所定的诉讼形式，进行裁决[7]。

这样，不论是对男爵领主的法庭可以控告裁判不公的场合，或是对国王辖地的法庭不得控告裁判不公的场合，都规定诉讼人可以上诉而不冒决斗的危险。

戴方丹引述了他所看到的这种没有决斗的裁判的两个最初的例子[8]。其中一个案子是在国王辖地圣刚廷的法庭审理的；另一个案子是在棚斗的法庭审理的。棚斗的伯爵在场，他反对这种古代的法

---

[1] 请注意国王辖地法庭和男爵法庭的区别。——译者
[2] 圣路易：《法制》第 2 卷第 15 章。
[3] 同上书，第 1 卷第 78 章。
[4] 同上书，第 2 卷第 15 章。
[5] 但是如果不提出裁判不公之诉，而仅仅要求上拆的话，那是不许可的。圣路易：《法制》第 2 卷 15 章中说："这种案情仍将由领主法庭的家臣依法执行。"
[6] 同上书，第 1 卷第 6 和 67 章；第 2 卷第 15 章；又波马诺亚：《波瓦西斯的古代风俗》第 11 章第 58 页。
[7] 圣路易：《法制》第 1 卷第 1—3 章。
[8] 戴方丹：《劝言》第 22 章第 16—17 条。

学①,不过这两个案子都是按照法律审理的。

人们也许要问,为什么圣路易所规定的男爵法庭和辖地法庭的诉讼方式两不相同呢?原因是这样:圣路易给他的辖地的法庭制定法律的时候,他的意见是不会受到任何阻碍的;但是对于领主们却有需要谨慎处理的地方,因为领主们曾享有一种古代的特权,即诉讼人除了甘冒控告裁判不公的危险而外,不得从领主们的法庭撤移讼案。圣路易保存了控告裁判不公的这个习惯,但是他规定可以不决斗而提出裁判不公之诉。这就是说,他把实际的东西废除了而保留着规章,这样就使这种改革不很为人们所觉察。

这个改革并没有普遍地为领主的法庭所接受。波马诺亚说,在他的时代,有两种裁判方式,一种是按照圣路易的《法制》,一种是按照古代的习惯;领主们有权利任择一种;但是对一个案件在已经选择了一种裁判方式之后,就不得中途改易另一种方式②。波马诺亚又说,克莱蒙郡伯爵遵从新裁判方式,而他的封臣们却坚持旧习惯;但是伯爵什么时候都可以随意回复旧习惯,否则他的权威便将不如他的封臣了③。

应当知道,法国当时分为国王的辖区和男爵们的辖区即男爵领地;以圣路易的《法制》的用语来说,就是分为王权下的地区和王权外的地区④。国王向自己的辖地颁布法令时是依据自己的权威单独进行的。但是,当他颁布和男爵们的地区有关系的法令时,他就同男爵们协同

---

① 指圣路易的新审判制度;但戴方丹为什么称它为"古代"的东西,下面第37节有解释。——译者
② 波马诺亚:《波瓦西斯的古代风俗》第61章第309页。
③ 同上。
④ 参看上引波马诺亚、戴方丹的著作和圣路易的《法制》第2卷第10、11、16等章。

进行①或由男爵们盖章或副署。如果不这样的话,男爵们就要看看法令对自己的领地是否有益,然后决定是否接受。附属小封臣对大封臣的关系也是这样。圣路易的《法制》是在没有经过领主们的同意下制定的,虽然这些法律规定了对于领主们极关重要的事项;但是仅仅那些认为接受这些法律对自己有利益的领主们接受了他们。圣路易的儿子罗柏尔准许这些法律在他的伯爵领地克莱蒙郡内施行;而他的封臣们却认为这些法律在他们的领地里施行是不方便的。

第三十节　关于上诉的几点考察

据想象,上诉既然是一种要求决斗的挑衅,那么就应该当场提出。波马诺亚说:"如果诉讼人没有提出上诉就离开法庭的话,他便丧失上诉的机会,判决也就生效。"②甚至在决斗裁判的习惯受到限制③之后,仍然是如此④。

第三十一节　续前

戴方丹告诉我们,贱民不得控告他的领主的法庭裁判不公正⑤。

---

① 参看第三时期(第三朝代)初年的法令,尤其是菲利普·奥古斯都有关教会司法管辖权的法令和路易八世有关犹太人的法令,载罗里埃尔:《法令会纂》;布鲁塞尔先生所述的《条例》,尤其是圣路易关于土地的出租和赎回以及有关采地女子成年期的《条例》,第2册第3卷第35页;又菲利普·奥古斯都的法令,同书第7页。
② 波马诺亚:《波瓦西斯的古代风俗》第63章第327页;第61章第312页。
③ 甲乙本作"在决斗裁判受到各种限制之后"。
④ 参看圣路易的《法制》第2卷第15章;1453年查理七世的《法令》。
⑤ 《劝言》第21章第21、22条。

《法制》又加以肯定①。戴方丹又说:"因此,在领主和贱民之间,除了上帝之外,没有其他审判官了。"②

贱民所以被排除,不得控诉领主法庭裁判不公,是原因于决斗裁判的习惯。这是千真万确的;按照条例或习惯[12],有权利决斗的贱民③,也有权利控诉领主法庭裁判不公;即使裁判的人是士绅的话,也是如此④,因此,戴方丹便提出一些办法,使贱民由控诉裁判不公而和士绅决斗的这种丑事无法发生⑤。

当决斗裁判开始被废除而新的上诉习惯被采用的时候,人们认为自由民对领主法庭的不公道有方法可以平反,而贱民却没有,是不合理的⑥;因此议会接受了贱民的上诉犹如自由民的上诉一样。

第三十二节 续前

当人们控诉领主法庭裁判不公的时候,领主⑦就要亲身来到宗主领主前,为他的法庭的判决辩护。同样,在控告怠忽裁判职务的场合,被传唤到宗主领主前的诉讼人就带着领主一同去,如果怠忽职务的事情不能够证实,有关讼案便将由领主的法庭重新审理⑧。

---

① 圣路易的《法制》第1卷第136章。
② 《劝言》第2章第8条。
③ 戴方丹:《劝言》第22章第7条。人们对这条和同书第22章第21条一向做了十分错误的解释。戴方丹并不把领主的裁判和士绅的裁判对立起来,因为它们是一样的东西;但是他却把普通的贱民和有特权决斗的人区别开来。
④ 士绅们老是可以当裁判官的。戴方丹:《劝言》第21章第48节。
⑤ 《劝言》第22章第14节。
⑥ 甲乙本作"是不公道的"。
⑦ 原文作"他";甲乙本作"领主",文意较为清楚,兹照译。——译者
⑧ 戴方丹:《劝言》第21章第33条。

后来，有关这两种特殊案情的习惯，由于各式各样上诉案的产生，就成为适用于一切讼案的一般化的习惯。因此，领主就不能不在他人的法庭而不是在自己的法庭过生活，而且是为着别人的讼案，而不是为着自己的讼案；这真是离奇的事。所以菲利普·德·瓦罗哇规定，只能传唤法官①。当上诉的事更多了的时候，就要由诉讼人为上诉进行辩护。以前法官所做的事，现在由诉讼人做了②。

我上面说过，在怠忽裁判职务的上诉的场合，领主只能丧失他的法庭对该案的审理权而已③。但是，如果领主本身被当作诉讼人来控告的话④——这是极常有的事⑤，他就要给予受理诉讼的国王或宗主领主六十里佛尔的罚金。这在上诉成为一般的制度的时候，便产生一种习惯，就是当领主的法官的判决被改变的时候，诉讼人要付给领主这笔罚金。这个习惯存在得很久，曾为璐西庸的法令所肯定，并由于它本身的荒谬背理而自行消灭。

第三十三节　续前

在决斗裁判实行的时候，以裁判不公而控告法官之一的诉讼人，可能因决斗而败诉，但他是不可能胜诉的⑥。诚然，胜诉的一造不应

---

① 在 1332 年。
② 请看布地利埃时代的情况。他在 1402 年还活着。布地利埃：《乡间事务大全》第 1 卷第 19—20 页。
③ 第 30 节。
④ 波马诺亚：《波瓦西斯的古代风俗》第 61 章第 312 和 318 页。
⑤ 同上。
⑥ 戴方丹：《劝言》第 21 章第 14 条。

075

当因他人的行为而被剥夺对他有利的判决，因此，决斗胜利了的上诉人还应当同对方的诉讼人决斗。这次决斗的目的不是要知道原判决是好是坏；这个判决的问题已经不存在，因为决斗已经把它取消了。这次决斗的目的是要决定这次的要求是否合法；他们就是为这个新的问题而决斗。这里应该就是我们最高法院宣判方式的由来。这个方式是："法院把上诉取消；法院把上诉和它所控告的判决取消。"

实际上，控告裁判不公的人如果打败了的话，上诉就被取消了；如果他打胜了的话，则判决连同上诉都被取消了；这就应该进行新的审判。

这是千真万确的，所以依审问进行裁判的案子就没有这种宣判的方式。德拉洛石佛拉文先生告诉我们①，审问庭在创立的初期是不能使用这个形式的②。

第三十四节　诉讼程序如何成为秘密的

格斗产生了一种公开的诉讼程序。控诉和抗辩③都同样是公开进行而为众所周知的。波马诺亚说："证人应该在众人的面前作证。"④

布地利埃的著作⑤的注释者[13]说他曾从一些旧时的律师和一些关于旧时诉讼的手抄稿，知道从前法国的刑事诉讼是公开进行的，形式和罗马的公开裁判几乎没有什么不同。这同当时普遍的文盲是有关系

---

① 甲乙本作："德拉洛石佛拉文先生的话可资证明，他说……"
② 《法兰西的议政院》第1卷第16章。
③ 原告的控告和被告的答辩。——译者
④ 波马诺亚：《波瓦西斯的古代风俗》第61章第315页。
⑤ 指《乡间事务大全》，十四世纪的著作。——译者

的。文字的使用使意见得以确定,又能够保守秘密。但是没有使用文字的时候,就只有诉讼公开才能使意见得到确定。

由家臣们审理案件,在家臣们面前辩诉,总会有一些不明确的地方①,所以在开庭的期间,可以时时通过所谓"证明"的程序回忆过去②。在这种场合,是不许要求和证人决斗的;因为如果这样的话,则诉讼就将没有完结的日子。

后来,人们采用秘密的诉讼形式。过去什么都是公开的;这时什么都成为秘密的了。讯问、审查事实、检验证据、对质、公诉人的结论,都是如此——这就是今天的做法。前一种诉讼形式适宜于当时的政体,就好像新的诉讼形式适宜于此后建立的政体一样。

布地利埃的著作的注释者认为,1539 年的法令[14]标志着这个改变的日期。我则认为这个改变是逐渐发生的;在领主们逐渐放弃旧时的裁判方式的过程中,这个改变也就从领地到领地逐渐发生了;而来自圣路易的《法制》的裁判方式就得到了改进。实际上波马诺亚说过,只有在可以提出"决斗物质"的案件才公开听取证人作证;其余的案件作证都是秘密的,而且证言是用书面写出的③。因此,在不再有"决斗物质"的时代,诉讼程序就成为秘密的了。

---

① 犹如波马诺亚在《波瓦西斯的古代风俗》第 39 章第 209 页所叙述的。
② 即通过证人证明法庭里曾经发生的事情、人们所说的话和所作的规定。
③ 波马诺亚:《波瓦西斯的古代风俗》第 39 章第 218 页。

第三十五节　诉讼费用

法国古时的世俗法庭是不判处负担诉讼费用的[①]。败诉的当事人由于被判处给予领主和他的家臣们的罚金，已经受到足够的刑罚了。决斗裁判的诉讼方式使刑事案件败诉的当事人受到了无可复加的刑罚，因为他丧失了他的生命和财产。决斗裁判的其他案件的败诉当事人则处罚金；罚金数目有时是固定的；有时则随领主的意思而定；这些罚金使人们害怕诉讼的后果。其他不[②]依决斗裁决的案件，情况也是一样。获得主要利益的是领主；他召集家臣和组织他们进行审判，负担开支的也是他。此外，讼案就在当地完结；而且几乎总是立即完结，又没有后来所看到的无数书面的东西，所以没有必要由当事人负担费用。

上诉的习惯自然地产生诉讼费用的习惯。因此，戴方丹说，当人们根据成文法，即遵照圣路易的新法上诉的时候，就要负担诉讼费用；但是，按普通习惯，人们如果不是控告裁判不公的话，是不许上诉的，是不负担诉讼费用的[③]。如果讼案被发回给领主的话，对上诉则仅仅处以一笔罚金，并占有所争财产一年零一天。

但是，当新的上诉的便利使上诉增多的时候[④]；当上诉常常是由一个法庭转到另一个法庭，以致当事人要不断离开自己的住所的时候；

[①]　戴方丹：《劝言》第22章第3和8条；波马诺亚：《波瓦西斯的古代风俗》第33章；圣路易：《法制》第1卷第90章。
[②]　原文"不"误作"仅"。——译者
[③]　《劝言》第22章第8条。
[④]　"现在人们这样喜欢上诉"，见布地利埃：《乡间事务大全》1621年巴黎版第1卷第3篇第16页。

当诉讼的新技术增多而拖延了讼争的时候；当逃避最公正的要求的技巧趋于精炼的时候；当诉讼人懂得专为给人追寻而逃跑的时候；当原告已破产而被告却若无其事的时候；当情理被淹没在数不尽的话语和文书里的时候；当法律家到处都是而不能作公道的主张的时候；当背信的人在得不到支持的地方却有人为他出主意的时候；就应当使诉讼人害怕诉讼费用而裹足不前。诉讼人要为判决负担费用；又要为他们用来逃避判决的办法负担费用。美丽查理曾制定一项关于这个问题的一般性法令①。

第三十六节 公诉人

按照《撒利克法》《莱茵河畔法兰克部族法》以及其他野蛮民族的法律，对犯罪的刑罚就是罚钱。当时不像我们今天有公诉人负担对犯罪进行追诉的责任。实际上，一切讼案都被减缩为损害赔偿。一切追诉多少都成为民事性质的；每一个私人都能够起诉。在另一方面，罗马法律对于犯罪的追诉，采取群众性的形式。这种形式和公诉人的职务是不相容的。

决斗裁判的习惯和这种观念也是一样相抵触的；因为谁愿意当公诉人，代表一切人去和一切人决斗呢？

在穆拉托里先生插进伦巴底人的法律内的一部《法规汇编》里，我发现在第二时期（第二朝代）有一种公诉代理人②。但是，如果我们把《汇编》里的全部法规都读了的话，我们将看到，这些官吏和我

---

① 在 1324 年。
② 原拉丁文作 Advocatus de parte publica。

们今天的所谓公诉人、高等检察官、我们的国王检察官或领主的检察官,是完全不同的。

这些公诉代理人,与其说是管理民事性事件,毋宁说是管理政治性与家务性的事件的。实际上,在这些法规里,我们看不到他们负有对犯罪或对其他有关未成年人、教堂或个人身份的案件进行追诉的责任。

我已经说过,公诉人制度和决斗裁判的习惯是相抵触的。但是这些法规里有一条,我看到公诉代理人有决斗的自由,穆拉托里先生把这条法规放在亨利一世的律令①的后面;这条法规是为这项律令制定的。这项律令规定:"如果有人杀他的父亲、兄弟、侄、甥或其他亲属,就不得继承他们的遗产,他们的遗产将由其他亲属继承,而他自己的遗产则收归国库。"那么公诉代理人追诉的就是这种收归国库的遗产;他主张这种权利,并有自由为它决斗。这时,这个案件就按一般的规则处理。

在这些法规里,我们看到公诉代理人所追究的有如下几种人:(1)抓到贼而没有把他解交给伯爵的人②;(2)举行叛乱或聚众反对伯爵的人③;(3)对伯爵命令处死的人,反而保全他的生命的人④;(4)违抗伯爵的命令拒不将贼交给伯爵的教堂代理人15⑤;(5)泄漏国王

---

① 参看这项律令和这条法规,载《意大利的史家》第2册第175页。
② 查理曼的第88项法律第1卷第26篇第78节,载穆拉托里:《法规汇编》第104页。
③ 另一条法规,载同书第87页。
④ 同上书,第109页。
⑤ 同上书,第95页。

的秘密给外国人的人①；（6）武装袭击皇帝钦差的人②；（7）蔑视皇帝诏书，并经皇帝的代理人或皇帝本身检举的人③；（8）拒绝使用君主的货币的人④；末后一点，这种公诉代理人对一切法律划归国库的东西，提出诉讼⑤。

但是在对犯罪进行追诉的时候，我们就看不见这种公诉代理人了；甚至在有人格斗的时候⑥；甚至在有关火灾问题的时候⑦；甚至在法官在法庭上被杀的时候⑧；甚至在有关个人身份的问题⑨、有关自由与奴役的问题的时候⑩；都是看不见这种公诉代理人的。

这些法规，不只是为伦巴底人的法律，而且也是为此后追加的《敕令》而制定的。因此，毫无疑问，它们使我们看到第二时期（第二朝代）关于这方面的习惯。

显然，在第二时期里，这些公诉代理人一定也和国王在各行省的钦差们一样，终于不见影踪了。因为后来就不再有一般性的法律和总的国库；因为后来就不再有伯爵在各行省开庭问案；并且因此也不再有这类官吏——他们的主要职务是维持伯爵的权威⑪。

在第三时期（第三朝代），决斗的习惯更为流行，所以不可能建

---

① 《法规汇编》第 88 页。
② 同上书，第 98 页。
③ 同上书，第 132 页。
④ 又一条法规，载同上书第 132 页。
⑤ 同上书，第 137 页。
⑥ 同上书，第 147 页。
⑦ 同上书，第 147 页。
⑧ 同上书，第 168 页。
⑨ 同上书，第 134 页。
⑩ 同上书，第 107 页。
⑪ 甲乙本没有这段。

立公诉人制度。因此，布地利埃在所著《乡间事务大全》里在谈到司法官吏时，只提到法官、封建家臣和执达吏。可参看《法制》①和波马诺亚的著作②所载当时进行追诉的方式③。

我在麻瑶嘉王詹姆斯二世的法律④里看到它设立了国王检察官的职位；他的职务和我们今天的检察官一样⑤。可以看到，这种检察官是在我们的审判形式发生了改变之后才产生的。

第三十七节　圣路易的《法制》怎样为人们所忘却

圣路易的《法制》在很短的期间内诞生、衰老、死亡。这是它的命运。

关于它，我有几点意见。第一，我们叫做"圣路易的《法制》"这部法典，原来并不是为整个王国通用而制定的，虽然法典的序言是这样说的。这个编辑本是要编成一部一般性的法典。它对一切民事事件、财产的遗嘱处分或生前处分、妇女的嫁资和优遇、采地的收益和特权、施政事项等等，都作了规定。那么，当时各城、镇、村都有自己的习惯，颁行一部一般性的民事法规，就等于一下子要推翻王国各地一切现行的特殊法律。取消一切特殊的习惯，而制定一种一般通行的习惯，即使在君主们处处都受到服从的现在，也是轻率无谋的[16]。因为，如果"利弊相等就不应当改变"这个说法是正确的话，那么在"利少而弊又极多"的场合，就更不应该改变了。如果我们注意王国当时

---

① 圣路易：《法制》第1卷第1章；第2卷第11和13章。
② 波马诺亚：《波瓦西斯的古代风俗》第1和61章。
③ 甲乙本没有"可参看……"句。
④ 参看这些法律，载《六月列圣传》第3册第26页。
⑤ "他必须长期在我们神圣的法庭服务，应在本法庭进行检举、追诉和辩论。"

的情况，是每个领主都在醉心于发展自己的主权和权力的思想，我们将清楚地看到，要把各处既有的法律和习惯都改变的话，是和当时执政的人们的思想格格不相入的。

第二，我方才所说的又可以证实《法制》这个法典，犹如杜刚支先生所引亚眠市政厅的一本手稿所说的一样①，是没有在议政院里经贵族们和王国的法学家们认可过的。从其他的一些稿本，我们看到，这个法典是在1270年在圣路易到突尼斯去以前颁发的。这也不是事实；因为据杜刚支先生说，圣路易在1269年就到那里去了；所以他推断，这个法典是在圣路易不在的时候公布的。但是我认为不可能是这样的。圣路易为什么会选择他不在的期间去做一件会引起骚乱的事情，一件不但会产生变化，而且会产生革命的事情呢？这么一种事业比其他事业都需要贴近监视，这不是一个软弱的摄政机构所能做的工作；这个摄政机构甚至是一些不愿意这个事业成功的领主所组成的。这些人就是圣德尼神父马太②、内尔伯爵西门·德·克莱蒙；和在他们死亡的场合，爱勿乐主教菲利普；和棚斗伯爵约翰。我们在上面③已经看到，棚斗伯爵曾经反对在他的领地内执行一种新的审判制度④。

第三，我认为，我们今天所看到的法典很可能和圣路易关于审判制度的《法制》不是一个东西。这个法典引用了《法制》，所以它是论《法制》的一本著作，而不是《法制》本身。加之，波马诺亚常常谈到圣路易的《法制》[17]；他只引用这位君主的一些特殊《法制》，

---

① 《法制》序。
② 甲乙本从这句到段末都放在脚注里。
③ 参看上面第29节。
④ 记载这个事实的是戴方丹。

而不是《法制》的这个编辑本。戴方丹的书是在这个君主的时代写的；他在谈到这个君主关于审判制度的《法制》被付诸实施的两个最初的例子时，是把它们作为早年的事情提出的[1]。所以，圣路易的《法制》当然是我所谈的编辑本以前的东西了。这个编辑本，从它的严厉性和由一些无知的人所放进去的错误序言看来，只能是在圣路易的末年或甚至是在他死后才出版的。

第三十八节　续前

那么我们所看到的这个叫做"圣路易的《法制》"的编辑本，究竟是个什么东西呢？这本法典是暧昧、混乱、含糊的；它不断把法兰西法学和罗马法杂糅；它有时用立法者的口吻，有时却现出法学家的身份；它是有关一切案情和有关一切民法问题的一部完整的法学。这么一部法典，究竟是个什么东西呢？要了解这个问题，我们就必须设身处于那个时代。

圣路易看到他那时代的法学的流弊，便想法引起人民对它的厌恶。他为自己的辖地的法庭和他的男爵领地的法庭制定一些法规；他获得了极大成功，所以在他死后不久，波马诺亚写道，圣路易所建立的裁判方式已为极多的领主法庭所采用[2]。

这样，这个君主达到了他的目的，虽然他为他的领主的法庭所制定的法规并不想作为王国的一种一般性的法律，而是作为一种榜样，使每个领主可以效法，甚至可以由效法而得到利益。他除掉了弊害，

---

[1] 参看本章第29节。
[2] 波马诺亚：《波瓦西斯的古代风俗》第61章第309页。

使人们看到更好的东西。当人们在他的法庭里，在领主们[①]的法庭里，看到一种更自然的、更合理的、更适宜于道德、宗教、公共安宁、和人身、财产的安全的裁判方式的时候，人们就采用这个方式，而放弃其他方式了。

在不应该强制的时候，进行劝诱；在不应该命令的时候，使用引导；这是最高的智巧。理性的统治是自然的；理性的统治甚至是专制的。人们反抗理性，但这正是它的胜利；过一些时候，人们就将被迫回到它的怀抱。

圣路易为了使人们讨厌法兰西的法学，使人翻译罗马法的书籍，使当时的法学家知道它们。戴方丹是我们第一个法律著作家[②]；他曾大量利用过这些罗马的法律；他的著作多多少少是法兰西法学、圣路易的法律或法制和罗马法的产物。波马诺亚对罗马法的利用是不多的；但是他把古代法兰西法学和圣路易的法规调和了起来。

我想，我们叫做《法制》的这本法学著作是哪一个法官[③]仿照这两个著作，尤其是戴方丹的著作的意图写出的。这本书的标题说它是按照巴黎、奥尔良和男爵领主法庭的习惯写的；书的序言又说，它论述整个王国、安如和男爵领主法庭的习惯。可见这本书是为巴黎、奥尔良和安如而写的，好像波马诺亚和戴方丹的书是为克莱蒙和维尔曼多哇的伯爵辖地而写的一样。从波马诺亚的书可以看到有一些圣路易的法律已经为男爵领主的法庭所采用，所以这本书的编者说他的书也

[①] 甲乙本作"在某些领主们"。
[②] 他自己在《劝言》的序言里说："这种东西在我以前的人是没有弄过的；我有关于它的稿本。"
[③] 甲乙本作"哪一些法官"。

085

涉及男爵领主的法庭[1]，可以说是对的。

显然，这本书的编者把国家的习惯同圣路易的法律和《法制》编纂在一起[2]。这本书是很宝贵的，因为里面有安如的古代风俗和当时实行的圣路易的《法制》以及当时实行的法兰西古代法学。

这部书和戴方丹及波马诺亚的著作不同的地方是，它使用命令的口吻，像立法者一样；这样是可以的，因为它是一部成文习惯和法律的编辑本[3]。

这个编辑本有一个内在的毛病；它所构成的是一部非驴非马的法典；它把法兰西的法学和罗马法混杂在一起，把两种没有任何关系的，而且常常是矛盾的东西接合起来[4]。

我很知道，由封臣或家臣组织的法兰西法庭，不能到另一法庭上诉的裁判、使用"我定罪"或"我宣告无罪"这些话的宣判形式[5]——这些东西和罗马人的群众性裁判是有些吻合的地方的。但是

---

[1] 没有比这些《法制》的书名和序言更含糊不清的了。它们肯定是后来加上去的*。书首先谈的是巴黎、奥尔良和男爵领主法庭的习惯；其次是王国内一切世俗法庭和领主及法国国王特别裁判所的习惯；再次是整个王国、安如和男爵领主法庭的习惯。

* "这些《法制》"、"它们肯定是后来加上去的"这些字见于甲乙本。

[2] 甲乙本作："我认为，这本著作是圣路易使人开始撰写，而由他的继承者完成的。他，或是他的继承者，或是他们两人，使人把他们的辖地的某些习惯用文字写出来；又因为里面混杂着圣路易刚刚制定的法律，所以就把书名写作圣路易的《法制》。诚然，这么大的一个名字应当给这本著作带来很大的好处。这本书给予所有这些习惯和法律以一般性的形式；这样的整个做法是智虑明达的极大表现。把习惯、法律写成文字，就扩大人们对它们的认识；给它们以一般性的形式，就扩大它们的适用范围。当时王国的法律只是一些遗留在老人们记忆中的各地的习惯而已。在这种普遍缺乏法制的情况下，每一个人就可以从这部新的法典找到他所缺少的法律。它是人人都可以汲饮的源泉。这部书和戴方丹及波马诺亚的著作不同的地方……。"

[3] 甲乙本作"……法律的杂纂"。又甲乙本的第38节在这里结束；第39节由下二段开始。

[4] 甲乙本多一句："从两种相反的法学要制造出一种好的法学；是不可能的。"

[5] 圣路易：《法制》第2卷第15章。

他们很少适用①罗马古代的法学；他们主要还是使用后来皇帝们介绍进来的那部分古罗马法，并用它来调节、限制、修正、扩充法兰西法学②。

第三十九节 续前

圣路易所采用的裁判形式已不再通行了。这位君主不太关心裁判形式这件事本身，也就是说，不太关心什么是最好的审判方式，他比较关心的是什么是弥补旧时裁判习惯的不完全的最好方式。他的第一个目标是使人厌恶旧时的法学，第二个目标是建立新的法学。但是当他的新法学的弊病出现时，它就立即为另一种法学所代替。

因此，圣路易的法律对法兰西法学所作出的改变较少，而提供改变的途径较多。它开辟了新的法庭，或是更正确些说，开辟了到达法庭的道路；当人们可以容易到达一个有普遍权威的法庭的时候，则过去仅仅构成一个个别领地的习惯的判决，现在却构成一种具有普遍性的法学。经由这些法制，人们就得到了普遍性的判决；这种判决在王国里是完全没有过的；当这种法学的楼房盖好了的时候，就听任圣路

---

① 甲乙本作"他们没有适用"。
② 甲乙本又说："我已经说过，圣路易曾使人翻译查士丁尼的著作，以增加罗马法的声誉。当学校里讲授罗马法的时候，人们立即比较喜欢形式自然的罗马法，而比较不喜欢那个在新法典里形式似乎已被歪曲了的罗马法。

"此外，这个编辑本所规定的那些东西，不久即行消逝。例如，家臣的裁判、决斗裁判、私战、犹太人的奴役、十字军从征者、农奴。此后的世纪就是变化的世纪，所以越改变、就越要改变；因此，这个法典和当前的情况总是不相适宜的；它所包含的地方性法规也一样发生了变化，那就更不能适应情况了。"

"不仅如此，圣路易所采用的裁判形式已不再通行了……"

易的搭脚架倒塌了。

因此，圣路易①制定的法律所取得的效果，几乎不是从立法的杰作所能够希望得到的。有时候一次的变化需要好几个世纪的准备时间；到时机成熟，看，那就是革命了。

几乎王国内所有的一切案件都由议政院②进行最后审判。过去，它仅仅裁判公爵、伯爵、男爵、主教、修道院长等之间③，或国王及其封臣之间的案件④；这些案件涉及政治秩序多于民事秩序。后来，就不得不使议政院成为一个常设机关，经常集议⑤。末了还设立好几个议政院，以满足一切案件的需要。

当议政院成为一个固定的机关的时候，人们立即编纂它的判例。在美丽菲利普朝时，约翰·德·蒙绿克编辑了一个集子，我们今天把它叫做《古议政院日录》⑥。

第四十节　为什么采用教皇诏谕规定的裁判形式

但是，在放弃既有的裁判形式的时候，人们主要采用寺院法而不是罗马法的裁判形式；这究竟是为什么呢？⑦。这是因为教会的法庭

---

① 甲乙本作："因此，《法制》所产生的效果……。"
② 原文 le parlement。这和现在的"议会"名同而实异；它是当时的最高法院又是枢密院；圣路易时分为两部，一部掌理司法，一部审议行政事务。——译者
③ 参看杜蒂叶：《法兰西列王纪略》关于家臣法庭的记述。又参阅德拉洛石佛拉文：《法兰西的议政院》第1卷第3章；又步逮乌斯和保罗爱米利乌斯的著作。
④ 其他案件则由普通法庭裁决。
⑤ 甲乙本作："常设机关；过去它一年仅仅集议几次。末了……"
⑥ 参看巴黎议政院院长爱诺的优秀著作《法兰西简史新篇》关于1313年的记述。
⑦ 甲乙本作："但是在放弃《法制》的时候，人们喜欢寺院法的裁判形式胜于罗马法的裁判形式，这究竟是为什么呢？"

经常在他们的眼前，这种法庭遵从的是寺院法的形式；而且当时就看不到一个遵从罗马法的形式的法庭。此外，在当时，教会的和世俗的司法管辖的界线是很少为人们所了解的。有一些人无区别地在这两种法庭进行诉讼①；对于案情也同样是无区别的②。世俗法庭，除了对封建性事情和世俗的人所犯而不损及教会的罪行这些案件的审理而外，似乎不专为自己的司法管辖保留什么案件③。因为，虽然关于协约租契约问题，人们应该到世俗法庭去，但是当事人仍然可以自愿地向教会的法庭提出诉讼④；教会法庭没有权利强迫世俗法庭执行它的判决，但是它可以用开革出教的方法强制人们服从它的判决⑤。在这些情况之下，世俗法庭想改变裁判形式，就取法于教会的法庭，因为这种法庭的裁判形式是他们所熟知的；他们不取法于罗马法的裁判形式，因为他们对它一无所知；这是由于在实践问题上，人们只认识所实践的东西。

第四十一节　教会裁判权和世俗裁判权的枯荣消长

由于民政权力掌握在无数领主的手中，所以教会的裁判权就容易一天比一天扩大了起来。但是，由于教会的裁判权削弱了领主们的裁判权，并且加强了国王裁判权的势力，国王的裁判权反而逐渐限制教

---

① 波马诺亚：《波瓦西斯的古代风俗》第 11 章第 58 页。
② 寡妇、十字军从征者，以及持有教会财产的人（因为这些财产的缘故）。同上书。
③ 波马诺亚：《波瓦西斯的古代风俗》第 11 章全章。
④ 教会法庭甚至以誓言为借口攫夺这类案件；这在菲利普·奥古斯都、教僧和男爵领主们之间所缔结的著名协约里，可以看到。《协约》载罗里埃尔：《法令会纂》。
⑤ 波马诺亚：《波瓦西斯的古代风俗》第 11 章第 60 页。

会的裁判权；后者便在前者的面前退缩了。议政院在裁判形式上吸收了教会法庭裁判形式上一切好的、有用的东西，但不久就仅仅看到了教会法庭的弊病。国王的裁判权一天一天地加强，它就越来越有力量改正这些弊病了。这些弊病真是不能容忍的；我不要列举，请大家一读波马诺亚或布地利埃的著作和我们的君王们的法令①。我只要提起和公共利益较有直接关系的两点。这些弊端，我们是从矫正它们的议政院的判决知道的。黑暗、愚昧产生了这些弊端；当曙光一现，它们就消失不见了。从僧侣们的缄默，我们可以推知他们本身曾助成这个改革；这从人性的本质来说，是值得赞扬的。任何人死亡时如果没有把财产的一部分留给教会的话，这就叫做未忏悔而死，他就被剥夺圣礼和葬礼。如果有人死亡而没有立遗嘱的话，他的亲戚们就应该请主教会同他们，指派一些公断人来规定："如果死者曾立遗嘱的话，应给教会多少财产"。新婚夫妇第一夜不得同床，甚至第二、第三夜也不得同床，如果他们没有出钱购得许可的话。这三夜是选择得最好不过了，因为其他诸夜人们是不会给很多的钱。议政院把这一切都改正了。在拉果的《法兰西法律语解》②里，我们看到一项议政院做出的反对亚眠主教的判决③。

　　我再返回到本节的开头吧！当我们在一个时代或一个政府里看到国家中各集团寻求增加自己的权威，或彼此间争夺某些利益的时候，我们常常误认它们的企图就是它们腐败的确切证据。由于和人类的性

---

① 参看布地利埃：《乡间事务大全》第9篇"谁不得在世俗法庭控告"；波马诺亚：《波瓦西斯的古代风俗》第11章第66页；菲利普·奥古斯都的有关法规；教僧、国王和男爵领主间议定的《菲利普·奥古斯都章则》。
② 在"遗嘱执行者"条下。
③ 1409年3月19日。

情结连在一起的一种不幸命运,温和适中的伟大人物是少有的;顺从局势的推移总要比阻遏它容易些;所以,在上层人士的阶级里,要找到一些极端有品德的人也许比极端明智的人容易些。

当一个人能够统治他人时,就尝到无可言喻的愉快滋味。甚至那些爱善良品德的人也是非常爱自己的,所以没有一个人在需要怀疑自己的善良意图时而不感到十分不快。实际上,我们的行动是要取决于许多其他事物的,所以做好事要比把事做好容易几千倍。

第四十二节 罗马法的复活和它的后果。法庭的变化

大约在1137年的时候,查士丁尼的《法制》又被人发现了;罗马法就像第二次诞生了似的。人们在意大利建立学校,教授罗马法;因为那时已经有了《查士丁尼法典》和《新法》了。我已经说过,这个法典在那里很受欢迎,竟引起了伦巴底人的法律的衰落。

意大利的学者们把查士丁尼的法律带到法国来;法国过去只知道《提奥多西乌斯法典》[1],因为查士丁尼的法律是在野蛮人在高卢定居后才制定的[2]。这个法典虽遭受一些反对;但它却站住了脚跟,尽管教皇们保护寺院法,施用了开革人们出教的手段[3]。圣路易企图增加这个法典的声誉,命令人翻译查士丁尼的著作;在我们的图书馆里还有这些翻译的稿本。我已经说过,圣路易的《法制》曾经大量地利

---

[1] 意大利奉行《查士丁尼法典》。因此,教皇约翰八世在德洛伊宗教会议后颁布的《律令》里谈到这个法典;还不是因为法国已经知道它,而是因为他自己知道它;而且他的《律令》是普遍性的。

[2] 这个皇帝的法典大约是在530年公布的。

[3] 《教皇诏谕》第5卷《论特恩篇》第28章《在瞭望塔上》。

用这些书。美丽菲利普命令人把查士丁尼的法律单纯作为"成文的理性",在法国以"习惯"为施政准则的地区,进行讲授[①];而在以罗马法为法律的地区,它们则被采用为法律。

我在上面已经说过,决斗的裁判方式并不要求裁判者有多少才能[18];裁判者对每个地方的案件就按照每个地方的习惯和传统上所存在的一些简单的风俗,进行裁决。在波马诺亚的时候,有两种不同的裁判方式[②]。在一些地方,由家臣裁判[③];在另一些地方,由法官裁判。用第一种形式的时候,家臣们就按照他们的管辖区域的习惯[④]进行裁判。用第二种形式的时候,则由"谙练世事的人"或老年人向法官指出当地的习惯。这一切并不需要任何文墨、任何才能、任何研究。但是,当《法制》这部晦涩的法典及其他法学的著作[⑤]出现的时候;当罗马法被译出的时候;当学校开始讲授它的时候;当诉讼的某种技术和法学的某种技术开始形成的时候;当律师和法学家出现了的时候;家臣们和"谙练世事的人"不再有能力审判了;家臣们开始退出了领主的法庭;领主们也没有多大兴趣召集家臣审案了;尤其是这时的审判已不是一种贵族所惬意和武人所感到兴趣的惊心动魄的行动,而是一种他们所不懂得,也不愿意懂得的司法程序。

---

① 据杜蒂叶:《法兰西列王纪略》所引1312年的一项条例,是委任奥尔良大学讲授的。
② 波马诺亚:《波瓦西斯的古代风俗》第1章《论法官的职务》。
③ 在市邑,市民由其他市民审判;好像采地的佃户由佃户审判一样。参看德·拉多玛榭尔:《贝利的古代风俗》第19章。
④ 因此,一切诉状开头都是这样说:"裁判老爷,按照您的管辖区域的习惯……"这在布地利埃:《乡间事务大全》第1卷第21篇所引文例中可以看到。
⑤ 甲乙本没有"及其他法学的著作"句。

家臣审判习惯的适用减少了①；法官审判的习惯扩大了②。本来，法官们并不作判决③。他们进行审查，并宣布那些"谙练世事的人"的判决。但是这时，这些"谙练世事的人"已经没有能力裁判，所以由法官进行裁判了。

这个变迁很轻易地实现了，尤其是因为教会法庭的成例就摆在人们的眼前。因此，寺院法和新的民法就一致把家臣废除了。

在法兰西君主国内经常遵守的、一个判官不得单独审判的习惯，就这样消灭了。这个习惯在《撒利克法》、敕令、和第三时期（第三朝代）初期的法学著作中可以看到④。单人审判的弊病仅仅在地方法庭发生；但是，由于（1）好些地方设立了副席判官，供判官咨询，并代表旧时的"谙练世事的人"；（2）在需要用体刑的案件，法官有义务用"学士"二人为辅助；所以单人审判的弊病减少了，并且多多少少得到了纠正。末了，由于上诉极端容易，所以这种弊病也就不存在了。

---

① 这个变化是在不知不觉间产生的。我们看到，在布地列埃的时候，还有使用家臣。1402年，布地列埃还活着；这是他立遗嘱的一年。他在《乡间事务大全》第1卷第21篇引了这个文例："判官老爷，我在这样一个地方将有高、中、低各级人员为我做正义的裁判；这里有法庭、裁判会议、法官、封建家臣和执达吏。"但是只是有关封建事件才由家臣审理。同书第1卷第1篇第16页。
② 甲乙本作"习惯的适用增多了"。
③ 这从领主颁发给他们的书状的文例可以看到。布地利埃：《乡间事务大全》第1卷第14篇载有这种文例。这从波马诺亚：《波瓦西斯的古代风俗》第1章《论法官的职务》也可以得到证明。法官们只掌理审判程序。"法官必须在家臣的面前，听取诉讼的辩论。他应该问当事人是否愿意法庭按照他们所陈述的理由作出法律上的决定。如果当事人回答说，'老爷，是的'；他就应当命令家臣们做出判决。"又参看圣路易的《法制》第1卷第105章；第2卷第15章。"法官，不应作判决。"
④ 波马诺亚：《波瓦西斯的古代风俗》第67章第336页；第61章第315—316页；圣路易：《法制》第2卷第15章。

第四十三节　续前

因此，并不是有法律禁止领主们自己开法庭；并不是有法律取消了他们的家臣们在这些法庭里的职务；并不是有法律规定设立法官；法官也不是根据法律而取得了审判的权利。所有这一切都是由于事物力量的推动，而逐渐地形成的。要熟识罗马法、法庭的判决和新写出的习惯汇录，就需要有研究，这不是贵族和文盲的老百姓所能够做得到的。

我们所知道关于这个问题的唯一法令①，就是那项规定领主们必须从世俗的人中选择他们的法官的法令。人们曾认为这是领主们创造的法律，这个看法是不合理的。法令里说的多少就只是多少②。况且，这项法令是依据它所宣布的理由而制定的。它说："法官应从俗人中选定，这样在他们渎职时就能够加以惩罚。"③ 我们知道当时的僧侣们是有特权的。

领主们过去曾享有的权利今天已不再享有了。我们不要以为他们的这些权利就是被用强力剥夺掉的。这些权利中有一些是因为忽略而丧失了的；另有一些是因为不能适应许多世纪里发生的种种变化而被放弃了的。

---

① 就是 1287 年的法令。
② 指的是：法令没有这样说，毋须多加臆测。——译者
③ "这样，当他们在那里渎职的时候，上司就能够惩办他们。"

第四十四节　人证

当时，裁判官除了习惯之外没有其他法规；所以对所发生的每一个问题通常都通过人证进行调查。

当决斗裁判的习惯渐渐被废除的时候，人们就使用书面调查。但是口头的证据，虽写成文字，究竟还不过是口头的证据，只是增加诉讼程序的费用而已。因此，人们就制定一些法规，使这类调查大多数归于无用①；又建立了公共登记处，那是确定大多数事实，如贵族身份、年龄、嫡生关系、婚姻，都可以得到证明。文字是不容易讹误毁失的证据。因此，人们就把习惯都写成了文字。所有这一切都是很合理的。到洗礼登记处查一查到底彼得是不是保罗的儿子，总比经由繁冗的调查来证明这一事实容易些。在一个习惯极多的国家里，把所有的习惯写成一部法典，总要比强迫个人去证明每一种习惯容易些。末了，人们颁布了那著名的法令，对一百里佛尔以上的债务案子禁止接受人证，除非开头有文字证据[19]。

第四十五节　法兰西的习惯

我已经说过，法国当时是由不成文习惯支配的国家；每个领地的特殊习惯形成了民法。波马诺亚说，每个领地有它的民法②；而且这种民法是很特殊的，所以这位我们应该认为是当代的明灯，伟大的明灯的著者说，他不相信在整个王国里有两个完全由相同的法律支配的

---

① 参看圣路易：《法制》第 1 卷第 71—72 章所载人们如何证明年龄和亲戚关系。
② 波马诺亚：《波瓦西斯的古代风俗》序言。

领地。

这样纷杂繁殊,有它的第一个根源,还有它的第二个根源。读者想来能够记起我上面谈地方性习惯那一节[①]。那里就是第一个根源。至于第二个根源,就在决斗裁判所产生的种种后果上;决斗裁判不断发生的意外情况很自然地就产生了新的习惯。

这些习惯就保留在老年人的记忆中;但是逐渐形成了法律或成文的习惯。

1. 在第三时期(第三朝代)的初期,国王们制定了特殊的条例,甚至还制定了一般性的条例[②];制定方式,我在上面已经说明。这些条例,犹如菲利普·奥古斯都的《法制》和圣路易的《法制》。同样,大的封臣们也会同他们属下的领主们,按照情况,在他们的公爵辖地或伯爵辖地的裁判会议里,颁发某些条例或法制;例如布里塔尼伯爵哲欧佛罗哇的《关于贵族财产分配的条例》;拉乌尔公爵颁发的《诺曼底的习惯》;狄波王[③]颁发的《商邦的习惯》;孟福尔伯爵西门的《法律》;等等。这就产生了几种成文的法律;它们甚至比原有的法律还具有一般性。

2. 在第三时期(第三朝代)的初期,几乎所有的平民都是农奴。有一些理由迫使国王们和领主们解放他们。

领主们解放自己的农奴的时候,便给予他们财产;这就必须为他们制定民法,规定如何处分这些财产。领主们解放自己的农奴的时候,

[①] 第12节。
[②] 参看罗里埃尔:《法令会纂》。
[③] 前面有"狄波,商邦伯爵",不是错误;因为商邦伯爵有几个名叫狄波;其中最著名的一个,是纳瓦尔国的君王,就是狄波王。——译者

就剥夺掉自己的财产；这就使领主们有必要规定他们为自己保留的权利，作为与这些财产相当的代价。所有这些，都用《解放条例》加以规定；这些条例就成为我们的习惯的一部分；而这一部分习惯曾被用文字编写出来。

3. 当圣路易朝及此后诸朝，聪慧的法律家如戴方丹、波马诺亚等人就把他们的"法官管辖区"的习惯用文字写出来。他们的目的主要在于叙述司法的习惯，并不着重叙述当时关于财产处分的习惯。但是所有这一切在他们的书里都有了；虽然这些私人著者仅仅由于他们所叙述的事物是真实的，又是众人所周知的，因而获得了权威，但是我们不能怀疑，他们对于我们法兰西法律的复活，曾做出了很大的贡献。这就是当时我们的"成文的习惯法"的情况。

请看这个伟大的时代：查理七世和后继的君王命令人们把整个王国内的地方习惯用文字编纂成书，又规定了编纂时必须遵守的形式。这时，编纂由各省进行，而各领地的人则把各个地方的成文或不成文的习惯带到省的大会来处理，所以人们便在不损害个人利益的范围内努力使这些习惯更具有一般性；个人利益是加以保护的[①]。因此，我们的习惯便有了三重性格，就是：成文；更具有一般性了；打上了君主权威的印记。

这些习惯中有好些经过重新编订，做了一些修改，或是把那些和现行法学不相符合的部分全部删除，或是增加一些由现行法学推演出来的东西。

虽然我们把"习惯法"看做是和罗马法相对立的一种东西，因为

[①] 在编纂贝利和巴黎的习惯时，就是这样做的。参看德·拉·多玛榭尔：《贝利的古代风俗》第3章。

这两种法律分出了地区界线，但是罗马法有一些条款却已经进入了我们的习惯里，这也是实情；这尤其是发生在离现在不远的、重新编订习惯的时代；这时代，罗马法已成为一切准备担当司法职务的人们学习的对象；这时代，人们不以"应该知道的事而不知道"为光荣，也不以"知道了不应该知道的事"为光荣；这时代，天资的聪敏可以更好地学习一种职业，而不是就可以立即操持这种职业；这时代，不断地嬉游娱乐甚至已经不是妇女们的特色了。

我在这章的末尾，本来应该增多论究，并深入微末细节，追述那些在不知不觉间发生的一切变化的来龙去脉；这些变化自上诉制度开始而后，形成了法兰西法学的庞大体系。但如果我这样做的话，将是在一本大书之上又加上了一本大书了。所以，我就像那位好古之士[20][①]一样，离开他的本国，到埃及去，在纵目金字塔之后就回家了[②]。

---

① 参见《英国旁观者报》。
② 这段甲乙本作："我已经谈了关于我们的民事法规的形成，这一切似乎都要求我也谈一谈我们的政治法规的理论。但是这将是一本大书。所以，我就像那位好古之士……"

第二十九章　制定法律的方式

第一节　立法者的精神

我说这句话，而且从我看来，我写这本书为的就是要证明这句话：适中宽和的精神应当是立法者的精神；政治的"善"就好像道德的"善"一样，是经常处于两个极端之间的。底下就是例子。

司法的正式手续对于自由是必要的东西。但是手续可以是异常烦琐的，以致违背建立手续的那些法律的目的；诉讼将没有终止的日子；财产所有权将不能得到确定；人们将不加审查就把一造的财产给予另一造；或是由于过度的审查而把两造都搞毁了。

国民将丧失他们的自由和安全；原告将没有法子证明他人的罪名，被告也将没有法子为自己辩白。

第二节　续前

在奥露斯·格利乌斯的著作[①]里，塞西利乌斯谈到《十二铜表法》

[①] 《阿的喀夜话》第22卷第1章。

准许债主把无力偿还的债务人砍成碎块[①]；他甚至用这项法律的残酷性来主张这项法律为正当；它的残酷性阻止了人们去借超过自己能力所能偿还的债务。那么，最残酷的法律不就是最好的法律了么？"善"不就是"过激无度"，事物的一切关系不就都要被毁坏了么？

第三节 和立法者的意图好像相背驰的法律却常常是和这些意图相符合的

梭伦的法律宣布，凡是在叛乱时不参加任何一方，就是丑恶无耻的人。这看来是非常特别的。但是我们应该看看希腊当时所处的情况。它当时分为许多小国家。人们当然害怕，在一个为内讧所苦的共和国里，最是小心谨慎、智虑明达的人将隐避起来，以致事态被推向极端。

在这些小国家发生变乱的时候，大多数公民都参与了争吵或制造了争吵。在我们的大君主国里，党派是少数人所组成的，老百姓则愿意安静无为地生活着。在这种情况之下，自然就要号召判乱者回到广大的国民中去，而不是号召广大的国民到叛乱者那里去。但是，在希腊那种情况之下，就应当让那些少数明智、安静的人参加到叛乱者里头去。这样，一种发了酵的酒就可以仅仅因为放进一滴另一种酒而停止发酵[21]。

---

① 塞西利乌斯说他没有看过也没有读到人们曾用过这个刑罚。但是看来，人们就没有设立过这个刑罚。有一些法学家的意见是，《十二铜表法》所说的仅仅是分割被出售的债务人的代价而已。这个意见很近似真实。

第四节　违背立法者意图的法律

有一些法律，立法者很少了解到它们是和立法的目的本身背道而驰的。法国有法律规定，一种利益①有两个主张者，而其中一人死亡时，该利益就归未死的主张者。制定这项法律的人无疑是企图消灭争讼，但是结果适得其反。人们看到僧侣们互相攻击、撕打，就像英国的猛犬一样，一直到死亡为止。

第五节　续前

我所要谈的一项法律就在伊斯奇因斯保留给我们的这条誓词②里："我立誓：我将永不毁坏'近邻同盟会议'诸成员的任何城市[22]，我将不使它的水流改道；如果有谁敢于做这类的事情的话，我将向他宣战，并将毁坏他的城市。"③这项法律的后一款似乎是肯定了前一款，但实际上和前一款是互相矛盾的。近邻同盟会议所希望的是希腊的城市不被毁坏，而它的法律却为这些城市的毁坏敞开了大门。要在希腊人之间建立优良的国际法规，就应该先使希腊人习惯于这样想：毁坏一个希腊的城市是残暴的事情；因此，甚至把毁坏城市者消灭了也是不应当的。近邻同盟会议的这项法律是正确的；但是它却不是智虑明达的。这从它受到滥用这事实本身就可以得到证明。菲利普岂不是以这些城

---

① 又可译为"有俸禄的僧职"或"僧俸"；但我想，这项法律是比较一般性的规定，不一定专指僧教的事情。——译者
② 这是古希腊各国会盟，考虑共同利益等问题，各国都派使节出席；会上所立盟誓，具有一种国际法规的性质。——译者
③ 《论伪使节》。

市违背了希腊人的法律为借口，而取得了毁坏这些城市的权力么？近邻同盟会议是可以制定一些其他刑罚的；例如：规定毁坏他人的城市的某一些官吏和违背法律的军队的某一些将领，应处死刑；规定毁坏他人的城市的人民将在一定期间内不得享受希腊人的特权，并将偿付罚金直到被毁坏的城市重建了起来为止。法律应该特别注重损害赔偿。

第六节　相似的法律未必就有相同的效果

恺撒禁止每一个人在家里存放六十塞斯德斯以上的钱①。在罗马，人们认为这项法律在调和债务人和债权人间的关系是非常适宜的；因为它强迫了富人把钱借给穷人，这就使穷人还得起所欠富人的债。在"体制"²³ 时代②，法国也制定了同样的法律，但是它却带来了惨重的灾难。这是因为该法律是在极可怖的情况下制定的。在剥夺掉人们存放金钱的一切手段之后，甚至连把钱存放在自己家中这一办法也给剥夺掉了。这就等于暴力劫夺。恺撒制定这项法律，目的是使金钱在人民之间流通周转；法国大臣③制定这项法律，目的是使金钱集中到一个人手中去。恺撒给私人地产或抵押品以换取金钱；法国大臣却拿出一些毫无价值，并且在本质上就不可能有价值，因而需要用法律强迫人民接受的证券，来换取金钱。

---

① 狄欧：《罗马史》第41卷。
② 拉斯（1671—1729）原是苏格兰人，名罗全翰（John Law）；"罗"法国古音读"拉斯"；曾任法国财政总管，建立东印度公司和一种银行体制，所以人们把他的"体制"施行的时代简称"体制"时代。这个"体制"的结果是大破产。本书上册已经谈到这个人和他的"体制"。——译者
③ 指拉斯。——译者

第七节　续前。立法方式必须适当

在雅典，阿尔果斯和西拉库赛，都曾制定过贝壳放逐①的法律②。在西拉库赛，这项法律曾带来无数灾难。重要公民手里拿着无花果树叶[24]③互相放逐④，因此，稍有勋绩的人便隐避不问国事。雅典的立法者知道应该给这项法律以什么范围与界限，所以贝壳放逐法就成为一种美妙的制度。那里每次交付放逐的仅仅是一个人；而且需要极多人投票才能通过；所以要把一个不必流放的人流放是不容易的。

在那里，放逐是每五年举行一次的。实际上，贝壳放逐只能用于一个施行恐怖于同胞的大人物；所以它不应当是每日例行的事。

第八节　相似的法律不一定出自相同的动机

法国人采用了罗马法关于"代替继承"的大多数法规，但是法国人的代替继承的动机和罗马人是完全不相同的。在罗马人，有遗产时继承人就必须按照教会法律的规定，做一些宗教献纳⑤。因此，罗马人认为死而没有继承人是不体面的，因而立奴隶为承嗣，并创造了代替继承的制度。关于这点，世俗的代替继承就是有力的证据。世俗的代替继承是首先被创立的；它只是在所立承嗣拒绝接受遗产的场合才

---

① 注释见前。——译者
② 亚里士多德：《政治学》第 5 卷第 3 章。
③ 即投票时把被放逐的人的名字写在叶子上。——译者
④ 普卢塔克：《狄欧尼西乌斯传》第 1 章。
⑤ 当遗产所负献纳义务过重的时候，人们可以出售一部分遗产来规避教会的法律。这就是拉丁文"免教税的遗产"这个名词的由来。

103

被采用。它的目的并不是要把遗产永远保存在同一姓氏的家庭里，而是在于找一个接受遗产的人。

第九节　希腊和罗马的法律都惩罚自杀，但是动机不同

柏拉图说，一个人杀死那个和他紧密联系在一起的人，也就是说，杀死他自己，而不是出于官吏的命令，也不是为了避免耻辱，而是出于懦弱的话，他就应受到刑罚[1]。罗马法惩罚这种行为，如果该行为不是出于精神懦弱、或厌世、或无能力忍受痛苦，而是由于某种犯罪而感到绝望的话。罗马法律所宽恕的，正是希腊法律所定罪的；罗马法律所定罪的，正是希腊法律所宽恕的。

柏拉图的法律是根据拉栖代孟的法制而拟定的。在拉栖代孟的法制里，官吏的命令完全是绝对的；那里，耻辱是最大的不幸，懦弱是最大的罪恶。罗马法放弃这一切美丽的观念；它只是一种财政的法律。

罗马在共和国时代，没有惩罚自杀的法律；在历史家的著作里，这种行为通常受到善意的对待；从来没看见惩罚过采取这种行动的人。

在帝国时代的初期，罗马的大家族连续不断地被判罪而毁灭掉。因此就产生了一种习惯，就是用自愿的死亡来防止被判罪。这对自杀的人有莫大的好处。他受到了体面的埋葬，他的遗嘱得到了执行[2]。这是因为罗马[3]没有民法反对自杀的人。但是当皇帝们变成贪婪得像

---

[1] 《法律》第9卷。
[2] "对自杀的人，则把他的尸体埋葬，所立遗嘱，应予尊重，尽快执行。"见塔西佗：《史记》第6卷第29章。
[3] 甲乙本作"这是因为没有法律反对……"。

他们一向那样残酷①的时候，他们就不再留给他们所要铲除的人以保存自己的财产的手段；因此，他们宣布，因对一种罪行的忏悔自责而剥夺自己的生命，也是一种犯罪。

我所说关于皇帝们的动机是千真万确的，所以他们同意自杀者的财产不加没收，如果使他自杀的罪行并不需要没收财产的话②。

第十节　看来相反的法律有时是从相同的精神出发的

今天我们到一个人家里传唤他去受审判；这在罗马人是不可以的③。

传审是一种暴烈的行动④；是一种对身体的拘束⑤；所以当时不能到一个人家里去传审，就像今天我们不能因民事上的债务到一个人家里对他进行身体的拘束一样。

罗马的法律和我们的法律都同样承认这个原则，就是每一个公民把自己的家作为避难所，因此不应当在那里受到任何暴行⑥。

第十一节　对两种不同的法律应当怎样进行比较⑦

法国对伪证处死刑；英国就不这样。要判断这两种法律哪一种好，

---

① 甲乙本作"变得又贪婪又残酷的时候"。
② 比乌斯皇帝诏谕，载《法律》3 第1—2 节等《关于判罪前自杀者的财产》。
③ 《法律》18 等《关于传审》。
④ 参看《十二铜表法》。
⑤ "强迫投案"，贺拉西：《讽刺》9。因为这个缘故，对应该予以一定尊敬的人，是不能传审的。
⑥ 参看《法律》18 等《关于传审》。
⑦ 甲乙本作"应该怎样观察法律的差异"。

应当先指出：法国对罪犯进行拷问；英国就不是这样。又应当指出：在法国，被告不得提出证人；而且容许所谓"辩明性的事实"①，是极为稀有的；在英国，则双方都可以提出证人。法国的这三项法律形成了一个极严密的、极有联系的系统；英国的这三项法律也形成了同样严密、有联系的系统。英国的法律不许可对罪犯进行拷问，所以没有多大希望使被告承认他的罪行；因此它就从各方面找来毫不相干的证人，但又不敢用死刑的恐怖来阻抑他们。法国的法律多一个手段[25]；它是丝毫不怕对证人进行恐吓的；不，恰恰相反，理性要求它恐吓证人。它只讯问一方的证人，就是公诉人所提出的证人；被告的命运就取决于这些证人的证言②。但在英国，则容许双方提出证人，所以诉讼就仿佛是他们之间进行的讨论那样。在那里，伪证就比较不那么危险；因为被告有一种手段可以反对伪证；而法国的法律就不给被告这种手段。所以，要判断这些法律中哪一些最合乎理性，就不应当逐条逐条地比较；而应当把它们作为一个整体来看，进行整体的比较[26]。

第十二节　看来相同的法律有时实在是不相同的

希腊和罗马的法律对窝赃者的刑罚和盗贼相同③。法国的法律也是如此。前者是合理的，后者却不合理。希腊和罗马人对盗贼的刑罚是罚

---

① 即由被告提出有利于自己的情况。——译者
② 按照法国古时的法学，是要听取双方的证据的。因此，我们在圣路易：《法制》第1卷第7章里看到，人们对审判上的伪证处以罚金。
③ 《法律》1等《关于窝赃者》。

金，所以对窝赃者也可以处以同样的刑罚，因为任何人，不论以什么方式给人以损害，就应该赔偿。但是我们对盗贼是处以死刑的。所以如果对窝赃者处以和盗贼相同的刑罚，那就不免失之过重。一个人接受盗赃，在无数的场合，是出于无心无意，而偷盗的人则无论什么时候都是有罪的；前者阻碍人们对发生的罪行进行定罪，后者则犯了这个罪行；在前者，一切都是被动的，在后者就有一种行动；一个盗贼必须越过较多的障碍，他的精神必须在较长时期内已经坚决要和法律作对头。

法学家们的主张更远了一步。他们认为窝赃者比盗贼还要可厌①，因为如果没有窝赃者[27]——他们说——偷窃就不能被长时期隐蔽起来。这个主张也可能是对的，如果刑罚是罚金的话；这将是损害赔偿的问题，而窝赃者常常更有力量赔偿。但如果刑罚是死刑的话，那就应该依据其他原则另作规定了。

第十三节　不应当把法律和它所以制定的目的分开来谈。罗马关于盗窃的法律

如果一个贼带着所偷窃的东西，在没有来到他预定隐匿的地方以前，就被人逮住了的话，这在罗马人就叫做"现行盗窃犯"。如果这个贼是在以后才被人发现的话，就叫做"非现行盗窃犯"。

《十二铜表法》规定，对现行盗窃犯处以笞杖之刑；如果他是成年人就把他降为奴隶；如果是未成年人，则仅仅施以笞杖。对非现行盗窃犯，则只处以赃物所值一倍的罚金。

---

① 《法律》1等《关于窝赃者》。

当《鲍尔西法》废除对公民施用笞杖及降为奴隶的处罚的时候,对现行盗窃犯则处以赃物所值三倍的罚金;非现行盗窃犯,则仍处一倍的罚金①。

这些法律对这两种罪犯的性质以及对他们所处的刑罚,作出这样的区别,真是咄咄怪事。实际上,一个贼无论是在把赃物带到预期地点以前或以后被捕,这种情况并不能改变犯罪的性质。我不能怀疑,罗马法关于盗窃的整个理论是从拉栖代孟的法制引申出来的[28]。莱喀古士为了使国民灵巧、狡诈、活泼,规定要训练小孩子们偷窃,对偷窃被逮住的小孩,则粗暴地加以笞打。这就是希腊人及此后的罗马人对现行盗窃犯和非现行盗窃犯极明显地加以区别的缘由②。

罗马人对于犯偷窃的奴隶,把他从大北渊悬岩③上扔下。这里已不是拉栖代孟法制的问题;莱喀古士关于偷窃的法律不是为奴隶制定的;在这点上放弃了他的法律正是遵从他的法律。

在罗马,一个未成年人在偷窃时被逮住的话,裁判官随意施以笞杖,好像拉栖代孟人的做法一般。所有这一切都有久远的渊源。拉栖代孟人的这些习惯是从克里特人那里得来的。柏拉图在证明克里特人的法制是为战争而制定的时候,就引了下面这一条:"要有能力忍受在私人格斗和在必须隐蔽的偷窃行为中所遇到的痛苦。"④

民事法规以政治法规为依据,因为它们总是为同一个社会制定的。

---

① 参看奥露斯·格利乌斯:《阿的喀夜话》第20卷第1章发窝利奴斯所说的话。
② 比较普卢塔克的《莱喀古士传》所述和《罗马法汇篇》的《盗窃》项下的法规;又《法制》第4卷第1篇第1—3节。
③ 罗马朱匹忒神庙所在的山峰附近的高岩;人们处罚罪犯、卖国贼等时,把他们从岩上扔下。——译者
④ 《法律》第1卷。

既然这样,当一个人要把一个国家的民法移搬到另一个国家去的时候,就要首先检查这两个国家的法制和政治法是否相同。

因此,由于克里特人关于盗窃的法律是和政体、政制本身一齐传到拉栖代孟的,所以这些法律无论对克里特人或对拉栖代孟人都是合情合理的。但是当这些法律由拉栖代孟传到罗马的时候,罗马的政制是不相同的,所以这些法律在罗马总是显得格格不入,并且和罗马人的其他民法没有任何联系。

第十四节　不应当把法律和它制定时的情况分开来谈

雅典有一条法律规定,在一个城市被围困的时候,就应当把一切无用的人处死①。这是一条丑恶的政治法;但它是从一条丑恶的国际法所产生的后果。按照希腊人的做法,当一个城市被攻占,它的居民就失掉公民的自由,而被作为奴隶出售;随着城市的失陷而来的就是整个城市的毁灭。这不但产生了这些顽强的防卫战和这些失掉了本性的行为,而且也是他们有时候制定这些残酷的法律的起源。

罗马的法律规定,对医生的疏忽大意或拙劣无能应施以刑罚②。在这种场合,罗马的法律对身份较高的医生处流刑;对身份较低的医生处死刑。我们的法律,就不是这样。罗马的法律制定时的情况和我们的不同。在罗马,谁高兴谁就可以去混一混医业。但是在我们,医生必须进行学习研究,获得一定学位;所以人们知道他们是精通自己的技术的。

---

① "无用的人,被屠杀了。"见徐利安:《贺莫珍》。
② 《哥尼利法》的《关于杀人》;又《法制》第4卷第3篇《论阿吉利安法》第7节。

109

第十五节　有时候法律应当矫正自己

《十二铜表法》准许杀死夜间盗贼，也准许杀死日间的盗贼，如果盗贼在被迫袭时进行自卫的话①。但是它规定，杀死盗贼的人必须呼喊，叫唤其他公民②；这是那些准许国民自行执法的法律经常必须提出的要求。这是一种无辜的呼喊，在行动中呼唤证人，呼唤判官。人民应该看到这个行动，并在这个行动的进行中看到它；在这种时候，一切如态度、面容、感情、缄默，都是语言；在这种时候，每一句话都在宣布定罪或免罪。一条有可能同国民的安全和自由大相违背的法律，应当在国民的面前执行。

第十六节　制定法律时应当注意的事情

那些有足够的天才，可以为自己的国家或他人的国家制定法律的人，应该对制定法律的方式予以一定的注意。

法律的体裁要精洁简约。《十二铜表法》是精简谨严的典型。小孩子们都能把它背诵出来③。查士丁尼的《新法》是繁冗散漫的，所以人们不得不加以删节④。

法律的体裁要质朴平易；直接的说法总是要比深沉迂远的辞句容易懂些。东罗马帝国的法律是完全没有威严可言的；君主们被弄得像

---

① 参看《法律》4 等《关于阿吉利安法》。
② 同上。参看附加于《巴威利亚法》后的塔西庸诏谕《论联合法》第 4 条。
③ "必要的诗歌。"见西塞罗：《法律》第 2 卷第 23 章。
④ 这是伊内利乌斯的著作。

修辞学家们在讲话。当法律的体裁臃肿的时候，人们就把它当做一部浮夸的著作看待。

重要的一点，就是法律的用语，对每一个人要能够唤起同样的观念。红衣主教李索留同意，一个人可以向国王控告大臣[1]，但是他规定，如果这个人所证明的事情并不重要的话，就应加以刑罚。这就必然阻止一切人说出对大臣不利的任何实话，因为一件事情重要与否完全是相对的；对一个人重要的事情对另一个人可以是不重要的。

按照火诺利乌斯的法律，把一个脱离奴籍的人当作农奴买入或有意使他忧虑不安的人，处死刑[2]。该法不应该使用像"忧虑不安"这样一种含糊笼统的措辞。使一个人忧虑不安，完全要看这个人敏感性的程度而定。

法律要有所规定时，应该尽量避免用银钱作规定。无数原因可以促使货币的价值改变；所以改变后同一金额已不再是同一的东西了。我们都知道罗马那位鲁莽家伙的故事；他见谁就打谁一记耳光，然后再给人《十二铜表法》所规定的二十五苏[3]。

在法律已经把各种观念很明确地加以规定之后，就不应再回头使用含糊笼统的措辞。路易十四的刑事法令[4]，在精确地列举了和国王有直接关系的讼案之后，又加上了这一句："以及一切向来都由国王的判官审理的讼案。"人们刚刚走出专横独断的境域，可是又被这句话推回去了。

---

[1] 《政约》。
[2] "……他有意使被释放的奴隶忧虑不安。"《提奥多西乌斯法典》附录，载《西尔蒙都斯神父著作集》第1卷第737页。
[3] 奥露斯·格利乌斯：《阿的喀夜话》第20卷第1章。
[4] 1670年法令。在法令前面有《记录》，说明制定该法的动机。

查理七世说，他获悉在以习惯为准则的地区，诉讼当事人违背王国的习惯，在一个案子判决三、四、六个月之后才提起上诉[1]；所以他规定，除非检察官有舞弊或欺诈情事，或是有阻碍当事人起诉的重大明显的原因，当事人应立即上诉[2]。这条法律的例外的规定就破坏了它的原则的规定；破坏得干干净净，所以结果当事人在三十年内还上诉哩[3]！

按照伦巴底人的法律，一个没有献身给神的妇女而穿道服，是不得结婚的[4]。该法说："因为一个男人仅仅用指环和一个女子订婚，就不能和另一个女子结婚而不犯罪；那么上帝或圣母的配偶就更不可以结婚了……。"我认为，法律的推理应当从真实到真实，而不应当从真实到象征或是从象征到真实。

君士坦丁有一条法律规定，主教一人的证言已经足够，不需要再听取其他证言[5]。这位君主走了一条短路；他根据人来判断讼案，根据爵位来判断人。

法律不要精微玄奥；它是为具有一般理解力的人们制定的。它不是一种逻辑学的艺术，而是像一个家庭父亲的简单平易的推理。

当法律不需要例外、限制条件、制约语句的时候，还是不放进这些东西为妙。有了这种细节就要有新的细节。

如果没有充足的理由，就不要更改法律。查士丁尼规定，男子订

---

[1] 见他1453年发布的《孟德烈都尔法令》。
[2] 惩办检察官未必就扰乱公共秩序。
[3] 关于这种情况，1667年的法令又定出一些则例。
[4] 《伦巴法》第2卷第37篇。
[5] 《提奥多西乌斯法典》的《附录》，载《西尔蒙都斯神父著作集》第1卷。

婚后两年未能成婚，女子可以退婚而不丧失她的妆奁①。以后他又更改这条法律，给这位可怜的穷小子三年的期限②。但在这样的一种案情，两年和三年是一样的，三年并不比两年用处大。

当立法者喜欢为一项法律说明立法的理由的时候，他所提出的理由就应当和法律的尊严配得上。罗马有一条法律，规定盲人不得进行辩诉，因为他看不见官吏的服饰③。好的理由多得很，但却提出这样一个坏理由，这必然是出于故意。

法学家保罗说，婴儿到第七个月发育就已经完全，毕达哥拉斯的"数论"可资证明④。用毕达哥拉斯的"数论"来判断这些东西，真是奇不可言。

法国有一些法学家说，当国王获得某一地区的时候，那里的教堂就应当受王权法的管辖，因为王冠是圆形的[29]。我在这里不讨论国王的权利，也不讨论在上述情况下民法或僧教法的理由是否应向政治法的理由让步。但是我要指出，这样尊严的权利应该用严肃的原理训则来作辩护。谁会看到一个高位显职的真实权利是依据该高位显职的记号所象征的意义而制定的呢？

大维拉说，查理九世在十四岁开始时就在卢昂的议政院被宣布为成年，因为法律规定，在有关未成年人财产的返还和管理的问题上，计算时间要瞬息都算，但是在获取荣典的问题上，就把一年的开头算做整年⑤。我无意检查一条到今天为止似乎没有产生什么流弊的法律。

---

① 《法律》1《法典：婚姻的解除》。
② 参看实例《但是今天》篇，载《法典：婚姻的解除》。
③ 《法律》1 等《控告》。
④ 保罗：《判决》第 4 卷第 9 篇。
⑤ 《法兰西内战》第 96 页。

我仅仅要指出，保育院大臣①所主张的理由不是正确的②；把治理人民仅仅看做是一种荣典，那是荒谬的。

从推定③方面来说，法律的推定要比人的推定好得多。法国的法律把一个商人④在破产前十天内所做的一切行为，都认为是欺骗性的；这是法律的推定⑤。按照罗马法，一个丈夫在妻子犯奸淫后仍然留她的话，将受到处罚，除非他是出于惧怕诉讼的后果，或是对自己的耻辱满不在乎；这是人的推定。法官就要推定这个丈夫的行为的动机，对一种暧昧不明的思想情况，他却要做出决定。当法官推定的时候，判决就武断⑥；当法律推定的时候，它就给法官一条明确的准则。

我已经说过，柏拉图的法律规定处罚那种不是为着避免耻辱而是由于懦弱而自杀的人⑦。这条法律是有毛病的，因为这是无法证明犯罪动机的唯一案情，而法律却要法官对这些动机作出决定。

无用的法律削弱了必要的法律；好像人们有方法规避的法律削弱了立法一样。每条法律都应当发生效力，也不应当容许它因特别的条款⑧而被违背。

《法尔西迪法》规定，罗马人的嗣子老是可以获得遗产的四分之一。但是另一项法律却准许立遗嘱人禁止嗣子保有这份四分之一的遗

---

① 保育院大臣条。大维拉：《法兰西内战》。
② 甲乙本作"人们＊所主张的理由不是正确的"。
＊ 保育院大臣条。大维拉：《法兰西内战》。——孟德斯鸠原注
③ 法律上的所谓"推定"的事例是很多的，例如曾把信寄出，则推定一定到达收信人那里之类。——译者
④ 甲乙本作"某些商人"。
⑤ 这是1702年11月8日的法律。
⑥ 甲本没有"当法官……武断"句。
⑦ 《法律》第9卷。
⑧ 如"例外""但书"之类等等。——译者

产[1]。这是在嘲弄法律。《法尔西迪法》成了无用之物,因为如果立遗嘱人愿意厚待嗣子的话,嗣子就不需要《法尔西迪法》;如果立遗嘱人不愿意厚待嗣子的话,他就可以禁止嗣子利用《法尔西迪法》了。

要特别注意法律应如何构想,以免法律和事物的性质相违背。在奥伦治亲王被放逐时,菲利普二世答应给能杀死亲王的人或他的嗣子二万五千埃巨和爵位;这是国王的话,上帝的仆人的话啊!答应把爵位给予这种行为!这种行为是出自上帝的仆人的命令!这一切,把荣誉的观念、道德的观念、宗教的观念,全都推翻了。

以想象的某种"至善境域"为借口,而对一件不是坏事加以禁止,这很少有必要[30]。

法律应该有一定的坦率性。法律的制订是为了惩罚人类的凶恶背谬,所以法律本身必须最为纯洁无垢。在西哥特人的法律里,我们看到这样一条荒谬的要求,就是强制犹太人吃一切同猪肉一起烹调的食物,即使他们不吃猪肉本身的话[2]。这是最残忍不过的,因为这时犹太人已经被迫服从一种同他们自己的法律相违反的法律,而他们的法律,除了不吃猪肉作为犹太人的标志这点而外,已无所余存了。

第十七节 制定法律的一个恶劣方式

罗马的皇帝,像我们的君王一样,通过诏书谕旨来表现自己的意志。但是罗马皇帝和我们的君王不同的地方,就是罗马皇帝准许法官或私人用"状帖"向他们提出有关争讼的问题,他们的批复就叫做"敕

---

[1] 这就是实例《但是在立遗嘱人的场合》。
[2] 《西哥特法》第12卷第2篇第16节。

115

答"。教皇的"诏谕",正确地说,也是"敕答"。我们知道,这是一种恶劣的立法方法。那些这样求取法律的人,是立法者的丑恶的引路人;事实的陈述常常是不正确的。尤利乌斯·加必多利奴斯说,图拉真常常拒绝作这类敕答,以免把一项决定——这又常常是一项个别的恩惠,扩大到一切案子里去①。马克里奴斯决定废除一切"敕答"②。他不能容忍人们把康莫都斯、卡拉卡拉以及其他一切庸拙无能的君主们的回答,看成法律。查士丁尼的想法正相反,所以他编纂的法律,满都是这种敕答。

我愿意读罗马法的人把(1)这类假设性的东西和(2)元老院法案、平民制定法、皇帝们的一般性律令,以及以事物的性质、妇女的脆弱性、未成年人的懦弱性和公共的利益等为基础的一切法律,仔细地区别开来。

第十八节　整齐划一的思想[31]

某些整齐划一的思想有时候占据了伟大人物的脑子(这种思想就曾影响了查理曼)。但是这种思想一定毫无例外地打动渺小人物的心

---

① 参看尤利乌斯·加必多利奴斯:《马克里奴斯》第13章。
② 尤利乌斯·加必多利奴斯:《马克里奴斯》第13章。"他对法律并不笨拙,因此他决定把古代皇帝们的敕答一律作废,一切都按法律办事,而不是按敕答行事。他不许把法律看成是康莫都斯、卡拉卡拉或是无知的人们的意志;而且图拉真从来不*回答状帖,恐怕对案子真相不清,因而产生偏私。"
　*　孟德斯鸠法文原文说图拉真"常常"(souvent)拒绝作敕答。但是他在注里所引加必多利奴斯这一大段拉丁原文却说图拉真"从来不"(Nunquam)回答敕答。Nunquam 在拉丁文是加强语气的否定词,有"从不""决不""绝不"之意,和"常常拒绝"的意义是有出入的。——译者

灵。他们在整齐划一之中,看到了一种"至善境域",他们认识了它,因为他们不可能不发现它;这就是,在施政、贸易之中有划一的度、量、衡,在国家之中有统一的法律,在各地有同一的宗教。但是这种情况就是永远合适,没有例外么?改变的弊害是否永远比容忍的弊害小呢①?知道什么情况应当整齐划一,什么情况应当参差互异,不是更表现伟大的天才么?在中国,汉人守汉人的礼节,鞑靼人守鞑靼人的礼节;但是中国是世界上最追求太平的国家啊!如果国民守法的话,守不守同样的法律有什么重要呢?

第十九节　立法者

亚里士多德有时企图满足他对柏拉图的嫉妒,有时企图满足他对亚历山大的感情。柏拉图对雅典人民的暴虐感到愤慨。马基雅弗里的脑子里充满了他的偶像瓦连提尼诺斯公爵。托马斯·莫尔谈论他所阅读的东西,多于他所思索的东西;他要各国都按希腊城市那种简单的形式治理②。哈林顿[32]只看见他的"英格兰共和国";同时,有一大群著作家,只要看不见王冠,就认为到处都是纷乱。法律总是要遇到立法者的感情和成见的。有时候法律走过了关,而只染上了感情和成见的色彩;有时候就停留下来,和感情、成见混合在一起。

---

① 指改变以求同的害处不一定比容忍而存异的害处小。——译者
② 见他所著《乌托邦》。

第三十章 法兰克人的封建法律理论和君主国的建立

第一节 封建法律

有一件事，如果我把它放过不谈；有一些法律，如果我把它们放过不谈；我想这将成为我这本著作的一个缺点。这件事曾经在世界上发生过，但是它也许永远不会再发生了。这些法律曾经突然在整个欧洲出现，但是和以前人们所知道的法律没有任何关连；这些法律曾经成就无数的好事和坏事；它们在辖地被割让出去的时候把权利保留下来；它们在相同的一件东西之上或在相同的一些人之上，设立了不同种类的"领主权利"，又把这些权利分给好些人，这样便减少了整个"领主权利"的重要性；它们给过于辽阔的帝国划出各种界线；它们产生了一种纪律，但它带有纷乱的倾向；它们产生了一种纷乱，但它带有走向秩序与和谐的趋势。

这就需要写一本专书；但是由于本著作的性质的关系，这里对这些法律是瞰视多而论述少。

封建法律是一幅优美的图景。一棵古老的橡树巍然耸立[①]；远看簇叶荫翳；侧近就看到干茎；但是看不见根柢；要挖掘土地才能找到它们[33]。

第二节 封建法律的资料

征服罗马帝国的民族是从日耳曼出来的。虽然记述他们的风俗的著者并不多，但是其中却有两个极重要的人。恺撒和日耳曼人作战，记载了日耳曼人的风俗[②]；他的一些方略就是根据这些风俗拟定的[③]。关于这个问题，恺撒的几页就有好几卷的分量。

塔西佗写了一部专书，论日耳曼人的风俗。这部书并不长，但它是出自塔西佗的手笔！塔西佗所写的一切都精简扼要，因为一切都在他洞鉴之中。

这两个著者所记述的东西和我们所据有的这些野蛮民族的法典，极相吻合，所以当我们读恺撒和塔西佗的著作的时候，处处都看到这些法典，当我们读这些法典的时候，处处都看到恺撒和塔西佗。

在研究封建法律时时，我虽然仿若置身阴暗朦胧的迷宫里，到处都是纷杂的道路和羊肠曲径，但我却相信我抓住了研究的线索，是能够向前挺进的。

[①] 古树蔽日参天，它的景象仿佛就像这首诗所描写的：
"……从头顶到太空有多高，从脚跟到地狱就有多深。"*
* 这里所引的诗句是出自公元前一世纪拉丁诗人维奇利乌斯的作品。——译者
[②] 恺撒：《高卢战争》第4卷。
[③] 例如他从阿尔曼（即从日耳曼）撤出。同上书。

第三节　封臣制度的起源

恺撒说："日耳曼人不务农耕；大多数人以奶子、干酪和肉过生活；没有人有土地，更没有属于自己的土地界限；各民族的君主和官吏随意把某一地方的某一块土地划给私人。并强制他在第二年迁移到别的地方去。"[1] 塔西佗说："每一个君主有一群人拱卫、随从"[2]。这位著者用他自己的语言，给这些人一个名称，即所谓"侍从"[3]。这个名称和他们的地位是有关系的。他们彼此之间存在着一种奇怪的争胜心，要在君主身旁，超类拔萃；君主们彼此之间也存在着同样奇怪的争胜心，要使自己侍从的数目和勇敢超过别人。塔西佗又说："经常有一群精选的年轻人拱卫着，就是尊严，就是权力；他们是太平时期的装饰，是战争时期的堡垒。如果一个君主的侍从的数目和勇敢超过其他君主，这就将使他在国内和在邻近民族间声名卓著；他将收到礼品；各地将遣使来朝。声名常常决定战争的命运。在战争中，君主的勇敢不如人，是可耻的；侍从如果没有君主这种品德，也是可耻的；在君主死后而仍然活着的话，是永世的羞耻。最神圣的义务就是保卫君主。如果城市太平无事，君主们就到那些有战事的城市去；他们就这样保持许多朋友[4]。这些朋友从他们得到战马和可怕的标枪。他们享受到味素并不佳美但却丰盛的餐膳。君主们单凭战争和劫掠来维持他们的广施博给。你劝他向敌人挑战、经受危险，要比劝他们耕种土地、

---

[1] 《高卢战争》第4卷第21章。塔西佗又说："他们没有定居、田园或任何方式的栽种；就像都受到爱和美的女神维纳斯的抚育似的。"见《日耳曼人的风俗》第31章。
[2] 《日耳曼人的风俗》第13章。
[3] 拉丁原文作 comites。
[4] 这句，甲本作"他们单凭武力和战争来保持许多朋友"。

等候岁时的收成[34]容易些。他们对能够用鲜血获得的东西，就不愿用汗珠去换取。"①

因此，在日耳曼人之间，是只有封臣而没有采地的。什么采地也没有，因为没有土地可给。要是说采地，毋宁说就是些战马、武器和餐膳。当时是有封臣的，因为是有些忠心的人，受到誓言的约束，有义务打仗；他们所负的役务和后来对采地所负的役务差不多一样。

第四节 续前

恺撒说："当这些君主中有一人向议会宣布，他已经拟定某一征讨计划，并要求人们跟从他的时候，赞成这个首长和计划的人就起立，表示要为他效劳。他们就受到群众的赞扬。但是如果他们没有履行他们的约言，他们就失掉公众的信任，人们就把他们当做逃兵和叛徒看待。"②

恺撒在这里所说的和我们在前一节依据塔西佗的记载所作的叙述，就是黎明时期（第一朝代）的历史的根源。

当我们看到底下的情况的时候，我们不应当感到奇怪。国王们每一次征讨都要组织一些新军队，激励一些新士兵，雇佣一些新的人员；他们必须大肆挥霍，然后大肆攫取；他们通过土地和掠夺物的分配而不断得到东西，又不断把这些土地和掠夺物分给别人；他们的辖地不断地扩大，又不断地缩小；如果一个父亲把一个王国给予一个儿子，

---

① 《日耳曼人的风俗》第 13—14 章。
② 《高卢战争》第 6 卷第 22 章。

就要同时给予他一个宝库[①]；人们认为国王的宝库是君主国必不可缺的东西；一个国王如果没有得到其他国王的同意，不得把宝库的一部分给予外国人，甚至作为他女儿的嫁妆也是如此[②]。君主国是靠着一些发条走动的；这些法条需要时常上紧。

第五节　法兰克人的征服地

如果说，法兰克人一进入高卢，就占据这个国家的一切土地，把它们变成采地，那是不正确的。有些人[35]是这样想的，因为他们看到将近第二时期（第二朝代）末期，差不多所有的土地都已成为采地、附属采地，或成为彼此间的附庸地；但是这个情况有它特殊的原因，我们在后面将加以说明。

人们从上述基本看法所做出的推论，和这个基本看法本身，是同样不正确的。这个推论是，野蛮人曾制定一条一般性的法规，在各处建立起耕种的奴役制度。在采地并未确定的时期，如果王国的一切土地都是采地或采地的附庸地，而王国内的人们都是封臣或附属于他们的农奴的话，由于有财产的人通常也就是有权力的人，国王既不断地处分采地，也就是说处分当时唯一的财产，那么国王就拥有一种和土耳其的皇帝一样的专制权力了。但这却是违背一切历史的。

[①]　参看《达果柏传》。
[②]　参看格列高里·德·都尔：《法兰克史》第6卷关于查尔柏立克的女儿结婚的记述。柴尔德柏派遣一些钦差去告诉他，不要把他父亲的王国的城市、宝物、农奴、马、马夫、牛车等等，给他的女儿。

第六节　哥特人、勃艮第人和法兰克人

日耳曼诸民族侵略了高卢。西哥特人占领了纳尔波内兹和几乎整个南方；勃艮第人定居在东部；法兰克人征服了几乎所余的一切地区。

毫无疑问，这些野蛮人在他们的征服地里仍然保留着他们本国原有的风俗、嗜好和习惯，因为一个民族不能立刻就改变他们的思想和行动的方式。这些民族在日耳曼很少从事耕种。从塔西佗和恺撒的著作，可以看出他们主要过着畜牧的生活。所以这些野蛮人的法典的所有条文差不多都环绕着牲畜的问题。在法兰克人的地方撰写历史的罗利更[36]，就是牧人。

第七节　分割土地的不同方式

在哥特人和勃艮第人用种种借口，侵入了帝国的内地之后，罗马人为了停止他们的劫掠，不得不供给他们的生活。首先，罗马人给他们小麦[①][②]；但后来却愿意给他们土地了。

罗马皇帝或代表皇帝的官吏和他们订定一些分割国家土地的专约[③]。这在西哥特人[④]和勃艮第人[⑤]的编年史和法典里可以看到。

[①]　参看佐济穆斯。《历史》第5卷关于分配阿拉立克所要求的小麦的记述。
[②]　这里甲本的注说"一些条约强制罗马人这样做（孟德斯鸠）"。
[③]　"勃艮第人占据了高卢的一部分地区，又和高卢的元老们分割土地。"见马利乌斯：《编年史》456年条下。
[④]　《西哥特法》第10卷第1篇第8、9、16节。
[⑤]　《勃艮第法》第54章第1—2节；这种分割在柔懦路易时代仍然存在。这在他829年的敕令里可以看到；这项敕令被放进《勃艮第法》第79篇第1节里。

法兰克人并不推行同样的计划。所以我们在《撒利克法》和莱茵河畔法兰克部族的法律里看不到这种土地分割的任何痕迹。他们征服了那些地方之后，就随意把所要的东西拿走；除了为自己之间的关系而外，并不制定其他法规。

因此，我们应当把（1）勃艮第人、西哥特人在高卢的做法、这些西哥特人在西班牙的做法、奥古斯杜路斯和欧都阿塞麾下的救援军在意大利的做法[①]同（2）法兰克人在高卢的做法、汪达尔人在非洲的做法[②]区别开来。前一些人和原有居民订立一些专约，结局和他们分割了土地；后一些人对这一切事情就全都没有做。

第八节　续前

人们为什么会有野蛮人曾经大量抢夺了罗马人土地的看法？这是因为人们在西哥特人和勃艮第人的法律里发现这两个民族占有了三分之二的土地。但是他们仅仅是在指定地区里取得三分之二的土地。

贡德鲍在《勃艮第法》里说，在他的居留地里，他的人民接受了三分之二的土地[③]；该法补篇第2号又说，以后再到国内来的人则只得到一半土地[④]。所以并不是一开头所有的土地都由罗马人和勃艮第人分割了。

在这两种法规的条文中，我们看到了相同的词句。因此，这些词

[①] 普罗哥比乌斯：《哥特战役》。
[②] 普罗哥比乌斯：《汪达尔人战役》。
[③] "当时许可我们居留地内的人民接受三分之二的土地……"见《勃艮第法》第54篇第1节。
[④] "后来的勃艮第人，按现在的需要，不得取得一半以上的土地。"见同上书，补篇第2号第2条。

句可以互相阐释。第二种法规既然不得了解为所有土地的普遍分割，那么对第一种法规也不得认为具有这种意义。

法兰克人的行动，和勃艮第人是同样温和适中的。他们并没有在他们的征服地的整个范围内对罗马人进行劫掠。他们要这么些土地做什么呢？他们仅仅把对他们合适的土地拿走，其余的就留下了。

第九节　《勃艮第法》和《西哥特法》关于土地分配条款的实施是恰当合理的

应当了解，这些土地的分配并不是依专制横暴的精神行事；而是以满足两个要一同居住在一个国家里的民族彼此间的需要的思想为根据的。

勃艮第人的法律规定，每一个勃艮第人在一个罗马人的地方应被作为客人款待。这和日耳曼人的风俗适相符合。据塔西佗说，日耳曼人是世界上最喜欢殷勤招待客人的民族[①37]。

这项法律规定，勃艮第人取得三分之二的土地和三分之一的农奴。这项法律符合两民族的特征，又适应它们谋生的方式。勃艮第人牧养牲畜，所以需要多量土地，少量农奴。耕种土地要付出巨大劳动，所以罗马人需要较少土地，较多农奴。森林就平分，因为在这方面双方的需要是相同的。

在勃艮第人的法典里，我们看到每一个罗马人的地方就放一个野蛮人[②]。可见土地的分配并不是普遍性的。不过分出土地的罗马人的

---

① 《日耳曼人的风俗》第 21 章。
② 西哥特人的法典也是如此。

数目和接受土地的勃艮第人的数目是相等的。罗马人受到了最微小的损害[38]。勃艮第人是战士、猎人和牧者，对接受荒芜的土地是满不在乎的；罗马人则保有最适宜于耕种的土地；勃艮第人的畜群肥沃了罗马人的田园。

第十节　奴役

勃艮第人的法律说，当他们定居在高卢的时候，他们接受了三分之二的土地和三分之一的农奴[①]。可见在高卢的这个地区，在勃艮第人进入以前，就已经建立了耕种的奴役制度[②]。

勃艮第人的法律，在规定有关两民族的事情上，对两民族正式地做出了贵族、自由民和农奴的区分[③]。可见奴役并不是罗马人特有的事，自由和贵族制度也不是野蛮人特有的事。

同法又说，如果一个脱离奴籍的勃艮第人没有给他的主人一笔钱，也没有从一个罗马人接受第三份财产的话，他就经常被看做是他的主人的家庭的人[④]。所以罗马的业主是自由的，因为他不属于他人的家庭；他是自由的，因为他的第三份财产就是自由的标记。

只要翻开《撒利克法》和《莱茵河畔法兰克部族法》，就可以看到，法兰克人所给予罗马人生活上的奴役并不多于其他高卢的征服者。

---

① 《勃艮第法》第54篇。
② 这从这个法典的整个标题《农人——经户口登记的财户和屯垦者*》去看，也可以证明。
* "屯垦者"主要是农奴。——译者
③ 《勃艮第法》第26篇第1节有"如果打掉勃艮第贵族或罗马贵族的牙齿……"句。又同书第2节有"如果是平常的自由民，不论他是勃艮第人或罗马人……"句。
④ 《勃艮第法》第57篇。

德·布兰维利埃伯爵[39]的理论中最重要的地方是错误了；他没有证明法兰克人曾经制定一条一般性的规则，把罗马人置于某种奴役之下。

他的书的写法缺乏艺术；他是古贵族的后裔，他在书里就用古贵族的那种质朴、直爽和天真来发言，所以谁都能够辨别他所说的美好东西和他所犯的错误。因此，我不要加以检查。我只要指出，他的兴致多于领悟，领悟多于知识。不过他的知识还是不可轻视的，因为他对我们的历史和法律的大事是很知道的。

德·布兰维利埃和杜波神父各有一套理论；一个就像对"第三等级"（平民）的咒诅；另一个就像对贵族的咒诅。当太阳让费顿驾驶他的车的时候，曾吩咐费顿说："如果你上得太高的话，你将要烧掉天宫；如果你下得太低的话，你将要把大地化为灰烬。不要走得太靠右，以免掉进巨蛇星座；不要走得太靠左，以免走进祭坛星座[①]。要让你自己老是在二者之间。"[40]

第十一节　续前

人们为什么认为在征服时期曾经制定了[建立耕种奴役制度的]一般性法规呢？这是因为人们看到法国在第三时期（第三朝代）的初年有无数种类的奴役存在。由于人们没有看到，这些奴役是在不断往前发展的，所以人们就对一个晦暗的时代想象出一条一般性的法律来。这条法律是从来没有存在过的。

---

① 即"阿拉"（Ara）星座。——译者

在黎明时期（第一朝代）的开头，不论在法兰克人或是在罗马人之间，人们看到无数自由的人；但是由于农奴的人数与日俱增，所以到了第三时期（第三朝代）的初年，所有的农民和几乎所有的城市居民都成为农奴了①。在第一时期的开头，城市的行政几乎和罗马人一样，有市民的团体，有一个元老院和一些法院②，但是在第三时期的开始，人们则几乎只能看到一个领主和一些农奴了。

当法兰克人、勃艮第人、哥特人进行侵略的时候，他们尽军队所能运载的力量，劫掠黄金、白银、家具、衣服、男人、女人、孩子；一切都放到一起，由军队分有③。全部历史都可以证明，在第一次定居之后，也就是说，在第一次劫掠之后，他们和居民取得了和解，留给居民一切政治的和民事的权利。在战争时，一切都抢走，在和平时，一切都给予；这就是当时的国际法。不然的话，我们怎能够在《撒利克法》和《勃艮第法》里看到那么多和人类的一般性奴役相矛盾的条款呢？

但是，征服战争所没有做的事情④，是由征服战争后仍然存在的同一国际法做出来的⑤。反抗、叛乱、城市的占领，这些事情都带来对居民的奴役。除了不同的征服民族间的战争而外，法兰克人之间还有一种特殊的事情，就是这个君主国的许多分领区不断产生兄弟或侄甥间的内战；在这些战争里，这条国际法规是经常被适用的；因此奴

---

① 当罗马人统治高卢的时候，他们组织了特殊的团体；这些人通常都是脱离奴籍的人或是他们的后裔。
② 甲乙本没有"有一个元老院和一些法院"句。
③ 格列高里·德·都尔：《法兰克史》第2卷第27章；《艾满著作集》第1卷第12章。
④ 指奴役。——译者
⑤ 参看后面所引的《列圣传》。

役在法国就变得比其他国家更为普遍了。我认为，这就是关于领主的权利问题，我们法国的法律和意大利、西班牙的法律所以不同的原因之一。

征服战争很快就过去了；但是人们适用于征服战争的国际法规却产生了某些奴役。同一国际法规经过了几个世纪的适用，就使这些奴役有了惊人的发展。

梯欧多立克认为奥维尔茵的人民对他不忠心，就对他的分领区的法兰克人说："跟从我我将领导你们到一个地方，那里你们将得到黄金、白银、俘虏、衣服、无数的牲畜；你们将把那里的人全都迁移到你们的地方来。"①

在贡特兰②和查尔柏立克媾和后，围攻布尔治的人接到命令撤回，他们大肆房掠，所以当地的人和牲畜几乎一无余存③。

意大利王梯欧多立克④的志气和政策，是要老是在许多野蛮君王中高人一筹。他派遣军队到高卢去的时候，写信给他的将军说："我要人们遵守罗马法，要你把逃走的奴隶归还给他们的主人；自由的防卫者不应当赞成他们放弃对奴役的义务。让别的君王们为抢劫和毁灭他们所占据的城市而高兴吧！但我们要我们的胜利的方式使臣服我们的子民抱怨他们向我们归顺得太晚了"⑤。显然，他要人们厌恶法兰克和勃艮第的君王们，又指出这些君王所奉行的是怎样的国际法规。

这种国际法在第二时期（第二朝代）仍然存在。《麦次史记》一

---

① 格列高里·德·都尔：《法兰克史》第3卷第11章。
② 贡特兰 Gontran，最初一版作 Goutram。
③ 格列高里·德·都尔：《法兰克史》第6卷第31章。
④ 甲乙本没有这段和下段。
⑤ 加西奥都露斯：《东哥特史》第3卷第43封信。

书中说，柏彬的军队进入阿规丹后，重返法国，带回无数的劫掠物和农奴①。

我可以引证无数的权威著作②。这些不幸的灾难激起了大家的慈悲心；有一些神圣的主教，看到俘虏们被一对一对地捆缚在一起，就用教堂的钱，甚至售卖教堂的圣器，来尽量赎买这些人；又有一些圣僧为这事鞠躬尽瘁；所以从这些圣人的传记可以得到关于这事件最清楚的说明③。虽然人们可能责难这些传记的著者们有时对于某些事有点过于轻信，认为这些事既然属于上帝计划的范围，上帝一定曾经做了这些事；但是从这些传记，我们却可以极明白地看到当代的风俗和习惯。

我们只要一看我们的历史和法律的著作，就会发现它们真是浩如烟海，甚至是茫无边际的海洋④。所有这些冷冰冰的、干燥的、无味的、困难的著作，全都要读⑤；要把它们吞下去，像寓言里所说的土星把石头吞下去一样。

自由民所利用的无数土地⑥变成了不可让与的"永远管业"。当一个国家剥夺了自由的居民的时候，那些有许多农奴的人们就攫取或强迫人们让与给他们大块的土地，并在那里建立起村庄，就像我们在

---

① 763年条下。"全军回到了法兰西，他们由于无数的劫掠物和农奴而致富。"
② 甲本注："参看佛烈德加利乌斯：《编年史》600年条及其续篇741年条；《富尔德史记》739年条；保罗·狄阿可尔：《朗哥巴尔多人事迹》第3卷第30章，第4卷第1章；及下注所引《列圣传》。"
③ 参看圣埃比反、圣爱柏达第乌斯、圣西塞尔、圣非多尔、圣鲍尔先、圣特烈维利乌斯、圣欧西基乌斯、圣雷哲等人的传记；和圣茹利安的奇迹。
④ 好像奥维得的《变形记》第1卷第293节诗所述："……烟波茫茫，没有靠岸之地。"
⑤ 甲乙本没有"全都要读"句。
⑥ 甚至"屯垦者"也不全都是农奴。参看《法典》《农人——户口登记财户和屯垦者》篇内第18和23两项法律和同篇第90项法律。

各种《条例》里所看到的一样。在另一方面,那些从事各种手艺的人[41]发现操手艺也受到一种奴役。于是奴役就把技艺和农耕所被剥夺的东西归还给它们①。

当时有一个流行的做法,就是土地的所有主把土地给予教会,自己则缴纳贡金以保有该土地。土地所有主相信,这样用自己的奴役就可以分沾教会的尊严神圣。

第十二节　野蛮人分领区的土地不缴纳赋税

简朴、贫穷、自由、好战、畜牧的民族不是靠技艺而生活;他们和他们的土地的关系只是在上面盖些草棚而已②。他们跟随他们的首领,为的是获取掳掠物,并不是为着缴纳或征收租税。后来,人们才发明了征税的艺术,这时人们已享受了其他艺术的福泽。

一亩地征收临时税:酒一瓮③。这是查尔柏立克和佛烈德贡德的勒索的一种;它仅仅适用于罗马人。诚然,撕毁这些赋税的花名册的并不是法兰克人,而是僧侣们。当时的僧侣们全都是罗马人④。这种赋税主要折磨了城市的居民⑤,而居住城市的几乎都是罗马人。

格列高里说,在查尔柏立克死后,有一个法官不得不逃进一所教堂避难,因为在这位君主当朝的时候,这位法官曾经使一些法兰克人

---

① 这句话指的是,奴役又再给技艺和农耕创造发展的条件。——译者
② 参看格列高里·德·都尔:《法兰克史》第2卷。
③ 同上书,第5卷第28章。
④ 这在格列高里·德·都尔的整本《法兰克史》中都可以看见。这位格列高里问一个名叫瓦尔非利阿库斯的人,到底他怎样成了僧侣,因为他是伦巴底血统。同书第8卷第36章。
⑤ "这个条例适用于高卢最先建立的一切城市。"《圣阿里底乌斯传》。

缴纳这种赋税；这些法兰克人在柴尔德柏时是自由民①。格列高里著作的拉丁原文说："他使许多法兰克人缴纳公共赋税；这些法兰克人在柴尔德柏国王时代是自由民（ingenui）。"可见非农奴的法兰克人是不缴纳赋税的。

没有文法学者看到杜波神父对这段拉丁文的解释②而不感到惊愕的。他说，在当时，"脱离奴籍的人"（les affranchis）也叫做"自由民"（les ingénus）。因此，他就用 affranchis de tributs（脱离或免除赋税的人）这些字来解释这个拉丁字 ingenui（自由民）。这些字的用法在法文是可以的，例如我们说 affranchis de soins（免除看护）、affranchis de peines（免除刑罚）；但是在拉丁文，ingenui a tributis（不纳税的自由民）、libertinia tributis（不纳税的被释放的奴隶）、manumissi tributorum（纳税的被释放的奴隶）这些术语却是怪异不通的。

格列高里·德·都尔说，帕提尼乌斯认为他将被法兰克人处死，因为他曾强制他们纳税③。由于这段记载无法解释，所以杜波神父就冷静地对疑问的东西进行臆断。他说，这里所谓"纳税"指的是一种"苛税"④。

在西哥特人的法律里，我们看到，如果一个野蛮人占有了一个罗马人的土地，法官就强迫这个野蛮人把土地出卖 [误! 应作"归还"

---

① 《法兰克史》第 7 卷。
② 杜波：《法兰西君主国在高卢的建立》* 第 3 册第 14 章第 515 页。
* 孟德斯鸠所引杜波著作的题名，前后很不一致。这里根据下面本文所引书名，一律译为：杜波：《法兰西君主国在高卢的建立》。——译者
③ 《法兰克史》第 3 卷第 514 页。
④ 甲乙本没有这段和下段。

132

原主]①，这样，该土地就可以继续纳税②。可见当时野蛮人是不纳土地税的③。

杜波神父④需要的论据是西哥特人缴纳租税⑤，所以他违反了法律的文字和精神所体现的意义，而根据想象——单纯地根据想象，说从哥特人定居到这项法律制定的期间，曾经增加过赋税，而这种赋税的增加仅仅适用于罗马人。但是人们不能许可阿尔顿神父对事实施用专断的权力⁴²。

---

① 我认为，原文"出卖"（vendre）一词肯定是错误的，因为注里引证的《西哥特法》拉丁原文说的是"归还"（restituant）——这也较为合理。法文"出卖"（vendre）和"归还"（rendre）只差一个字母，所以无可怀疑，孟德斯鸠法文原文是把"归还"错印为"出卖"了。

我查了1949年纽约重印的多马·努根特（Thomas Nugent）的孟德斯鸠著作的英译本，即美国资产阶级学界所宣传的所谓"标准译本"（the standard translation）；它在第2册第182页也照法文原文译为"出卖"（sell）；可见该书译者在翻译时并没有注意他在注里照抄的拉丁文说的是什么。

努根特的译本存在不少问题。严重的是把意思译得和原文正相反。例如第2册第70页把原文所说智灵存在物并不老是遵从自然法，译成老是遵从自然法之类。其次如在同册110页把"勃艮第法"译成"勃艮第王"，因为二者在法文只差一个字母；第1册第401页把希里希亚（Cilicie）（在小亚细亚）译成西西里（Sieily）（在意大利）；第2册第152页把"非成文习惯"译成"成文习惯"；这类马马虎虎或"鲁鱼亥豕"的错误是很多的。我又粗略地检查一下该译本第2册里一百多页的译文，发现了长长短短的句子被漏掉没有译的将近二十处。岂不惊人？可见这个"标准译本"是相当粗枝大叶的。——译者

② "法官和行政长官就把罗马人的土地从占有者的手中夺回来，一分不差地、毫不拖延地，归还给罗马人，使国家税收不受任何损失。"《西哥特法》第10卷第1篇第14章。

③ 汪达尔人在非洲也不缴纳土地税。普罗哥比乌斯：《汪达尔人战役》第1—2卷；《杂史》第16卷106页。应该注意，非洲的征服者是汪达尔人、阿兰人和法兰克人混合起来的。《杂史》第14卷第94页。

④ 《法兰西君主国在高卢的建立》第3卷第14章第510页。

⑤ 他以另一条西哥特人的法律为根据（《西哥特法》第10卷第1篇第11条），但是它绝对不能证明任何东西。它只说凡是以缴纳贡金为条件从领主接受土地时，就应缴纳该贡金。

杜波神父①②又在查士丁尼的法典③里寻找了一番，为的是要证明罗马人的军事权益需要缴纳赋税，并由此得出结论说，法兰克人的采地和权益同样也要纳税。但是，认为我们的采地是渊源自罗马人这种法制的意见，今天已经是站不住了。这个意见仅仅是在人们对罗马的历史十分熟悉，对我们自己的历史十分生疏的时代，在我们古代的著作还埋在尘土里的时代，才有人相信。

杜波神父引证加西奥都露斯的著作，并把意大利和梯欧多立克统辖下的那部分高卢地区所发生的事情用来向我们说明法兰克人的习惯；这是错误的。这是一些不应当相混淆的事情。有一天，我将用一本专著来证明，东哥特人的君主国的计划和当时其他野蛮民族所建立的一切君主国的计划，是完全不同的；来证明，说"这一件事情在东哥特人是如此，所以在法兰克人也是如此"，是如何的荒谬；反之，我们恰恰有理由可以认为，东哥特人实行的事情法兰克人并不实行。

对那些精神浮荡在广博的学问里的人们，最困难的事却是在那里寻觅一些"不是文不对题的"证据，并且——用天文家的话来说，找到"太阳的位置"。

杜波神父也滥用帝王的敕令，好像他滥用历史④、滥用各野蛮民族的法律一样。当他想说法兰克人曾缴纳赋税的时候，他就把应当解释为有关农奴的东西适用到自由人身上去⑤；当他想谈他们的民兵的

---

① 最后一版增添了这段和下面两段。
② 《法兰西君主国在高卢的建立》第3册第511页。
③ 第11卷第74篇《法律》3。
④ 甲乙本作"滥用史家们的著作"。
⑤ 《法兰西君主国在高卢的建立》第3册第14章第513页；这里引《毕斯特敕令》第28条。参看本书本章第18节。

时候，他就把仅仅关系自由人的东西适用到农奴身上去①。

第十三节　在法兰克人的君主国里罗马人和高卢人的赋税

我本来可以讨论一下，到底被征服了的罗马人和高卢人是否继续缴纳皇帝时代所负担的赋税。但是为着节省篇幅，我想只要指出一点就够了。这就是，即使他们在开头缴纳这些赋税的话，不久这些赋税也就被免除而变成兵役；我承认，我几乎没法子想象，为什么法兰克人在起初对赋税要那样亲热，而突然变得那样疏远。

柔懦路易有一道敕令②极清楚地说明了在法兰克人的君主国里自由人所处的地位。有一些哥特人或是伊柏立亚人的团队③脱离了牟尔人的压迫，而在路易的领土内被收留了下来。同他们缔结的专约规定：他们，作为自由人，将随从他们的伯爵，参加军队；在进军的时候；他们将奉该伯爵的命令进行守卫和巡逻④；他们将为国王的钦差和从朝廷来或到朝廷去的使节准备车马运送⑤；除此之外，他们不得被迫负担其他贡役；他们受到和其他自由人同样的待遇。

我们不能说，这些是第二时期（第二朝代）初年建立的新习惯；这些应当是黎明时期（第一朝代）的中叶或末年的东西。864年的一道敕令明白地说，自由人服兵役和贡纳上述车马，是一种古代的习

---

① 《法兰西君主国在高卢的建立》第3册第4章第298页。
② 815年《敕令》第1章。这和秃头查理844年的《敕令》第1—2款相符合。
③ "即定居在阿规丹、赛提曼尼和普洛温斯的西班牙人。"上引柔懦路易《敕令》。
④ "他们把守卫和巡逻的兵叫做'瓦克达'（wactas）。"同《敕令》。
⑤ 他们对伯爵没有这种义务。815年《敕令》第5款。

惯①。我在下面将证明，这些贡役是他们特有的义务，而领有采地的人们则免负这些义务。

不仅如此，还有一条规则，使自由人几乎不用纳租税②。凡是有四所田宅③的人就都有义务服兵役。只有三所田宅的人就和只有一所田宅的人联合起来［这样就成为四所，负有一个人的兵役义务］，前者去服兵役，后者则为前者负担四分之一的租税，而待在家里。同样，有两所田宅的人就和另一个有两所田宅的人联合起来［这样也就成为四所，负有一个人的兵役义务］，其中一人去服兵役，另一人为他负担二分之一的租税，而待在家里。

此外，我们又看到无数条例把采地的特权给予自由人所领有的某些土地或管区；这点我在后面将详加论述④。这些土地无须缴纳伯爵和国王的其他官吏所征收的一切租税。条例里既然特别举出所有这些租税，又没有提到其他贡赋，可见这些土地是不征收贡赋的。

罗马式的征税在法当克人的君主国里被废除是理所当然的。罗马式的征税是极端复杂的一种艺术；它进不了这些简单的民族的脑子里和计划里去。如果鞑靼人今天侵扰欧洲的话，要使他们了解我们的总税务司⁴³是什么一回事，将是非常费事的。

---

① "……以便使有了马驮子的法兰克骑士带着自己的卫队向敌人进攻。"又禁止伯爵们剥夺自由人的马匹；"以便使他们（自由人）能够战胜敌人，并能够按照古代习惯贡纳所应贡纳的驿马。"《毕斯特敕令》，载巴路兹辑《敕令会纂》第186页。
② 812年《查理曼敕令》第1章；864年《毕斯特敕令》第27款。
③ "四所田宅"拉丁原文作 Quatuor mansos。我想象，所谓 mansus* 是和农场结连在一起的一块土地，里面有奴隶。853年反对驱逐奴隶出 mansus 这一敕令（该年由希尔瓦克颁发的《敕令》第14篇），可资证明。
*　拉丁文，mansus 是 mansos 的单数式——译者
④ 参看本章第20节。

《柔懦路易传》的匿名著者在谈到查理曼在阿规丹设立的伯爵和其他法兰克国家官吏时说,他把防卫边境的工作、军事权力和管理国王辖地的责任交给他们[1]。这就说明第二时期(第二朝代)君主的征税的情况。君主据有辖地,由他的奴隶开垦耕作。但是十五年一征的特别税、人头税和皇帝时代对自由人的人身和财产所征收的其他赋税,则已经变成了防卫边境或参加战争的义务了。

这本历史书又记载:柔懦路易在日耳曼访问了他的父亲[2]。这位君主问路易说,他是国王为什么会那样贫穷。路易答说,他只是名义上的国王,领主们把他所有的辖地差不多全都占据了。查理曼恐怕这位年轻的君主自己去索回由于他轻率没脑筋而赐给了人们的东西,将会因此失掉人们的爱戴,所以查理曼派遣一些委员去恢复原有的状态[3]。

主教们写信给秃头查理的兄弟路易说:"看管你的土地,以免被迫不断旅行于僧侣们的宅第之间,使他们的农奴因为车子而劳累。"[4]他们又说:"应当采取措施,使你有足够的生活费,并能够迎接使节。"可见当时国王的收入都是从辖地来的[5]。

第十四节 所谓"贡赋"

野蛮人离开了本国之后,就想把他们的习惯用文字写出来;但是由于不容易用罗马的字母去写日耳曼的词句,所以他们就把这些法律

---

[1] 载杜深:《汇选》第 2 卷第 287 页。
[2] 同书第 89 页。
[3] 甲乙本没有这段。
[4] 参看 858 年《敕令》第 14 款。
[5] 他们对河流也征收某些税,如果有座桥或航渡的话。

用拉丁文写了。

在征服战争及其进展时的混乱中,大多数事物的性质都发生了变化。要表现这些事物,就不能不利用和新习惯关系最近似的拉丁文字。因此,人们就把能够唤起古罗马人的"贡赋"(oens)的东西也叫做"贡赋"(census tributum)[①]。至于和罗马找不到任何关联的东西,人们就用罗马的字母来写日耳曼的词句。因此就制造了"安全税金"(fredum)这个名词。我在下面几节里将详谈这种税金。

因此,"赋"和"贡"这些字的用法是武断的,这就使黎明时期(第一朝代)和第二时期(第二朝代)的这些字的含义有晦暗不明的地方;而近代创立特殊论说的著者[②]在当时的著作里看到"贡赋"这个名词,就认为当时的所谓"贡赋"的的确确是罗马人的"贡赋"。他们得到的结论是,我们的黎明时期(第一朝代)和第二时期(第二朝代)的君王们就代替了罗马的皇帝们的地位,并在施政上没有作任何改变[③]。第二时期所征收的某些税捐,由于某些偶然事件和某些修正[④],而被改为他种赋税。这些著者便得出结论,说这些赋税就是罗马人的"贡赋"。又自从近代的法规颁行而后,他们看到国王的统辖权是绝对不得让与的,他们便说,这些赋税,既然就是罗马人的"贡赋",但又不是国王统辖权的一个组成部分;那么它们的征收必然纯粹是对

[①] 这里所谓"贡赋"是极具概括性的一个名词,所以人们也用它来指河流上座桥或渡船的通行税。参看803年《敕令Ⅲ》第1款,载巴路兹辑《敕令会纂》第395页;和819年《敕令Ⅴ》载同书第616页。人们对865年《秃头查理敕令》第8款所说的自由人向国王或他的钦差提供的运送车子,也用这个名称。

[②] 杜波神父和他的追随者们。

[③] 参看杜波神父:《法兰西君主国在高卢的建立》第3册第6卷第14章所提出的软弱的理由;尤其是他从格列高里·德·都尔关于他的教堂和查理柏王的纠纷的一段记载所归纳出的结论。

[④] 例如由于奴隶的释放。

主权的篡夺。他们的其他推论，我就略而不论了。

把一切当代的观念用到辽远的古代去，这是产生无穷错误的根源。对这些愿意把所有古代都近代化的人们，我就引埃及的僧人们对梭伦所说的话："呵，雅典人，你们只是一些小孩子！"[44]

第十五节 只向农奴而不向自由人征收"贡赋"

国王、僧侣们、领主们各向其辖地内的农奴征收所规定的赋税。关于国王，我可以提出由维利思颁发的敕令；关于僧侣，我可以提出野蛮人的各种法典[①]；关于领主，我可以提出查理曼所制定的有关法规[②]，作为证据。

这些赋税就叫做"贡赋"。它们是一种经济税，而不是财政税；是纯粹私征的贡金，而不是公有的赋税。

我说，所谓"贡赋"是向农奴征收的赋税。我可以提出马尔库尔富斯的一条"法式"作为证据。它说，国王准许，凡是自由人又在"贡赋"名册内没有记名的，就可以修道为僧[③]。我还可以提出查理曼发给一个伯爵的一道敕令，作为证据[④]。查理曼派遣这位伯爵到萨克森去。敕令说，要释放萨克森人，因为他们已经信奉了基督教；它恰恰

[①] 在《阿尔曼法》第22章和《巴威利亚法》第1篇第4章里面，人们可以看到僧侣们为他们的团体所制定的规则。
[②] 《敕令》第5卷第303章。
[③] "如果他是自由人又在贡赋名册内没有记名的话。"马尔库尔富斯：《法式书》第1卷第19条。
[④] 789年《敕令》，载巴路兹辑《敕令会纂》第1册第250页。

是一篇"自由宪章"①。这位君主恢复了他们原有的国民自由，并免除他们缴纳"贡赋"②。可见，当农奴同时就要纳"贡赋"，自由人就不纳"贡赋"。

这位君主也曾发给被收留在法兰西君主国内的西班牙人一种敕令③之类，禁止伯爵们向他们征收任何"贡赋"和剥夺他们的土地。我们知道，外国人到法国去是受到农奴的待遇的，而查理曼却要人们把他们当作自由人看待，因为他要他们有土地所有权，又禁止人们向他们征收"贡赋"。

秃头查理也曾颁发过一道优待这些西班牙人的敕令④，规定给予他们与其他法兰克人相同的待遇，并禁止人们向他们征收"贡赋"。可见自由人是不缴纳"贡赋"的。

《毕斯特敕令》第30款革除了当时的一种流弊，就是有国王或教会的一些"屯垦者"⑤把他们田宅的附属地卖给僧侣或和他们同等身份的人，只留给自己一所小草棚，这样就避免缴纳"贡赋"了。这道敕令要人们恢复原有状态。可见"贡赋"是奴隶们的一种赋税。

从这里又可看到，当时在法兰西君主国内并没有一般性的"贡赋"。这从许多文献去看，也是很清楚的。有一道敕令⑥说："在过去合法征收属于国王的贡赋的一切地区⑦，我们规定要征收这种贡赋。"它

---

① "为了使这张自由的证书巩固而耐久。"同《敕令》。
② "恢复他们从前的自由，并免除所应缴纳给我们的一切贡赋。"789年《敕令》。
③ 812年《处理西班牙人条例》，载巴路兹辑《敕令会纂》第1册第500页。
④ 844年《敕令》第1—2款，载巴路兹辑《敕令会纂》第2册第27页。
⑤ 注释见本章第10节第一个译者注。——译者
⑥ 805年《敕令Ⅲ》第20和22款，载安兹吉士：《敕令会纂》第3卷第15条下。这和854年秃头查理由阿狄尼亚果颁发的《敕令》第6款是相符合的。
⑦ "过去合法征收……的一切地区。"同《敕令》。

的意思不是很明白么？查理曼有一道敕令①，训令他在各行省的钦差们精确调查古时属于国王辖地的一切"贡赋"②。他的另一道敕令③处理了那些被征收"贡赋"的人们所缴纳的"贡赋"④。这些敕令的意思还不明白么？还有一道敕令⑤说，如果有人⑥取得一块纳税的土地，那里我们曾经在习惯上征收过贡赋的话。"末了，还有秃头查理的一道敕令⑦，谈到"贡赋土地"，那里的"贡赋"自古以来就属于国王⑧。这些敕令的意思还不清楚么？

应该注意的是，有些文献的记载乍一看来和我所说的正相反，但却是肯定了我的说法。我们已经在上面看到，在法兰西君主国内的自由人仅仅有义务提供某些车辆。我刚才所引的敕令就把这种车辆叫做"贡赋"⑨；但是敕令把这种"贡赋"和农奴所缴纳的"贡赋"对立了起来。

此外，《毕斯特敕令》⑩又谈到这些法兰克人应按人头、按草棚向国王缴纳"贡赋"⑪；这些法兰克人曾在饥荒的时候把自己出卖为奴隶。国王命令要赎回他们。这里因为那些依国王的敕令脱离奴籍的

---

① 812年《敕令Ⅲ》第10—11款，载巴路兹辑《敕令会纂》第1册第498页。
② "古时属于国王辖地的。"812年《敕令》第10—11款。
③ 813年《敕令Ⅲ》第6款，载巴路兹辑《敕令会纂》第1册508页。
④ "那些被征收贡赋的人们所缴纳的。"813年《敕令》第6款。
⑤ 《敕令》第4卷第37款，编入《伦巴底法》内。
⑥ 〔这里所引拉丁原文意思和正文相同，故略。——译者〕。《敕令》第4卷第37款。
⑦ 805年《敕令》第8款。
⑧ 〔这里所引拉丁原文意思和正文相同，故略。——译者〕，805年《敕令》第8款。
⑨ "法兰克人都应该向国王缴纳贡赋，或是更准确地说，缴纳驿马。"
⑩ 864年《敕令》第34款，载巴路兹辑《敕令会纂》192页。
⑪ 〔这里所引敕令的拉丁原文和正文所述意思相同，故略——译者〕。同《敕令》。

141

人①通常并没有获得完全的自由②;他们要缴纳"按人头计算的贡赋";敕令里所说的就是这种人。

因此,我们应当放弃这种看法,就是以为当时有渊源自罗马人施政制度的一种一般性的和普遍性的"贡赋";并且以为领主们的赋税也是渊源自这个一般性的和普遍性的"贡赋",而且是通过篡夺而获得的。法兰西君主国里的所谓"贡赋"和人们对这个字的错误理解,二者是有天壤之别的;它是主人对农奴所征收的一种特殊赋税。

我请求读者原谅我不得不给他们这么许多烦腻死人的引文。要不是在我面前时时要碰到杜波神父《法兰西君主国在高卢的建立》这本书的话,我就可以简略一些。没有任何东西比一个有名著者的一本坏书更能阻碍认识的进步了,因为我们在授与知识之前,要先从解除迷误着手。

第十六节 "忠臣"或封臣

我在上面已经谈到日耳曼人间有一种志愿人员,跟随他们的君主们到各种事业中去。在征服战争之后,这种习惯仍然存在。塔西佗把这种人称为"侍从"③;《撒利克法》称为"对君王誓守忠诚的人"④;马尔库尔富斯:《法式书》⑤称为"国王的忠臣"⑥;我国初期的史家称为

---

① 这一切,同《敕令》第28款很清楚地说明。它甚至对脱离奴籍的罗马人和脱离奴籍的法兰克人加以区分;由此可见,"贡赋"并不是一般性的,它值得一读。
② 这从上面所引813年查理曼的一道敕令可以看到。
③ 拉丁原文作 comites。《日耳曼人的风俗》第13章。
④ 拉丁原文作 Qui sunt in truste regis。《撒利克法》第44篇第4条。
⑤ 第1卷第18条。
⑥ 拉丁原文作 treu,阿尔曼语是"忠信"的意思;英语是 true,"忠实"的意思。

"忠臣",称为"义士"①;此后的史家称为"封臣",称为"领主"②。

在《撒利克法》和莱茵河畔法兰克部族的法律里,有无数条款是关于法兰克人的;关于这些"忠臣"就只有几条。关于"忠臣"的条款和关于其他法兰克人的条款是不一样的;这些法律里处处都有关于法兰克人财产的规定,而关于"忠臣"们的财产则没有一字谈及。这是因为"忠臣"们的财产主要是由政治法规而不是由民事法规加以规定;他们的财产[45]应该归属军队,而不是家传的财产。

不同时期和不同著者把为"忠臣""义士"们保留的财产称为"国库财产"③"恩赏""荣赏""采地"。

无疑,起初,采地是可以撤销调换的④。格列高里·德·都尔记载,人们剥夺了苏内吉西尔和伽罗曼从国库所获得的东西,仅仅把他们自己的产业,留给他们⑤。贡特兰把他的侄子柴尔德柏捧上宝座的时候,曾和侄子密议,指示他应当把采地给谁,应当剥夺谁的采地⑥。马尔库尔富斯的一条法式说,国王不但可以用属于自己的国库的恩赏,还可以用曾经属于其他财库的恩赏,进行交换⑦。在伦巴底人的法律里,恩赏和自己的产业是对立的⑧。关于这点,史家们的著述、各法式例规、

---

① "忠臣",拉丁原文作 leudes;"义士"作 fideles。
② "封臣",拉丁原文作 vassali;"领主"作 seniotes。
③ 拉丁原文作 Fiscalia。参看马尔库尔富斯:《法式书》第1卷第14条。《圣谟耳传》说:"赐给国库金。"《麦次史记》747年条下说:"赐给他侍从和许多国库金。"为维持王室生活用的财产拉丁原文叫做 regala。
④ 参看《采地论》第1卷第1篇,以及古耶斯关于该书的论述。
⑤ 《法兰克史》第9卷第38章。
⑥ "应当把封赏给谁,应当剥夺谁的封赏。"同上书,第7卷。
⑦ "人人都知道,无论是他(国王)的或是我们的财库,都有剩余的恩赏。"马尔库尔富斯《法式书》第1卷第30条。
⑧ 《伦巴底法》第3卷第8篇第3节。

143

各野蛮民族的法典，都是一致的。末了一点：《采地论》[①]这本书的著者们告诉我们，起初，领主们可以随意把恩赏撤销，其后就把它们固定为一年[②]，后来就终生给予[46]。

第十七节　自由人的兵役

两种人必须服兵役，就是：（1）封臣和附属封臣。这是由他们的采地所产生的义务。（2）在伯爵下面服务的自由人——法兰克人、罗马人和高卢人。他们由伯爵和他的官吏们率领。

当时所谓自由人，就是一方面不受恩赏或采地，另一方面不受耕作上的奴役。他们所据有的土地，人们称为"自由土地"。

伯爵们召集自由人，并率领他们作战[③]。伯爵之下有官员叫做监督[④]；所有的自由人分成百人团，组成一个堡。伯爵之下还有官员叫做百总。百总率领堡内的自由人，也就是各个百人团，进行战争[⑤]。

这种按百人数目分队的办法是法兰克人在高卢定居之后才有的事。它是格罗大利乌斯和柴尔德柏颁行的制度，为的是使每一个地区对当地所发生的盗劫事件负责。这从这两位君主的诏谕可以看到[⑥]。今天在英国仍然施行类似的一种制度。

---

① 第1卷第1篇。
② 古耶斯指出，这种恩赏是不确定的，因为领主在一年期满后可以续给一年，也可停止给予。
③ 812年查理曼《敕令》第3—4款，载巴路兹辑《敕令会纂》第1册第491页；又864年《毕斯特敕令》第26款，载同书第2册第186页。
④ "每一个伯爵手下都有侍从官员——监督和百总。"同敕令第28款，载同书第2册。
⑤ 这些战士当时就叫做 compagenses。
⑥ 约在595年颁发的《诏谕》第1款。参看巴路兹辑《敕令会纂》第20页所载各敕令。这些法规无疑是协商拟定的。

伯爵们既然率领自由人作战,那么"忠臣"们也就率领自己的封臣或附属封臣作战;主教们、僧院长们,或他们的代理人①也率领他们的封臣作战②。

主教感到十分困惑;他们的实际行为前后产生了很大矛盾③。他们要求查理曼不再强迫他们参加战争。当他们得到了许可的时候,他们又抱怨查理曼这样做使他们失掉了群众的尊敬。因此,这位君主就不得不依据这点而认为他的意图是正当的。无论如何,当主教们不必作战的时候,我并没有看到伯爵们率领他们的封臣去作战;我们所看到的正相反,就是国王们或是主教们选择他们的一个亲信率领封臣们作战④。

国王柔懦路易有一道敕令⑤,把封臣分为三个种类,就是:国王的封臣、主教的封臣和伯爵的封臣。一个"忠臣"或是说领主的封臣,不由伯爵率领上阵,除非是国王家里有某些事务缠绊,使这些"忠臣"不能亲身率领他们出征⑥。

但是谁率领这些"忠臣"们上阵呢?无可怀疑,就是国王;他永远是他的忠实臣子的首领。因为这个缘故,在敕令里,我们老是可以看见国王的封臣和主教们的封臣之间存在着一种区别⑦。我们的君王

---

① 拉丁原文作 Advocati。
② 查理曼 812 年《敕令》第 1 和 5 款,载巴路兹辑《敕令会纂》第 1 册第 490 页。
③ 参看 803 年由窝姆斯颁发的《敕令》,载巴路兹辑《敕令会纂》第 408 和 410 页。
④ 803 年由窝姆斯颁发的《敕令》,载巴路兹辑《敕令会纂》第 409 页;秃头查理朝 845 年迎春殿主教会议时颁发的《诏谕》第 8 款,载同书第 2 册第 17 页。
⑤ 819 年《敕令 V》第 27 款,载巴路兹辑《敕令会纂》第 618 页。
⑥ "关于[国王的]家臣们,如果他们还在[他]家里服务,人们而且知道他们仍然受有恩赏的话,则按规定,其中任何人都必须留在国王家中;无事的家臣就不留他们;可以准许他们率领侍从走。" 812 年《敕令 XI》第 7 款,载巴路兹辑《敕令会纂》第 1 册第 494 页。
⑦ "关于受有恩赏或据有类似私有财产的我们的封臣和主教们或僧院长们的封臣……。" 812 年《敕令 I》第 5 款,载巴路兹辑《敕令会纂》第 1 册第 490 页。

是勇敢、骄矜而宽怀豁达的；他置身戎阵，并不是为着当教会军队的首领；他并不选择同这些人一同胜利或一同死亡。

但是同样，这些"忠臣"要率领他们自己的封臣或附属封臣；这在查理曼的一条敕令里是看得很清楚的。该敕令规定，每一个自由人，如果有四所田宅，不管是自己的产业或是谁给的恩赏，都要和敌人作战或是随从他的领主①。显然，查理曼的意思是，自己有一块地的人就要参加伯爵的军队，受有领主恩赏的人就要随从他的领主出征。

但是杜波神父却主张说，敕令里所谈附属于个别领主的人，就只是农奴②；他是以西哥特人的法律和该民族的习惯为根据的。我认为，还是以敕令本身为根据好些。而我刚才所引的敕令所明确叙述的，却和杜波神父的说法正相反。秃头查理和他的兄弟们之间所订立的条约也同样③提到自由人可以自由选择要跟从一个领主或是跟从国王；这个条款和许多其他条款是一致的。

因此，我们可以说，当时有三种兵队，就是：（1）国王的"忠臣"或"义士"的军队；这些人有附属于自己的忠信臣属。（2）主教们或其他僧侣以及他们的封臣的兵队。(3)伯爵的兵队；他率领着自由人。

我不是说，封臣们不能从属于伯爵，因为一个握有个别指挥权的人常常附属于一个握有较广泛的指挥权的人。

我们甚至看到，伯爵和国王的钦差们，在封臣们没有履行他们的采地义务时，可以让他们交付赔偿金。

---

① "每一个自由人，如果有四所田宅，不论是自己的产业或是从谁得到的恩赏，就应该有准备，亲身与敌人作战或是随从自己的领主。"812年《敕令》第1章，载巴路兹辑《敕令会纂》第490页。
② 《法兰西君主国在高卢的建立》第3册第6卷第4章第299页。
③ 原文 de même（也同样）；甲乙本作 même（甚至）。

同样，在国王的封臣行劫的场合，除非是他们比较愿意接受国王的惩罚的话，他们都由伯爵加以惩罚①。

第十八节　双重职务

法兰西君主国的一条基本原则是，受一个人的军事权力的支配就同时也受到他的司法管辖权的支配。因此，815年柔懦路易的敕令规定，伯爵对自由人的军事权力和司法管辖权是相并而行的②。率领自由人出征的伯爵的法庭③也叫做自由人的法庭④。毫无疑义，由此产生了这条规则，就是，仅仅伯爵的法庭，而不是他的官员的法庭，可以作关于自由问题的裁判。因此，伯爵不能率领主教们或僧院长们的封臣出征⑤，因为这些封臣不属于伯爵的司法管辖范围。也因此，伯爵不能率领国王的"忠臣"们的封臣。又因此。英国法律的古语字典⑥告诉我们⑦，撒克逊人叫做"柯布耳"（coples）的人，诺曼人就称为"伯爵""侍从"，因为他们同国王分有司法上的罚金。从此，我们看到，

---

① 882年由迎春殿颁发的《敕令》第11款，载巴路兹辑《敕令会纂》第2册第17页。
② 第1—2款；又845年迎春殿主教会议时颁发的《敕令》第8款，载巴路兹辑《敕令会纂》第2册第17页。
③ 即"裁判会议"或"刑事法庭"。
④ 《敕令》第57款，载安兹吉士辑《敕令会纂》第4卷；819年柔懦路易《敕令Ⅴ》第14款，载巴路兹辑《敕令会纂》第1卷第615页。
⑤ 参看上面第457页第5注；和第458页第1注*。
　* 此注有错误，因原书没有这些页数；有的版本作"参看本章第17节第7段第2个注"，较为正确。——译者
⑥ 在威廉·兰巴德的《汇纂》内：《英国法律古字解》。
⑦ 在satrapia字下。

147

无论在什么时代，一切封臣对领主的义务[1]就是拿起武器和在他的法庭里审判他的家臣[2]。

这种司法权和作战指挥权所以联结在一起的原因之一，是因为指挥作战的人同时征收财务上的赋税；这包括自由人所应负担的某种军役，和一般的说，某些司法上的利益——这项我将在后面论述。

领主们在他们的采地内有司法权；这和伯爵们在他们的管区内有司法权，是根据同一原则的。实在说，各时代伯爵管区所发生的变化常常是跟随着采地所发生的变化的。伯爵管区和里面的采地都受到同一种规划和同一些观念的支配。简言之，伯爵在他们的管区内就是领主；领主在他们的采地内就是伯爵。

人们曾把伯爵看做是司法官，把公爵看做是军官，那是不正确的。他们都是军官兼司法官[3]；所有的差别是，公爵辖下有好几个伯爵，虽然有一些伯爵上面并没有公爵。这是佛烈德加利乌斯告诉我们的[4]。

也许有人要想，当时法兰克人的政体应该是十分苛暴的，因为同一些官吏对于臣民同时握有军事、司法甚至财政的权力；关于这点，我在前面几章里曾经指出，这种情况是暴政的明显标志。

但是，我们不要以为伯爵是单独进行裁判，并且像土耳其的"帕夏"（高官）那样地掌理司法[5]。他们在审案时要召开各种"裁判会议"

---

[1] 关于这点，《耶路撒冷的刑事法庭》第221—222章有很好的解释。
[2] 教会的"代理人"同时是教会的法庭和军队的首长。
[3] 参看马尔库尔富斯：《法式书》第1卷第8条；里面有颁给公爵、地方长官或伯爵的敕书，授与他们司法管辖权和财政管理权。
[4] 《编年史》第78章，633年条下。
[5] 参看格列高里·德·都尔：《法兰克史》第5卷，《到580年》。

或是说各种"刑事法庭",把名士们召集在一起[1]。

为使人们很好地了解各种则例、野蛮人的法律和敕令等关于裁判的记载,我愿意指出,伯爵、财务裁判官和百总的职务是相同的[2];法官、堡长、邑吏,都是对同样一些人,使用着不同的称号而已,他们是伯爵的辅政人员,通常为数七人。伯爵审案时则增为十二人[3],"由名士"[4]补缺。

但是,不论司法管辖权属于谁,属于国王或伯爵、财务裁判官、百总、领主、僧侣都好,谁都不单独审案;而这个渊源自日耳曼的森林的习惯,到了采地已取得了新形式的时候,仍然存在。

至于财政权力、则几乎不是伯爵可能滥用的。君主对自由人的赋税是很简单的,就像我已经说过的一样,只在某些公用的场合征用一些车马而已[5]。至于司法权,则有防杜舞弊的法律[6]。

第十九节　野蛮民族的和解金

如果不谙识日耳曼各民族的法律和风俗,要深入了解我们的政治法是不可能的。所以我将在这里,先来研究一下这些风俗和法律。

从塔西佗的著作,可以知道日耳曼人只有两种死罪。他们把叛徒

---

[1] 这种集会审判,拉丁原文称 mallum。
[2] 请把我在本书第28章第28节和第31章第8节所说的和这里联系在一起。
[3] 关于这一切,请参看附加在《撒利克法》第2条的柔懦路易诸敕令;和杜刚支:《中末期拉丁语解》《名士、善人》(boni homines)条下所载审判则例。
[4] "由名士",拉丁原文作 Per bonos homines。有时候十二人全都是"名士"。参看马尔库尔富斯:《法式书》《附录》第51章。
[5] 还有我已说过的某些有关河流的捐税。
[6] 参看《莱茵河畔法兰克部族法》第89篇;和《伦巴底法》第2卷第52篇第9节。

吊死，把懦夫溺死。这就是他们所仅有的两种公罪。当一个人侵犯了另一个人，受冒犯或受伤害的人的亲族就加入争吵；仇恨就通过赔偿来消除①。赔偿就付给受害的人，如果他有能力接受的话；如果亲族共同受到伤害或损害，则由亲族们接受赔偿；如果受冒犯或损害的人已死，也由亲族们接受赔偿。

按照塔西佗所记述的做法是，双方当事人之间成立一种协议，来履行赔偿。因此，野蛮民族的法典就把这种赔偿称为和解金。

我仅仅在佛里兹人的法律里看到法律使人民处于一种情况，就是所有有仇怨的家族仿佛是处在一种原始的自然状态里②；在那里，这些家族不受任何政治法或民法的拘束，它们可以依据自己的幻想进行报复，直到满足为止。甚至这项法律后来也被缓和了；又有法律规定，仇人所要杀的人，在他家里，在去教堂的往返途中，在审判的场所，不得被干犯③。

《撒利克法》的编纂者们引证了法兰克人的一项古代习惯，就是为劫掠而发掘死人尸体的人须被驱逐人类的社会，直到死者的亲族同意他回来为止④。在这以前，法律禁止任何人，甚至他（罪犯）的妻子，给他面包或接纳他进入自己的家里；这样一个人对于他人，或是他人对于他，都处于一种原始的自然状态里，要到和解成立，这种状态才告结束。

---

① "必然激起父亲或亲族的仇恨，而不是友情，但是仇恨并不是不可解消的；因为杀人罪也可以用一定数目的牲畜来赎免，[死者]全家可以得到赔偿。"塔西佗：《日耳曼人的风俗》第21章。

② 参看《佛里兹法》第2篇关于《凶杀》；和吴勒马尔的《增篇》关于《盗劫》。

③ 威烈玛利：《哲人的增加》第1篇第1节。

④ 《撒利克法》第58篇第1节；第17篇第3节。

除此之外，我们看到，各个野蛮国家的哲人们都想规定赔偿金额，因为这种金额要等待当事人双方取得协议，不但为时过长，而且也过于危险。他们细心地规定受到某种损害或伤害的人在和解时所应接受的公道金额，在这问题上，这些野蛮法律的精确程度是妙不可言的①。它们对案件作细微的区分，对情况进行衡量②。法律设身处于被害人的地位，为他要求他在冷静时所可能要求的赔偿金额。

就是这些法律的制定使日耳曼各民族脱离了原始的自然状态。他们在塔西佗时代似乎仍旧处于这种状态中。

罗塔利在《伦巴底法》里宣称，他已增加了古代习惯里各种伤害的和解金额，以使使受伤的人获得赔偿，仇恨消除③。实际上，这是因为伦巴底人是一个贫穷的民族，由征服了意大利而发财致富，古时的和解金额已形同儿戏，无足轻重了，所以人们不再沿用调停的办法。我不怀疑，就是这种考虑迫使其他征服民族的首领们制定了存留到我们今天的那些法典。

主要的和解金，由凶手付给死者的亲族。身份不同，和解金也就不同。因此，《安格尔法》规定，杀死一个贵族[47]的和解金是六百苏；杀死一个自由人是二百苏；杀死一个农奴是三十苏④。所以，对一个人的生命规定了高额的和解金，对这个人就是一种重要的特权；因为除了提高他个人的荣誉之外，而且在凶暴的国家里，给了他的生命较大的安全保障。

---

① 这句，甲乙本作"在这问题上，《撒利克法》是妙不可言的"。
② 特别要参看《撒利克法》第3—7篇关于盗窃牲畜的规定。
③ 《伦巴底法》第1卷第7篇第15节。
④ 参看《安格尔法》第1篇第1、2、4节和第5篇第6节；《巴威利亚法》第1篇第8—9章；和《佛里兹法》第15篇。

关于这点，我们从《巴威利亚法》可以看得很清楚①。它列举巴威利亚人的家族的姓氏。这些家族接受两倍的和解金，因为在阿吉洛峰人的家族②之外，它们占首位。阿吉洛峰人属于公爵家系；公爵就由该族人中选出；所以他们接受四倍的和解金。公爵的和解金比一般阿吉洛峰人的和解金多三分之一。该法律说："因为他是公爵，所以法律给他比他的亲族较大的荣誉。"

所有这些和解金都用货币的数额规定。但是这些民族，尤其是在日耳曼的时候，几乎是没有货币的，所以他们可以用牲畜、麦子、家具、武器、狗、猎鹰、土地等等给付③。法律本身又常常规定这些东西的价值④；这说明，为什么他们的金钱那么少，而罚金的种类却又那么多。

因此，这些法律致力于确切地规定损害、伤害、犯罪等的区别，使人人确切地知道他所受损害或冒犯的程度；确切地知道他应得多少赔偿，尤其是知道他不应接受比定额还多的赔偿。

从这个角度出发，人们便认为，一个人在接受赔偿之后如再进行报复就是犯罪。这种罪是私罪，而且又是公罪。它是对法律本身的轻蔑。这种犯罪，立法者们是没有不加以惩罚的⑤。

这时期，这些民族由于文治政府的成立而丧失了某些独立不羁

---

① 第2篇第20章。
② 计有荷济德拉、欧札、撒伽拿、哈比林瓜、安尼恩拿。同上。
③ 所以伊那的法律规定一条人命等于多少钱或多少土地。《伊那王法典》《关于国王的家臣》篇。《英国法律古语辞典》（1644年剑桥版）。
④ 参看《撒克逊法》第18章；它甚至为几种人民作这种规定。又参看《莱茵河畔法兰克部族法》第36篇第11节；《巴威利亚法》第1篇第10—11节。"如果他没有金钱，可以给别的财产、奴隶、土地等等。"
⑤ 参看《伦巴底法》第1卷第25篇第21节；第1卷第9篇第8、34、33节；802年《查理曼敕令》第32章，里面有一道颁给他派遣到各行省去的人员的训令。

的精神；而且君王们又热衷于改善国家的施政；所以这时期另外还有一种人们特别认为是危险的罪行。这就是，拒绝给付或拒绝接受赔偿①。在野蛮人的法典里，我们看到，立法者们对赔偿的给付和接受都是加以强制的②。实际上，拒绝接受赔偿的人，为的就是要保存报复的权利；拒绝给付赔偿的人就保留了被害人的报复权利。因此，哲人们就改革日耳曼人的法制；因为这种法制只劝人们和解，但不加以强制。

我刚才谈到《撒利克法》的一项条文，那里立法者准许被害人自由选择是否接受赔偿。就是这项法律禁止盗尸的人同人类来往③，直到死者亲属接受赔偿，要求让他再和人类同住时为止。这是因为对神圣事物的尊敬使《撒利克法》的草拟者们不敢触犯古代的习惯。

如果把和解金给予在盗窃中被杀死的窃贼的亲族或是给予因犯奸淫分居而被离休的妻子的亲族的话，那是不公道的。巴威利亚人的法律对这类情况，是不给和解金的④；并且惩罚因为这类情况进行报复的人。

在野蛮人的法典里规定关于非故意行为的和解金，并不是稀有的事。伦巴底人的法律差不多都是明智的。它规定，在这种场合，和解

---

① 参看格列高里·德·都尔：《法兰克史》第7卷第47章所记一个讼案的详情。案内有一方当事人失掉了一半所判给他的和解金，因为他不接受赔偿而自己进行报复，不管他报复后受到了什么伤害。
② 参看《撒克逊法》第3章第4节；《伦巴底法》第1卷第37篇第1—2节；和《阿尔曼法》第45篇第1—2节。《阿尔曼法》准许人们[在受侵犯时]即时用第一次行动为自己进行报复。又参看779年《查理曼敕令》第22章；802年《敕令》第32章；805年《敕令》第5章。
③ 莱茵河畔法兰克部族的法律的编纂者们似乎已经把这点改变了。参看《莱茵河畔法兰克部族法》第85篇。
④ 参看《塔西庸诏谕》(《论人民的法律》)第3、4、10、16、19款；《安格尔法》第7篇第4节。

金就由行为人慷慨给予，亲族们不得再进行报复①。

格罗大利乌斯二世颁布一道很明智的诏谕，禁止受盗窃的人没有法官的命令而秘密接受和解金②。我们即将论述这项法律的动机。

第二十节　后来的所谓领主司法权

关于凶杀、损害、伤害，行为人除了给予被害者亲族和解金之外，而且要缴纳一种税，野蛮人的法典称为"佛烈杜姆"（fredum），即"安全税金"③。我要详加论述④，在我们近代的语言中，是找不到表示这种税金的名词的。为使人们了解它的意义，我首先指出，它是[犯罪人]因受到[司法上的]保护，使不至受[他人]报复权利的侵犯，而付出的一种报酬。今天⑤在瑞典语里，"佛烈杜"（fred）仍然是"和平"、"平安"的意思[48]。

在这些凶暴的国家里，司法不是别的，就是保护犯罪的人使不至受被害者的报复，又强制被害人接受他应得的赔偿，因此，日耳曼人的司法和其他一切民族都不同，就是保护犯罪人使不受被害人的侵害。

在野蛮人的法律里，我们看到哪些种类的案件应征收这些安全税金。在被害人亲属不得进行报复的案件，犯罪人就不缴纳安全税金。

---

① 《伦巴底法》第1卷第9篇第4节。
② 《593年柴尔德柏和格罗大利乌斯间的维持和平公约》；和约载595年颁布的《国王格罗大利乌斯二世诏谕》第11章。
③ 在法律没有规定安全税金额数的场合，它通常是和解金的三分之一。这从《莱茵河畔法兰克部族法》第89章可以知道；又818年《敕令Ⅲ》（载巴路兹辑《敕令会纂》第1卷第512页）对这项法律有所解释。
④ 甲乙本作："在我们近代的语言中，我们是找不到同义的名词的，但是我要详加论述。"
⑤ 甲乙本没有末后这一句。

154

诚然，在报复不存在的场合，也就不存在保护一个人使免受报复的权利了。因此，按照伦巴底人的法律，如果无意中打死了一个自由人，则给付死者所值价金，而不缴纳安全税金；因为这个案情既非故意杀人，死者亲族是没有报复权利的①。又按莱茵河畔法兰克部族的法律，如果一个人被一块木头或手工制成的物件打死的话，人们则认为该物件或该木头是有罪的，死者的亲族就把它们拿去使用，而不能要求安全税金②。

同样，在兽类杀死人的场合，该法律只规定和解金，而没有安全税金，因为死者亲族并没有受到冒犯③。

末后一种案情是，按照《撒利克法》，十二岁以前的儿童犯了过错，只付和解金，而不纳安全税金④；他还不能携带武器，所以这种案情不是被害当事人或他的亲族可以要求报复的。

安全税金由犯罪人缴纳，以取得和平与安全；他所犯的罪行曾使他失掉了这种和平与安全；他可以因为受到保护而又获得和平与安全。但是一个儿童就不能失掉这种安全；他并不是大人，不能被逐出人类社会之外。

这种安全税金，是一种地方性税金，是给予当地区的审判官的⑤。但是，莱茵河畔法兰克部族的法律却禁止审判官自己征收该税；它规定，由胜诉的当事人接受安全税金，把它带交国库；该法说，这样，

---

① 《伦巴底法》（林登布洛版）第 1 卷第 9 篇第 17 节。
② 《莱茵河畔法兰克部族法》第 70 篇。
③ 同法第 46 篇。又参看《伦巴底法》（林登布洛版）第 1 卷第 21 章第 3 节。"如马用脚等等。"
④ 《撒利克法》第 27 篇第 6 节。
⑤ 这在 595 年《格罗大利乌斯二世诏谕》里可以看见。"然而审判官所在区域的安全税金则保留给他。"

河畔法兰克人之间才可以有永久的和平[1]。

安全税金的多寡和犯罪人所受保护的大小成正比例[2]。因此,对于因国王的保护而缴纳的安全税金,要比对于因伯爵或其他法官的保护而缴纳的安全税金多。

我已经看到了领主们的司法权是如何产生的。采地包有一些很大的地区。这从无数的著作可以看到。我已经证明,国王对法兰克人分领的土地,是什么税也不征收的;国王对采地更不能保留他自己的赋税。取得了采地的人,在这方面享有最广泛的权利;他们从采地吸取一切利益,一切俸禄;其中最可观的一种,就是司法上的利益(即安全税金)[3];这是按照法兰克人的习惯征收的;因此,有了采地也就有了司法权。这种司法权的行使包括给被害人亲属的和解金和给领主的利益。这种司法权不是别的,而是让人缴纳法律所规定的和解金的权利,和要求法律所规定的罚金的权利。

我们从当时的司法例规里可以看到,采地是具有这种权利的。因为这些例规有的肯定某一采地属于某一"忠臣"的事实;有的把采地永远地移让给予他们[4];有的肯定某些采地特权属于教会的事实;有的把这些特权永远地移让给予教会[5]。这些情况,我们在无数的条例

---

[1] 塔西佗:《日耳曼人的风俗》第89篇。
[2] 《日期未能确定的敕令》第57章,载巴路兹辑《敕令会纂》第1卷第515页。应当指出,安全税金在黎明时期(第一朝代)的著作里称 fredum 或 faida,在第二时期(第二朝代)的著作里称 bannum。这从789年由撒克逊尼亚地区颁发的《敕令》,可以看到。
[3] 参看查理曼自维利思颁发的《敕令》。它把安全税金列入国王辖地(即所谓 villae)重要税收之内。
[4] 马尔库尔富斯《法式书》第1卷第3、4、17条。
[5] 同上书,第1卷第2、3、4条。

里也可看到①。这些条例禁止国王的法官或官吏到领地去进行任何审判工作,或收取任何司法上的利益。国王的法官既然不能在一个地区里征收什么东西,他们也就不再进入这个地区了;该地区的法官也就代替了国王法官的职务。

国王的法官强制当事人提出担保,到他们的法庭去受审,这也在禁止之列;而这种担保是由领有该地区的人要求的。据说,国王的钦差们也不能再要求馆舍;事实上,他们在采地内已不再有任何职务了。

因此,司法权,无论在旧采地或新采地,就是一种采地本身所固有的权利,是作为采地的一个组成部分的一种可获厚利的权利。因为这个关系,无论在哪一个时代,人们都这样看待它;并由此产生了这条原则,就是:在法国,司法权是世袭的。

有些人认为,司法权是渊源自国王和领主释放他们的农奴的事实。但是日耳曼各民族或耳曼人的后裔所组成的各民族,并不是唯一释放农奴的民族,不过它们却是唯一建立世袭司法权的国家。不仅如此,马尔库尔富斯的司法法式②使我们看到,在最初时期,有一些自由人隶属于这些司法权的支配范围;农奴则因为他们在领地内而受到司法权的管辖;农奴并没有产生了采地,因为他们是附着在采地之内的。

另外一些人的看法更是直截了当了。他们说,领主们篡夺了司法

---

① 参看这些条例的各种集子,尤其是本篇会神父们所著《法兰西的史家们》第5卷末所辑的条例。

② 参看马尔库尔富斯:《法式书》第1卷第3、4、14条;771年查理曼的《条例》,载马天:《逸史会纂》第1册第11集内。"我们下命令,使任何一个国家的审判官……各种人,不拘是教会的人,还是莫巴山修院的人,也不管是自由人,还是奴隶,还是在他们的地区居住的人"等等*。

* 孟德斯鸠引查理曼条例的这段拉丁原文不是完整的句子,目的只是要证明,司法权并不是渊源自奴隶的解放。——译者

权;他们所能说的,只此而已。但是,在世界上仅仅是日耳曼人的后裔所组成的民族篡夺了君主们的权利么?历史充分地说明,还有其他民族曾经侵犯他们的元首;但是我们却看不见由此而产生了所谓领主们的司法权。因此,应当从日耳曼人的习惯和风俗的深处去寻找这种司法权的渊源。

我请大家看一看罗哇梭在他的著作[①]里,用什么方法假定了领主们曾经进行组织与篡夺各种司法权。照他的说法,这些领主就应该是世界上最狡猾奸巧的人了;他们就应该不是像战士们那样,而是像乡村的法官和公诉人那样,在彼此之间进行抢劫掠夺的。按照他的说法,这些战士在王国内一切个别的行省里,和在极多的国家里,就应该曾经建立起一种一般性的政治体系的。罗哇梭把这些战士们的推理法弄得像他自己在书斋里的那种推理法一样。

我还要指出,如果司法权不是采地的附属部分的话,我们怎有可能到处都能看到,采地的役务,无论在朝廷里或在战场上,都是为国王或领主服役的呢?[②]

第二十一节 教会的属地司法权

教会曾取得了巨额财产。我们看到,君王们把巨大封土,也就是说巨大采地,给了它,我们首先看到司法权就在这些教堂的辖地内建立了起来。这种例外的特权究竟渊源自什么地方的呢?它是这种赏赐物(采地)在性质上所天然具有的东西;僧侣们的财产具有这

---

① 《乡村司法权论》。
② 参看杜刚支:《中末期拉丁语解》hominium 这个字下的说明。

种特权,因为人们从未剥夺了它。人们把一块采地给予教会,就像在给予一个"忠臣"的场合一样,是连同各种特权也一并给予它的。此外,我们已经看到,教会的采地,和赐给俗人的采地一样,对国家负有役务责任。

因此,教会在它的土地内,有权利让人交付和解金,并征收安全税金:有这些权利,就必然要阻止国王的官吏进入它的土地内征收安全税金和进行任何审判工作,所以在司法例规①条例、敕令等的用语里,僧侣在自己的土地内进行审判的权利就称为"豁免权"②。

莱茵河畔法兰克部族的法律禁止教会的脱离奴籍的人③进行"集会审判"④,除非在他们被释放的教堂里⑤。由此可见,教会甚至对自由人也享有司法权,并且在君主国的初期就开了裁判会议。

我在《列圣传》里看到,克罗维斯把权力授与一位神圣的人物,使治理一块六里欧大的土地,并规定这块土地不受任何管辖权的支配⑥。我十分相信,这是一个虚构的故事,但却是一个很古老的虚构故事;生活的蕴奥和虚构故事都同当时的风俗和法律有关;而我们这里所要探求的就是这些风俗和法律⑦。

格罗大利乌斯二世命令领有边远地区土地的主教或贵绅,要在当

---

① 参看马尔库尔富斯《法式书》第1卷第3—4条。
② 即不受国王司法管辖的意思。——译者
③ 拉丁原文作 Tabulariis(有户口登记的人)。
④ 即所谓 Mallum。
⑤ "不能到别的地方,只能到教会,被释放的人就在那里,可以进行集会审判。"《莱茵河畔法兰克部族法》(林登布洛版)第58篇第1节;又参看第19节。
⑥ 《勃兰狄亚地方*多罗山主教圣日尔梅传》。
＊ 这里拉丁原文还有"5月16"字样,疑有脱漏。——译者
⑦ 又参看《圣梅腊尼乌斯传》和《圣戴衣高尔传》。

159

地选择人员司理审判并接受司法上的利益①。

　　这位君主又规定教会的法官和君主自己的官吏各自的司法权限②。802年查理曼敕令规定了主教和僧院长的司法官吏的资格。查理曼还有另外一道敕令③禁止国王的官吏对耕种僧侣土地的人④，施行任何管辖权，除非这些人是为了欺诈并逃避国家赋税而耕种僧侣的土地。主教们⑤在兰斯集会，宣布教会的封臣们是属于他们的"豁免权"的支配的范围之内的⑥。806年《查理曼敕令》⑦规定，教会对一切居住在它土地内的人，有刑事和民事的管辖权。末了，秃头查理的敕令把国王、领主、教会的司法管辖权分开⑧；我不多谈了。

第二十二节　第二时期结束前采地司法权的建立

　　人们曾说，封臣们是在第二时期（第二朝代）紊乱的时候，把他们封土内的司法权篡夺了去的。人们比较喜欢做一种一般性的假设，

---

① 615年巴黎会议时颁发的《诏谕》第19款："领有其他地区的主教或有势力的人，不得从其他省份设立审判官或检查官来审判，而是要从当地选择官吏掌理司法，并承受其他报酬。"此外，并参看第12款。
② 615年巴黎会议时颁发的《诏谕》第5款。
③ 《伦巴底法》（林登布洛版）第2卷第44篇第2章。
④ "奴隶——或旧时名册里登记的或新来的。"同上书。
⑤ 甲乙本没有这一句。
⑥ 858年《敕令》第7款，载《查理曼敕令》第108页。"好像僧侣们的其他权力一样，他们还有一些豁免权［即免受国王权力的干涉的权利］；他们的封臣们的兵役，也属于僧侣们这种权力的支配范围。"
⑦ 该敕令第7款，附加在《巴威利亚法》内；又参看第3款；载该法（林登布洛版）第444页。"最应下命令，使教会对居住教会土地内的人，首先在他们的生活方面，而后在金钱和物品方面，握有司法的权利。"
⑧ 857年伽里西阿果宗教会议时颁布的《诏谕》第4款，载巴路兹辑《敕令会纂》第96页。

而不愿意深入研究，因为说封臣们从未拥有司法权，总要比发现他们怎样才拥有了司法权容易些。但是，他们的司法权并非渊源自篡夺；它渊源自原始的制度，而非渊源自该制度的衰落。

巴威利亚人的法律说："如果杀死一个自由人，要是死者有亲族的话，就应该把和解金给予死者的亲族；假使没有亲族的话，就给予公爵或死者生前请求保护的人。"① 人们知道，为一种利益而置身于他人保护之下，意味着什么。

阿尔曼人的法律说："一个人的奴隶被人夺去的时候，他应当向抢夺者所属的君主控诉，以便获取和解金。"②

柴尔德柏的一道诏谕说："如果一个百总在别人的百人团里或是在我们忠实的臣子们的地界内发现了一个强盗而没有把他驱逐出去的话，他就应该将强盗交出，或是用誓言来清洗自己。"③ 可见百总的辖区和忠实的臣子们的辖区是有区别的。

柴尔德柏的这道诏谕说明了格罗大利乌斯同年的一项律令④。该律令是在同样情形之下，为同样的事实，而颁发的，只是用语不同而已。该律令把这道诏谕中的"我们忠实的臣子们的地界"（terminis fidelium

---

① 《巴威利亚法》（林登布洛版）第3篇第13章。
② 《阿尔曼法》第85篇。
③ 595年《诏谕》第11—12款，载巴路兹辑《敕令会纂》第19页。"也可能遇到这种情况，就是：如果一个百总在另外一个百人团的地方搜寻并且发现强盗，或是在我们忠实的臣子们的地界内派人搜捕强盗，而不能把强盗驱逐出去的话，那么他就应该将强盗交出，或是……"*
　* 这段拉丁文直译和正文的译法有些微出入，但主要意思是一样的。这类情况在本书一些其他地方也可看到。——译者
④ 545年格罗大利乌斯：《律令》第2—3款："如果证实强盗在什么地方，但是已投案自首的，则不科以罚金；如果在追捕时把强盗抓住，则接受全部和解金。如果是在封土内找到强盗，则从封土分得一半和解金，又应向强盗索取人头税。"

nostrorum）称为"封土"（truste）。比格侬和杜刚支① 二先生认为 trusts 指的是"另一个国王的辖地"的意思，但是他们并没有猜对②。

意大利王柏彬曾为法兰克人和伦巴底人制定一项律令③。这位君主，在对审判工作上有渎职行为或是拖延审判的伯爵和国王的官吏处以刑罚之外，又规定，如果一个领有采地的法兰克人或伦巴底人不愿审理讼案的话，则在他所属区域的法官应停止采地权利的行使；在这期间，就由该法官或是他的代理人进行审判④。

查理曼有一道敕令⑤可以证明，国王们并不是在各地都征收安全税金的⑥。这位君主的另一道敕令⑦让我们看到，当时封建法律和封建朝廷已经建立。柔懦路易的另一道敕令规定，如果领有采地的人不审理讼案或阻止人们审理讼案的话，人们⑧就应随意住在他家里，一直到讼案得到审理为止⑨。我还要引证秃头查理的两道敕令。一道是 861

---

① 参看杜刚支：《中末期拉丁语解》trustis 这个字下的说明。
② 这里甲乙本多一段："但是，简捷了当地说，在查理曼时候，第二时期（第二朝代）并不纷乱，也并不将近完结；在他统治的时代，并没有篡夺的事情。如果在他的时代世袭的司法权就已经建立起来的话，则人们建议的这个十分适宜的制度也是要自己倒塌的。"
③ 柏彬：《律令》，附加在《伦巴底法》第 2 卷第 52 篇第 14 节内。这就是 793 年《敕令》第 10 款，载巴路兹辑《敕令会纂》第 544 页。
④ "如果一个法兰克人或伦巴底人领有恩赏[即采地]，可是不愿意审理讼案的话，则他所隶属的主管法官应停止其恩赏[采地]权利的行使；在这期间，由他[该法官]或他的代理人掌理司法。"又参看《伦巴底法》第 2 卷第 3 篇第 2 节；这和 779 年《查理曼敕令》第 21 款有关。
⑤ 812 年《敕令Ⅲ》第 10 款。
⑥ 甲乙本多一段："该君主还有另一道敕令，恢复了《撒利克法》《勃艮第法》和罗马法的许多条文，为的是使忠臣们的司法工作取得一致。"
⑦ 813 年《敕令Ⅱ》第 14、20 款，载巴路兹辑《敕令会纂》第 509 页。
⑧ "人们"，指的是国王派出去的"钦差"，见上注所译拉丁文敕令原文。——译者
⑨ 819 年《敕令Ⅴ》第 23 款，载巴路兹辑《敕令会纂》第 617 页。"无论在什么地方，如果钦差们发现主教或僧院长或其他任何领有荣赏[采地]的人不欲审理讼案或是禁阻审理讼案的话，这些钦差就应当住在他家里，由他负担生活费用，直到讼案得到审理为止。"

年的敕令；在那里，我们看到了领地独自的司法管辖权已经建立，有法官和官吏[①]。另一道是864年的敕令，它对国王自己的领地和其他私人的领地，是加以区别的[②]。

我们没有关于采地最初获得让与权的材料，因为采地，如大家所知道，是根据征服者们的分割而建立起来的。所以我们没有最初契约可作依据，来证明在初期司法权就已附着于采地。但是，在肯定采地所有权的司法例规里或是永远移让采地所有权的司法例规里，我们看到——上面已经说过——当时司法权在采地已经建立；所以这种司法权必然是采地性质上所必有的东西，又是采地主要特权之一。

我们有极多关于教会在它的土地里建立起世袭司法权的文献；但是可以用来证明"忠臣"或"义士"们的"恩赏"，也就是采地的司法权的文献，则寥寥无几。这有两个原因。第一，今天遗留的文献大半是僧侣们为他们的寺院使用的缘故而保存或搜集的。第二，教会的世袭财产是根据特别的"让与"而形成起来的，是既成秩序的一种毁损，因此需要颁布条例加以肯定。反之，赐给"忠臣"们的让与权是政治秩序产生的后果，所以不需要颁布，更不需要保存任何特殊条例。国王们甚至于常常喜欢简单地把王笏一挥就把让与权授与了，好像我们在《圣谟耳传》里所看到的一样。

但是马尔库尔富斯的《法式书》第三条充分地证明，"豁免权"

[①] 由伽里西阿果颁发的《诏谕》，载巴路兹辑《敕令会纂》第2卷第152页。"任何一个司法人员都应当为大家尽自己的职务……如果发现某些官员反对我们的安全税金，则应按照司法人员的职责，……加以惩戒。"

[②] 《毕斯特敕令》第18款，载巴路兹《敕令会纂》第2卷181页。"如果有人逃避到我们[国王]的封土或某种豁免权的保护下，或是逃避到某些有势力人物的权力下或土地所有权的保护下……。"

这种特权及由此而产生的司法的特权是僧侣和俗人都可以享有的，因为该例规是为两种人制定的[①]。格罗大利乌斯二世的《律令》，也是如此[②][③]。

第二十三节　对杜波所著《法兰西君主国在高卢的建立》一书的总的意见

在没有结束本章之前，先略为检查一下杜波先生的这本著作，是有好处的，因为我的意见是永远和他的意见相反的；如果他已找到了真理的话，那我就没有找到。

这本著作曾迷惑了许多人，因为它的写作艺术是很高明的；因为著者永远是对疑问进行假设；因为著者越缺乏证据就越大量提出像煞有介事的东西；因为著者把无数的猜测当作原则，并从此引申出其他猜测作为推论。读者忘掉了他是曾经抱着怀疑的，但目的却是为了相信。著者不是在他的理论的本身，而是在理论的周围，显示了渊博无尽的学问，因而把人们的心思吸引到附属的问题上去，使人们不再注意主要的问题。不仅如此，著者做这么许多的研究工作，使人不可能想象他竟是一无所得的；万里长航使人们相信已经达到了目的地。

但是当人们深入检查的时候，就发现这本著作好像是一架巍峨的

---

① 第1卷。"如果我们把适宜的恩赏[采地]让与各地教会——或者你们要说，这是一种亲切的考虑——，我们认为，这对我们伟大的王道政府，将增加一件可纪念的事。"
② 甲乙本没有末了这句。
③ 我在前节*注里已经引过这项律令："……主教或有势力的人……"（615年由巴黎颁发的《诏谕》第19款）
* 本章第21节第5段。——译者

巨像，它的脚却是泥土做成的。正因为它的脚是泥土做成的，所以它才能够巍峨屹立。假使杜波先生的理论是有好的根据的话，他就不必用三卷令人厌倦的巨帙去证明它了；他在本题里就将什么都有了，他将不必到离题千里的一切地方去搜寻；理性将会自己把它和一切其他真理联系在一起。历史和我们的法律将会告诉他："不必这样绞脑汁了。我们将为你作证。"

第二十四节　续前对杜波的基本理论的意见

杜波神父要把"法兰克人是作为征服者进入高卢的"这个看法铲除得干干净净。按照他的看法，我们的君王们是人民请来的；他们只是代替了罗马的皇帝，继承了皇帝的权利而已。

这个主张不能适用于克罗维斯进入高卢、劫掠并占取各城市的时期。这个主张也不能适用于克罗维斯打败了罗马军官锡亚格里乌斯并征服了后者所防守的地区的时期。因此，这个主张只能适用于克罗维斯的另一个时期；那时，他已经通过暴力成为高卢广大地区的主人，因而由于人民的选择和爱戴，被邀请去统治所余的地区。仅仅说克罗维斯为人民所接受，是不够的；还需要证明克罗维斯是被邀请的；杜波神父还需要证明，人民喜欢生活在克罗维斯统治之下，胜于生活在罗马人统治之下，或胜于生活在自己的法律之下。按照杜波神父的说法，当时还没有被野蛮人侵略的那部分高卢地区的罗马人有两种。一种是阿摩里克[①]联邦的罗马人；他们曾经赶走皇帝的军官们，以便自

[①]　高卢的一个地方，就是现在的布列塔尼。——译者

己抵御野蛮人,并用自己的法律治理自己。另一种是服从罗马军官们的人。那么,杜波神父有没有证明仍旧在帝国治下的罗马人曾经邀请过克罗维斯么?没有。他有没有证明阿摩里克人的共和国曾经邀请过克罗维斯,甚至同他缔结过什么条约么?也没有。他不仅远远不能告诉我们这个共和国的命运,甚至不能证明它的存在。他虽然从火诺利乌斯的时代起到克罗维斯的征战胜利为止都在追寻这个共和国的史迹,虽然他用高妙的技术引述了当时的一切事件,但是在他所引述的那些著作中,这个共和国都是看不见的。因为引用佐济穆斯[①]的一段话来证明,在火诺利乌斯的帝国的时代,阿摩里克人的地区和高卢的其他省份曾经树起判旗,建立了一种共和国[②],——这是一回事;让人们看到,虽然人们对高卢曾经采取过若干绥靖的行动,但是阿摩里克人总是组成一个特殊的共和国,一直到克罗维斯的征战胜利为止,——这又是一回事;二者之间是有极大的区别的。无论如何,杜波神父要建立他的理论,就需要极有力、极精确的证据。因为,当人们看到一个征服者进入一个国家,用武力和暴行平定了它的大部分地区,又看到不久之后,整个国家都归顺了,而历史又没有说明后来所以归顺的过程;那么,我们就很有理由可以相信,这事件的结尾和它的开头同样是通过武力和暴行的。

这点杜波神父既然没有看对,那么他的整套理论便彻头彻尾站不住,这是显而易见的;而且,每次当他从"高卢没有被法兰克人所征服,而是罗马人邀请他们进高卢的"这条原则出发引申出任何结论的时候,我们总是可以否认他的结论的。

---

① 《历史》第6卷。
② "整个阿摩里克区和高卢的其他省份。"同上。

杜波神父用克罗维斯曾被授与罗马官职的事实来证明他的这条原则；他又硬说克罗维斯曾继承他的父亲查尔第立克作为民兵的长官。但是这两种职位完全是他自己创造的。杜波神父所根据的是圣雷米致克罗维斯的一封信[1]。这封信仅仅是对克罗维斯即位的一种祝贺而已。一个文件的目的既然那样明确，为什么还要加上一个它所没有的目的呢？

克罗维斯，在他的朝代的末期，受阿那斯塔西乌斯皇帝命做了执政官；但是，仅仅一年为期的职位能给他多少权利呢？杜波神父说，依同一委任状说，阿那斯塔西乌斯皇帝似乎曾经让克罗维斯当总督。但是我却要说，该皇帝似乎什么也没有让他当。对于一件毫无根据的事实，否认它的人的权威并不亚于主张它的人的权威。况且我否认这一事实是有一个理由的。格列高里·德·都尔谈到执政官职位时并没有丝毫谈到总督职位。而且这个总督职位就是有的话也只能是约六个月的时间。克罗维斯在当执政官后一年半就死了；使总督成为一个世袭的职位，是不可能的。末了一点：当人们让他当执政官——甚至总督，如果谁愿意这样说的话——的时候，他已经是君主国的主人，而且他的一切权利也都已经确立了。

杜波神父所主张的第二个证据是，查士丁尼皇帝把帝国对于高卢的一切权利都割让给克罗维斯的儿子和孙子。关于这种割让，我是有好些东西可以谈的。从法兰克君王们执行割让条件的方式，我们就可以看出法兰克君王们对这种割让是否重视。此外，法兰克君王们已经是高卢的主人；他们是太平之君；而在那里查士丁尼却是一寸土地也

---

[1] 《历史》第 2 册第 3 卷第 18 章第 270 页。

没有的。西罗马帝国早已遭受毁灭，东罗马的皇帝除了作为西罗马皇帝的代表而外，对高卢是并不享有任何权利的。所谓割让的权利是建立在法兰克君主们已经取得的权利之上的①。法兰克人的君主国已经建立；他们的政府的典章制度已经制定；在君主国内生活的个人和民族彼此之间的权利已经规定；每个民族的法律已经颁布，甚至已用文字写出。那么对于一个已经建立了的政府，这种外来的权利的割让有什么用处呢？

杜波神父提出所有主教们的浮夸演说，这能有什么意义呢？在秩序荡然的时候，在兵荒马乱的时候，在整个国家倾复了的时候，在征服战争的掠夺焚劫的时候，这些主教们正在千方百计奉承征服者。从奉承方面，除了看出被迫奉承的人的软弱而外，还能作出其他结论么？逻辑和诗歌，除了证明这些艺术的使用本身而外，还能证明其他么？格列高里·德·都尔，在谈到克罗维斯所进行的一些暗杀之后，又说，但是上帝每天都使他的敌人俯伏在他的面前，因为他在他的道路上前进。当人们读到格列高里·德·都尔这种说法，能不感到惊奇么？僧侣们对克罗维斯的皈依基督教非常高兴，甚至由此取得巨大利益；对此谁能有所怀疑呢？但是同时，老百姓遭受了征服的一切灾难，罗马的统治向日耳曼的统治让步；对此有谁能有所怀疑呢？法兰克人不愿意，也不能够改变一切；而且征服者中这样疯狂要改变一切的人甚至是很少的。但是，杜波神父，为了使他的一切推论都显得真实，那就不仅必须说法兰克人在罗马人的地方是什么也不加改变，而且还要改变自己。

---

① 原文直译："它们是建立在权利上的权利。"——译者

如果使用杜波神父的这种方法，我甚至不难证明希腊人没有征服过波斯。首先我可以谈谈某些希腊城市和波斯人缔结的一些条约。我将谈那些受波斯人雇佣的希腊人；他们好像那些受罗马人雇拥的法兰克人一样。亚历山大进入波斯人的国家，围困、占领、毁坏推罗城；我们就把它当做是一个特殊的事件，像对待锡亚格里乌斯的事件一样。但是，请看犹太的大祭司如何趋前去迎接亚历山大；请听，朱匹忒·阿蒙的神旨；请回忆一下人们如何在高尔迪姆预言到亚历山大；请看一切城市如何好像都在热烈地欢迎他；总督们和贵绅们怎样成群地都来到了。亚历山大穿波斯人的服装；这就等于克罗维斯的执政官的服装。大流士不是把王国的一半献给了他么？大流士不是作为一个暴君而被暗杀了么？大流士的母亲和妻子不是为亚历山大的死而恸哭么？昆蒂乌斯·库尔蒂乌斯、阿利恩、普卢塔克不是亚历山大同时代的人么？这些人的著述所缺略的东西，印刷术①不是已经使我们明确地看到了么？这就是《法兰西君主国在高卢的建立》的历史。

第二十五节　法国的贵族

杜波神父认为，在我们的君主国的初期，法兰克人的公民只有一个等级。这个主张对我国第一流家族的血统是一种侮辱，对相继地统治了我们的三个伟大王室也同样是一种侮辱。如果这个主张是对的话，则这些王室的赫赫权威的起源就将不能因为经过草昧时代，因为世远年湮而为人们所忘却了；历史也将能够记述它们曾经是普通家庭的时

---

① 参看杜波神父的绪言。

代；而且我们也将不能不从罗马人或撒克逊人，也就是说，从被征服的民族[49]去探寻查尔柏立克①、柏彬和雨格·卡佩的血统的起源，来把他们说成是普通的人了。

杜波神父的意见是以《撒利克法》为根据的②。他说，从这个法律去看，法兰克人的公民显然是没有两个等级的。该法规定，不论被杀死的法兰克人是谁，和解金都是二百苏③；但是对于罗马人，该法则规定一些区别，即作为国王幕宾的罗马人被杀死，和解金是三百苏，作为业主的罗马人是一百苏；作为他人附庸的罗马人④则仅仅是四十五苏。和解金的多寡既然产生了重要的区别，因而杜波神父就得出结论说，法兰克公民只有一个等级，罗马公民则有三个等级。

奇怪的是，杜波神父的错误本身并没有使他发现他的错误。实际上，在法兰克人统治下生活的罗马贵族，如果真是比最显贵的法兰克人，比最高的法兰克将领得到更多的和解金，而且比后者又是更重要的人物的话，那将是非常不可思议的事。这个胜利的民族如果真是这样不尊重自己，反而那样尊重被征服的民族，能不奇怪么？杜波神父又引证其他各野蛮民族的法律。这些法律证明这些民族的公民是有各种等级的。这个一般性的规律如果仅仅在法兰克民族里看不见，那将是非常不可思议的事。这就应该使杜波神父感到，他对《撒利克法》的条文并没有彻底了解，或是没有加以好好引用。——实际上，他就是这样。

---

① 原文误；应作"查尔第立克"，因为查尔柏立克比查尔第立克晚一百多年，不是黎明时期开头的君王。——译者
② 参看《法兰西君主国在高卢的建立》第3册第6卷第4章第304页。
③ 他引证该法第44篇和《莱茵河畔法兰克部族法》第7和36篇。
④ 如农奴、脱离奴籍的人之类。——译者

我们一翻开《撒利克法》，就将看到，一个"臣宰"①，也就是说，国王的义士或封臣，死亡的和解金是六百苏，作为国王幕宾的罗马人死亡的和解金只是三百苏②。我们将看到③，一个普通法兰克人死亡的和解金是二百苏④，一个出身平常的罗马人死亡的和解金仅仅是一百苏⑤。此外，人们对一个作为他人附庸的罗马人——即农奴或脱离奴籍的人之类——的死亡，给予和解金四十五苏⑥；但是我不谈论这种和解金，也不谈论法兰克农奴或法兰克脱离奴籍的人死亡的和解金了，因为这里的问题和这个第三等级的人无关。

杜波神父是怎样做法呢？他对法兰克第一等级的人，沉默地放过，不发一言，也就是说，不谈那条有关"臣宰"的条文；然后，他就把死亡时人们给予二百苏和解金的普通法兰克人和死亡时人们给予不同和解金的所谓三种等级的罗马人做个比较，因此他就发现法兰克的公民只有一个等级，而罗马人却有三个等级。

他既然认为法兰克人的身份只有一个等级，那么，勃艮第人也应该只有一个等级对他才好些，因为勃艮第人的王国是我们的君主国的一个主要构成部分。但是在勃艮第人的法典里却有三种和解金；一种是勃艮第贵族或罗马贵族的和解金，一种是普通出身的勃艮第人或罗

---

① "元首亲信的人"；《撒利克法》第44篇第4节；这和马尔库尔富斯《法式书》第13条的"国王的臣宰"有关系。又参看《撒利克法》第66篇第3、4节和第74篇；《莱茵河畔法兰克部族法》第11篇；877年由伽里西阿果颁发的《秃头查理敕令》第20章。
② 《撒利克法》第44篇第6节。
③ 同上书，第44篇第4节。
④ 同上书，第44篇第1节。
⑤ 同上书，第44篇第15节。
⑥ 同上书，第44篇第7节。

171

马人的和解金；第三种是两民族中出身卑贱的人的和解金①。杜波神父就不引证这条法律了。

当我们看到，他对各种和他的意见大不相同的历史记载，如何躲躲闪闪，不能不感到诧异②。历史记录不是告诉他有大人物、士绅和贵族么？他说，这仅仅是一些称号，并不是等级的区别；这是一些礼仪上的东西，不是法律上的特权。要不然他就说，历史所说的这些人是国王的枢密院的人员；他们甚至可能是罗马人；法兰克的公民总是只有一个等级。当历史谈到某种低级的法兰克人的时候③，他就说，他们是农奴④，他就用这个方法去解释柴尔德柏的诏谕。我必须停下来谈谈这个诏谕。杜波神父把这个诏谕搞得很有名，因为他利用它来证明两件事情。第一，我们在野蛮人的法律里所看到的一切和解金仅仅是附加于体刑的民事利益而已⑤。这彻底推翻了一切古代的历史记录。第二，一切自由人都由国王直接地、立即地进行审判⑥。这和记载当时司法程序的无数历史记录和权威著作的说法是相反的⑦。

这个诏谕是在一个全国的会议时颁发的。它规定，在法官发现了一个声名狼藉的强盗的时候，如果他是一个"法兰库斯"（Francus）的话，就应当让人把他捆绑起来，送到国王面前；但如果他是"一个较软弱

---

① "不论在什么情况下，如果谁打掉了一个勃艮第贵族或罗马贵族的牙齿，要付罚金二十五苏；如果打掉勃艮第或罗马的普通自由人的牙齿，则罚金十苏；如果打掉下等人的牙齿，则罚金五苏。"《勃艮第法》第26篇第1、2、3条。
② 《法兰西君主国在高卢的建立》第3册第6卷第4、5章。
③ 同上书，第5章第319—320页。
④ 因为农奴没有民族；见后。——译者
⑤ 《法兰西君主国在高卢的建立》第3册第6卷第4章第307—308页。
⑥ 同上书，第3册第4章309页；第5章319—320页。
⑦ 参看本书第28章第28节和第31章第8节。

的人"（debilior persona），就要把他就地吊死①。按照杜波神父的意见，"法兰库斯"是自由人的意思；"一个较软弱的人"是农奴的意思。我暂时不管"法兰库斯"这个名词是什么意思；而首先确定一下"一个较软弱的人"这个名词的意思。我认为，无论什么语言，一切比较说法都必然含有三级，就是最上级、中级和最下级②。如果这里只是自由人和农奴的问题的话，该诏谕就会说："一个农奴"，而不说"势力较小的一个人。"因此，在这里"较软弱的人"的意思就不会是农奴，而是一个位于农奴之上的人。按照这个假设，"法兰库斯"的意思就不是自由人，而是一个有势力的人了。此外，我们在这里所以认为"法兰库斯"的意思是有势力的人，是因为在法兰克人之中常常有在国家里拥有较大势力的一些人；他们是法官或伯爵不容易加以惩戒的人。这个解释和极多敕令相吻合③。——这些敕令规定哪些案件的罪犯可以解送国王，哪些案件的罪犯不可以解送。

在戴甘所写的柔懦路易的传记里④，我们看到，使这位皇帝受到羞辱的首谋者就是主教们，尤其是那些过去是农奴，和那些出生在野蛮人中的主教们。这位君主曾把爱奔从奴役之中提拔起来，使他当兰斯的大主教。戴甘就这样责备爱奔："皇帝做了这么些好事，得到什么报酬呢？他使你得到自由，而没有使你成为贵族；他给予你自由之

---

① "因此哥罗尼亚开会决定，我们发出通告：每一个法官一听说有罪恶严重的强盗，就应当到他家去捉拿。如果他是一个法兰库斯，就必须押解到我们［王廷］这里；如果他是一个较软弱的人，就把他在原地吊死。"《柴尔德柏诏谕》，载巴路兹辑《敕令会纂》第1册第19页。
② 例如：软弱、较软弱、最软弱。——译者
③ 参看本书第28章第28节和第31章第8节。
④ 《虔诚路易*的生平》第43—44章。
* "虔诚路易"就是"柔懦路易"，都是路易一世的绰号。——译者

后，就不可能使你成为贵族。"①

这段话明确地证明公民有两个等级。但是它并没有能够使杜波神父感到为难。他是这样回答的："这段话的意思不是说柔懦路易不能够使爱奔得到贵族的等级。作为兰斯的大主教的爱奔应该已经是第一等级，高于贵族的等级了。"②我让读者去判断，到底这段话是不是这个意思；我让读者去判断，这里是不是有僧侣地位优于贵族的问题。杜波神父接着又说："这段话只能证明，生而自由的人就叫做贵族③；很久以来，按照世界的习惯，贵族和生而自由的人，二者的意思是一样的。"④什么！由于我们近代有某些中流社会的人取得了贵族的资格，他就把柔懦路易传记中的一段话应用到这类人身上了！他又说："此外，爱奔也许没有在法兰克人的国家里，而是在撒克逊人的国家或是在其他日耳曼人的国家里，当过奴隶。在撒克逊或其他日耳曼人的国家里，公民是分为几个等级的。"⑤那么，根据杜波神父的"也许"，法兰克人的国家里就没有贵族了。但是他对"也许"的用法，没有比这次更糟的了。我们刚刚看到，戴甘把反对柔懦路易的主教们分为两类，一类是当过农奴的，一类是出自野蛮民族的⑥。爱奔是属于前一类，而不是后一类。此外，我不知道人们怎样能够说，像爱奔这样的一个农奴可能是撒克逊人或日耳曼人。因为一个农奴是没有家

---

① "啊！你给他什么报酬呢！他使你得到自由，但没有使你成为贵族——这是给你自由后不可能做到的事。"《虔诚路易的生平》。
② 《法兰西君主国在高卢的建立》第3册第6卷第4章第316页。
③ 原文 nobles hommes；甲乙本作 noble-hommes。
④ 《法兰西君主国在高卢的建立》第3册第6卷第4章第316页。
⑤ 同上。
⑥ "所有的主教都讨厌路易，特别是那些被他从奴隶中解放出来的主教，和那些出自野蛮民族而被提拔到高位的主教。"戴甘：《虔诚路易的生平》第43—44章。

族的，所以也没有民族。柔懦路易释放了爱奔；因为被释放的奴隶是服从他们的主人的法律的，所以爱奔就成为法兰克人，而不是撒克逊人或日耳曼人。

我刚才是进攻；现在又应当防守了。人们将对我说，"臣宰"这个集团在国家里很明确地自成一个等级，和自由人的等级显然有别；但是，由于采地起初是可以撤销的，后来才是终生给予的，所以"臣宰"这个集团不可能形成一种血统上的贵族，因为他们的特权并不是附着于一种世袭的采地上的。毫无疑义，就是这个反面的意见使德·瓦罗哇先生认为法兰克的公民只有一个等级。杜波神父就采用了瓦罗哇的这个看法，而只是提出了一些坏证据把它破坏得体无完肤就是了。但无论如何，杜波神父是不能提出这个反面意见的。因为他说罗马贵族有三个等级，作为国王的幕宾的罗马人是第一等级，所以他无法主张说这个"幕宾"的称号比"臣宰"的称号更具有贵族血统。不过，我必须给予直接的回答，臣宰或义士之所以为臣宰或义士，并不是因为他们存采地；而是因为他们是臣宰或义士，所以人们才给他们采地。人们还能记得，我在本章前几节说过，他们当时并不像后来一样，拥有相同的一块采地；但是即使他们没有这一块采地，他们却有那一块采地，这是因为采地是在他们出生时授与的；因为它们常常是在全国的会议时授与的；又，末后一点，因为接受采地是贵族的利益，同时授与采地也是国王利益之所在。这些家族是因为它们的义士地位而得以显扬，又因为它们有资格为采地矢誓忠诚而得以显扬。在下章[①]，我将说明，如何由于时代环境的关系，有一些自由人被准许享受这个

---

① 第23节。

重要的特权,并因而取得了贵族的等级。在贡特兰和他的侄子柴尔德柏的时代并不是如此;而是在查理曼的时代才是如此的。但是,虽然在查理曼时代自由人不是不能领有采地,不过从上引戴甘的那段记载可以看出,被释放的农奴是绝对不能领有采地的。杜波神父把我们引到土耳其去,好向我们说明古代法国贵族是什么样子①。他是不是将告诉我们,土耳其人就像柔懦路易和秃头查理朝代的人一样,对出生微贱而获致显贵与高位的事一向总是抱怨的?在查理曼时代,人们总是不这样抱怨的,因为这位君主对旧家族和新家族是加以区别的;而柔懦路易和秃头查理是不作这种区别的。

不应忘记,我们大家要感谢杜波神父所写的几本优秀的著作。大家应根据这些美好的作品,而不是根据上面讨论的那本书,来对他进行评价[50]。在那本书里,他犯了一些重大错误,因为他放在他眼前的主要不是他的题目,而是布兰维利埃伯爵。在我这一切评论之后,我仅仅有这么一点感想,就是:这个大人物②都犯了错误,我不是更应该战战兢兢么?

---

① 《法兰西君主国在高卢的建立》第3册第6卷第4章第302页。
② 甲乙本作"一个大人物"。

第三十一章 法兰克人的封建法律理论对他们的君主国的革命的关系

第一节 官职、采地①的变更

最初，伯爵们是被派遣到他们的管区去的，为期一年。不久，他们就出钱购买继续任职的权利。早在克罗维斯的孙子的时代，就看到这样一个事例。一个叫做贝欧尼乌斯的人是奥赛尔城的伯爵；他派他的儿子穆莫路斯带着银钱给贡特兰，企图继续他的职位；这个儿子也曾为了自己出过钱，并取得了他父亲的位置②。君王们已经开始腐化了他们自己的恩惠。

虽然按照王国的法律，采地是可以撤销的，但是采地的授与和剥夺并不是任凭人们反复无常的意欲而武断地进行的；它们通常是全国会议讨论的主要项目之一。我们很有理由相信，在采地问题上，也同伯爵问题一样，发生了腐化；人们也出钱以继续占有采地，就像人们出钱以继续占有伯爵辖地一样。

---

① 这里甲乙本多"和宰相"三个字。
② 格列高里·德·都尔：《法兰克史》第4卷第42章。

在本章后面①，我将让人们看到，君主的恩赏有一些是暂时的，还有一些是永久的。有一次朝廷想撤销它曾经赐予的恩赏，这就引起了全国普遍的不满。不久便发生法国历史上有名的革命；这个革命的第一时期所演出的就是布纶荷被处死刑的那出令人惊愕不置的戏剧。

布纶荷这位王后是一个国王的女儿，另一个国王的姊妹，又是另一个国王的母亲；到今天她还因为她的一些可以无愧于一个古罗马市政官或总督的公共建筑物而声名卓著；她有天赋的处理国事的卓越才能，又有天生的一些品质，长期为人们所敬重。但是人们忽然看见她被另一个国王②处以那样长期的、那样可耻的、那样残忍的刑罚③。这个国王的权威在国里并不是十分巩固的。要不是她因为某种特殊原因失去了全国的爱戴的话，这种情形乍一看来真是不可思议的。格罗大利乌斯责难她害死了十个国王；但其中有两个国王是格罗大利乌斯自己处死的；其他几个国王的死应归罪于命运或是另外一个王后的奸恶④。一个曾经让佛烈德贡德安然在床上死去，甚至又反对惩罚她的滔天罪行的国家⑤，对布纶荷的罪行应该是满不在乎的。

人们把布纶荷放在骆驼上，在全部军队里游行。这是一个说明她被军队所厌恶的明确标记。据佛烈德加利乌斯记载，布罗大利乌斯是布纶荷的宠信；他剥夺领主们的财产，用它来充塞国库；他羞

---

① 第7节。
② 就是查尔柏立克的儿子、达果柏的父亲格罗大利乌斯二世。
③ 佛烈德加利乌斯：《编年史》第42章。
④ 同上。
⑤ 格列高里·德·都尔：《法兰克史》第8卷第31章。

辱贵族；使没有人能够肯定他一定可以保持自己原有的地位①。军队阴谋反对他；他就在他的帐幕里被刺死了。而布纶荷，或者是因为要为他的死复仇②，或者是因为继续执行同样的计划，就一天一天地为全国所厌恶③。

格罗大利乌斯有独揽国政的野心，又充满最可怕的复仇的念头。他确知，如果布纶荷的子女占了上风的话，他一定是活不了的。因此，他参加了一件对自己不利的阴谋；由于他的笨拙或是由于情势所迫，他使自己成为布纶荷的控告者，并用可怖手段惩罚这位王后，以儆效尤。

瓦纳卡利乌斯是阴谋反对布纶荷的中心人物；他担任勃艮第的宰相；他要求格罗大利乌斯并取得后者的同意，在他活的时候，永远不撤换他的职位④。因此，这个宰相就和以前法国的领主们的情况不同了；这个职权就脱离王权而独立了。

就是布纶荷不幸的摄政特别地激怒了全国。当[51]法律仍然有效地存在着的时候，没有人能够因为被剥夺采地而抱怨，因为法律并没有把采地永远地给了他。但是采地既然是依据贪婪、恶劣的行径和腐化的手段而取得的，那么当人们老是通过恶劣的手段取得的东西被用恶劣的手段剥夺了去的时候，就要抱怨了。假如动机是为了增加公共福

---

① "用私人的财物来补偿过分消耗了的国库，这种罪恶是凶暴的。……没有一个人能够再保持自己曾经抢到手的地位。"佛烈德加利乌斯：《编年史》第27章605年条下。
② 同上书，第28章607年条下。
③ 同上书，第41章613年条下。"勃艮第有地位的人——有主教们和其他领主们、害怕布纶荷的人和怀恨她的人，都阴谋要……。"
④ 佛烈德加利乌斯：《编年史》第42章613年条下。"格罗大利乌斯接受誓言，在他[瓦纳卡利乌斯]的一生里不按时候剥夺他的职权。"

利而撤销恩赏的话,大家也许就没有话说;不过当时人们主张的是秩序,但却贿赂公行;当时人们要求的是国库的权利,但为的却是随心所欲地挥霍国库的财产;恩赏已不再是服务的报酬或希望了。布伦荷就是要用一种腐化的风气去纠正旧时腐化的流弊。她的反复无常的意欲并不是由于精神软弱,所以"忠臣"们和高级的将领们感到自己已经完了;他们就首先完结了她。

关于当时所发生的一切事件,我们的文献是非常残缺的;年代史的编纂者对他们的时代历史的知识就和今天的村民对我们的时代历史的知识差不多,所以他们所记述的极为空疏。但是我们有格罗大利乌斯为改革流弊在巴黎会议①颁发的一部《律令》,从那里我们看到这位君主就在消灭引起这次革命的不满因素②。一方面,该《律令》肯定了过去他的前辈的国王们所曾赐予的或肯定过的恩赏③;另一方面,它规定,被剥夺的一切忠臣或义士的恩赏都要返还④。

这位国王在这次会议所作的让步不仅仅这一项。他规定,所有曾经制定的一切违反僧侣们特权的东西应该加以纠正⑤。他减少了朝廷对主教选举的影响⑥。这位国王甚至改革了税务;他规定取消一切新设的贡赋⑦;又规定不征收自贡特兰、锡治柏、查尔柏立克以来所设

---

① 在615年布伦荷服刑后不久召开的。参看巴路兹辑《敕令会纂》第21页。
② "一切违反理性的行为或命令是违背神意的。——这就是在过去也从未发生过。我们依大司祭基督之名,准备通过这道诏谕来加以纠正。"同《律令》第16条。
③ 同《律令》第16条。
④ 同《律令》第17条。
⑤ "暂时被疏忽的[僧侣特权]现在——或是更正确地说,从今以后——将永久被遵守。"
⑥ "因此主教逝世后,应在本省主教提升的地区,同省的人一起,由神职人员和人民来选举;如果是不称职的话,就由国王来安排;如果必须从宫廷里来选拔的话,就应按照功勋和学问来选拔。"同《律令》第1条。
⑦ "不拘在什么地方,如果增加新的贡赋,就应加以纠正……。"同《律令》第8条。

立的通行税①。这就是说，他撤销了佛烈德贡德和布伦荷摄政时期所设立的一切。他又禁止他的畜群进入私有的山林②。我们下面就要看到，这次改革比上面所说的还要广泛些，并且伸展到民事事件。

第二节　民政是怎样改革的

到这里，我们已经看到，国民对于他们的主人们的爱好或行为已经现出了急躁情绪和轻率态度；看到他们调和了主人们之间的纠纷，强制主人们和睦。但是这时国民所做的是前所未有的。他们用眼睛注视着实际的情况，冷静地检查他们的法律；补充法律的不足；抑止了强暴；节制了权力。

佛烈德贡德和布伦荷精力旺盛的、豪胆粗暴的、傲慢横霸的摄政，与其说是使国民惊愕，毋宁说是使国民警醒。佛烈德贡德曾经用凶恶行为来为她的凶恶行为辩护；她用放毒和暗杀来为放毒和暗杀辩护；她的做法使她的罪行显得是私的性质多于公的性质。佛烈德贡德多做坏事；而布伦荷则使人畏惧的地方多。在这次危机中；国民不以安定封建政治的秩序为满足；他们还要健全民政，因为后者比前者更要腐败；后者的腐败由来已久，并且在某种形式上和风俗上的流弊的联系比和法律上流弊的联系多，所以更为危险。

在格列高里·德·都尔的著作《法兰克史》和其他文献里，我们在一方面看到的是一个凶暴、野蛮的民族，在另一方面看到的是一些一样凶暴、野蛮的君王。这些君王是好杀的、不公的、残忍的，因为

---

① 同《律令》第9条。
② 同《律令》第21条。

整个民族都是这样。基督教似乎有时候使他们变得温和了一些，那是因为基督教对罪人施用恐怖的缘故。教会用它的圣人的神迹和奇事来防卫自己，抵御他们。国王们不敢亵渎神圣，因为他们害怕亵渎神圣罪的刑罚；但是除此之外，他们有时出于盛怒，有时出于冷静的考虑，而犯了各种罪行，做了各种不公道的事情，因为这些犯罪和这些不公道的事情并不使神明立即伸出惩罚的手来。我已经说过，法兰克人容忍了好杀的君王，因为他们自己就是好杀的人；他们的君王的不公和掠夺并不使他们感到惊骇，因为他们是同样的掠夺者和不公的人。当时曾制定了许多法律；但是君王们就使用某种叫做"训谕"①的，推翻了这些法律的敕书，使法律归于无用。这种敕书和罗马皇帝们的"敕答"②是差不多的东西；这也许是这些君王采用了罗马皇帝的这个习惯，也许是由自己本性的基础上推演出来的。从格列高里·德·都尔的著作里，我们看到，他们冷酷无情地进行凶杀；又不经讯问就把被告处死。他们发布"训谕"，来实行非法的婚姻；来转移遗产；来剥夺亲族的权利；来和修女结婚③。实在说，他们并不单独制定法律，但是他们停止所制定的法律的实施。

格罗大利乌斯的诏谕④革除了所有这些弊端。不再有一个人可以不经讯问而被定罪了⑤。亲族可以老是按照法律规定的顺序继承遗产

---

① 这是一种国王发给法官的命令，要后者执行或容忍某些违反法律的事情。
② 见本书第29章第17节。——译者
③ 参看格列高里·德·都尔：《法兰克史》第4卷第227页。历史记载和条例里充满这类事情；这些流弊的范围在615年格罗大利乌斯为改革这些弊端而发布的诏谕里特别可以看到。参看巴路兹辑《敕令会纂》第1册第22页。
④ 甲乙本作"律令"。
⑤ 上引诏谕第22条。

了^①；一切准许娶少女、寡妇或修女的"训谕"均归无效；对那些过去曾经取得这些"训谕"而加以利用的人则严加惩处②。如果该诏谕第13、14、15等条不是因为时代遥远而残缺了的话，我们也许能够更准确地知道该诏谕关于这些"训谕"的规定。该诏谕第13条仅仅残留着开头的一些字，说"训谕"需要遵守；这不可能认为是上述该法所废止的那些"训谕"。我们有这位君主的另一个条例③；这个条例和该诏谕④是相关连的；它同样地把所有"训谕"的弊病一点一点地加以纠正。

诚然，巴路兹先生发现这个条例既无日期又无发布地点，就把它算做是格罗大利乌斯一世的东西。但是我认为它是格罗大利乌斯二世的东西，这有三个理由：

1. 该条例说，国王将保存他的父亲和祖父所给予教会的豁免权⑤。查尔第立克是格罗大利乌斯一世的祖父；他不是基督徒，又生在君主国建立之前，他能给予教会什么豁免权呢？但如果我们把这道诏谕算做是格罗大利乌斯二世的东西的话，则他的祖父就是格罗大利乌斯一世本身。格罗大利乌斯一世曾经让人把儿子克拉姆连同他的妻子和子女一齐烧死；所以他给教会很多恩赏，为他的儿子的死忏悔赎罪。

2. 这个条例所要革除的弊端在格罗大利乌斯一世死后仍然存在；

----

① 同诏谕第6条。
② 同诏谕第18条。
③ 在巴路兹辑《敕令会纂》第1册第7页的一道诏谕内。
④ 甲乙本作"命令"。
⑤ 我在上章第21节已经谈到这些豁免权；它是司法权的让与，包括禁止国王的法官在采地内行使任何职权；这种权利就等于采地已经建立或已被继承。

183

而且当贡特兰朝的积弱、查尔柏立克的残暴和佛烈德贡德及布伦荷可厌的摄政的时期,这些弊端甚至发展到了最高峰。如果该条例是格罗大利乌斯一世的东西的话,则它那样严肃地禁绝了的弊端竟这样不断地重又发生,国民怎能够加以容忍而不喧嚣反对呢?后来,在查尔柏立克二世①②重复了旧时的暴虐做法的时候,国民就强迫他发布命令,要人们在审判时遵守法律和习惯,像旧时那样③。那么在当时,国民怎不会像后来这位君主的时候那样行动呢?

3. 末了一个理由:这个为改革弊端而制定的条例是不可能和格罗大利乌斯一世有关连的,因为当他的朝代,王国内并不存在这类不满;而且,他的权力在王国内是极为巩固的,尤其是在人们所假设的这个条例制定的时期。反之,这个条例和格罗大利乌斯二世的朝代所发生的事件却极相吻合。这些事件曾在王国的政治局势中引起了一次革命。我们应当用法律去阐明历史,用历史去阐明法律。

第三节 宰相的职权

我说过,格罗大利乌斯二世曾经约定在瓦纳卡利乌斯的一生里不撤换他的宰相职位。这次革命产生了另一个后果。就是:在这以前,宰相是国王的宰相;这时他成为王国的宰相了;他一向由国王拣选;现在由国民拣选了。在革命以前,梯欧多立克④让布罗大利乌斯当宰

---

① 原文误;应作"查尔第立克二世"。——译者
② 他约在 670 年开始执政。
③ 参看《圣雷哲传》。
④ Théodorie;原文误作 Théodéric。——译者

184

相①，佛烈德贡德让兰第立克当宰相②；但是以后，宰相就由国民选举了③。

因此，我们不应当像有些著者那样，把这些宰相和那些在布伦荷死亡以前的宰相相混淆，把国王的宰相和王国的宰相相混淆。从勃艮第人的法律，我们可以看到，勃艮第人的宰相职位并不是国家职位中最高职位之一④；在初期法兰克诸君王的时代，宰相也不是最显耀的地位之一⑤。

格罗大利乌斯安定了那些拥有职位和采地的人们的心；瓦纳卡利乌斯死后，这位君主问在德洛伊集会的领主们愿意由谁继瓦纳卡利乌斯的职位。他们全体呼喊说，他们谁也不选举，而恳求他恩赐决定⑥，他们把自己交托给他。

达果柏同他父亲一样，重新团结全国；国民信任他，没有选举宰相。这位君主感到了自由；此外又因为他的一些胜利而安了心，所以他又采用布伦荷的计划。但是他在这件事上很不成功；奥斯特拉西亚的"忠臣"们就任凭斯克拉旺人把自己打败而回家去了；奥斯特拉西亚的边

---

① "由于布伦荷的建议怂恿，而由梯欧多立克加以任命。"佛烈德加利乌斯：《编年史》第27章605年条下。
② 《法兰克王传》第36章。
③ 参看佛烈德加利乌斯：《编年史》第54章626年条下；又无名氏所著该书《续篇》第101章695年条下；第105章715年条下。《艾满著作集》第4卷第15章。艾真哈：《查理曼传》第48章。《法兰克王传》第45章。
④ 参看《勃艮第法》的《绪言》和同法附录二第13篇。
⑤ 参看格列高里·德·都尔：《法兰克史》第9卷第36章。
⑥ "这年，格罗大利乌斯同勃艮第的大臣们和领主们在德洛伊开会。他问他们，在瓦纳卡利乌斯死后，愿意选谁接替他的职位；但是大家一致反对进行选举，并竭力恳求国王赐恩，由国王决定。"佛烈德加利乌斯：《编年史》第54章626年条下。

防地区就断送给野蛮人了①。

因此，他决定向奥斯特拉西亚人提出，把奥斯特拉西亚，连同一个宝库，割让给他的儿子锡治柏，并把王国的政府和宰相的职权交给柯龙的主教古尼柏和阿达尔济兹公爵。佛烈德加利乌斯没有叙述当时所订条款的细节；但是国王在他的各条例里对所有这些条款都加以肯定；而奥斯特拉西亚立即脱离了危险②。

达果柏在临终的时候，把他的妻子捻特季尔德和他的儿子克罗维斯交托贻佳照顾。钮斯特利亚和勃艮第的"忠臣"们选择了这位年轻的太子当他们的君王③。贻佳和捻特季尔德当宰相④；他们把达果柏过去所拿的财产全都返还原主⑤。因此钮斯特利亚和勃艮第的怨诉之声停止了，就像在奥斯特拉西亚已停止了一样。

在贻佳死后，王后捻特季尔德让勃艮第的领主们选举佛罗卡都斯当他们的宰相⑥。佛罗卡都斯送信给勃艮第王国内的主教们和主要的领主们，向他们约定，要永远——也就是说，在他们的一生里——保存他们的荣赏和官职⑦。他又用立誓来肯定他的话。《王室的宰相》

---

① "反抗法兰克人得到胜利，维尼狄人是有功的。这个胜利不仅是由于斯克拉旺人的英勇刚毅，也是由于奥斯特拉西亚人的精神涣散；那时他们背离达果柏，心怀仇恨，而接连不断地被抢劫。"佛烈德加利乌斯：《编年史》第68章630年条下。
② "其次，众所周知，奥斯特拉西亚人，由于他们的努力，反抗维尼狄人，而有利地保卫了法兰克人的边界和国土。"佛烈德加利乌斯：《编年史》第75章。
③ 佛烈德加利乌斯《编年史》第79章638年条下。
④ 同上。
⑤ 同上书，第80章639年条下。
⑥ 同上书，第89章641年条下。
⑦ 同上。"佛罗卡都斯写信给勃艮第王国的主要人物和主教们，并且立誓，约定要永远保存他们每一个人的荣赏、官职和友谊。"

一书的著者就把这个时候当做是宰相治理国家的开始①。

佛烈德加利乌斯是勃艮第人,所以关于我们现在所谈的革命②时代勃艮第的宰相们的记述,比关于奥斯特拉西亚和钮斯特利亚的宰相们的记述,要详尽些;但是,在勃艮第所订立的那些条款,由于相同的理由,也在钮斯特利亚和奥斯特拉西亚订立了。

国民相信,把权力交给一个他们所选举的宰相,要比交给国王的宰相稳当些。他们对前者可以要求条件;而后者的权力则是世袭的。

第四节 从宰相制度上所看到的国家的特点

一个国家已经有了国王,而政府又要选择一个人来施行国王的权力,这看来是件极其不可思议的事。但是,姑且不谈当时所存在的情况,我认为法兰克人这方面的思想的渊源是很早的。

法兰克人是日耳曼人的后裔。塔西佗说,日耳曼人选择君王是取决于他的贵族血统;选择首领是取决于他的刚勇③。黎明时期(第一朝代)的君王们和宰相们就是如此;前者是世袭的,后者是选举的[52]。

毫无疑义,那些在全国会议里站起来,向一切愿意跟从他们的人自荐为首领去推行某一冒险计划的君王们,在大多数场合,是把国王的权威和宰相的权力集合在他们自己身上。他们的贵族血统给了他们

---

① "其次,从克罗维斯时起,法兰克王国一致同意,开始由宰相治国;克罗维斯是著名国王达果柏的儿子,梯欧多立克的父亲。"见《王室的宰相》。
② 甲乙本作"我们将要谈到的革命"。
③ "国王出于贵族,首领出于品德。"塔西佗:《日耳曼人的风俗》第7章。

当国王的资格;他们的刚勇又使那些拥戴他们为首领的一些刚毅之士跟从他们,因而取得了宰相的权力。君王的资格使我国初期的君王们当法院和会议的首长,并在这些会议的同意下颁布法律;同时他们的公爵,或是说首领的资格使他们能够进行他们的远征,指挥他们的军队①。

要了解初期法兰克人在这方面的特点,人们只要一看法兰克族人阿波伽斯特斯的行为就够了②。瓦连提尼耶诺斯曾经委任他指挥军队。他就把这位皇帝关在皇宫里;他不许任何人和皇帝谈任何政事或军事。阿波伽斯特斯当时所做的就是后来的柏彬们③所做的。

第五节　宰相们是怎样取得了军队的指挥权的

在国王们指挥军队的时代,国家并没有想到选举首领。克罗维斯和他的四个儿子是法兰克人④的首领,又领导着他们从胜利走向胜利。梯欧德柏的儿子狄波是一个年轻、软弱、又有病的君主;是君王中第一个呆在王宫里的⑤。他拒绝到意大利去征讨纳尔塞斯;又苦痛地看到法兰克人自己选举了两个首领,率领他们到那里去⑥。格罗大利乌斯一世的四个儿子中,贡特兰是最怠于指挥军队的⑦;其他的君王就

---

① 甲乙本只作:"进行远征,指挥军队。"
② 参看《苏尔皮琪·亚历山大》,载格列高里·德·都尔:《法兰克史》第2卷。
③ 指几个名叫"柏彬"的宰相。——译者
④ 原文作"法兰西人"。——译者
⑤ 552年。
⑥ "虽然国王完全不同意,路德利斯和布狄利奴斯仍然同他们结连在一起,进行战争。"阿加提亚斯:《查士丁尼的生活与行动》第1卷。格列高里·德·都尔:《法兰克史》第4卷第9章。
⑦ 贡特兰甚至不征讨贡多瓦尔德。后者自称为格罗大利乌斯的儿子,并要求分有王国。

仿效了他的榜样。为防止把军队的指挥权交给他人的危险,他们把军队的指挥权交托给好几个首领,或是说公爵①。

我们看到,这就产生了无数的不便。纪律没有了;人们不再懂得服从了。军队只能是自己国家的灾难了;他们在没有达到敌人的地方以前就已经满带着劫掠的东西了。格列高里·德·都尔在他的书里曾对这些弊害做了生动的描写②。贡特兰说:"我们没有保住我们的祖先所学得的东西,我们怎能取得胜利呢?我们的国家已经和从前不一样了……。"③奇事!自克罗维斯的孙子起,这个国家就已经腐化了。

结果,人们就设立了单独的一个公爵,这是自然的。这一个公爵有权管理那无数的、已不复懂得自己的义务的领主和"忠臣";这一个公爵重建军事纪律,并领导一个只懂得内战的国家去和敌人作战。因此,人们就把权力给予宰相了。

宰相最初的职务是管理国王的家事④。后来他就协同其他军官在政治上管理采地;末了,他就能够单独处理采地⑤。他又管理军事并指挥军队;这两种职务是有必要和其他两种职务结连在一起的。在当时,招募军队比指挥军队困难;谁能比那个能施与"恩赏"的人更宜于掌握这种权力呢?在这个独立而好战的民族里,应该要劝诱多于强制;应该要把领主死亡而空出的采地给人或让人有希望取得它;应该

---

① 他们的数目有时候到二十人之多。参看格列高里·德·都尔:《法兰克史》第5卷第27章;第8卷第18和30章;第10卷第3章。达果柏在勃艮第是没有宰相的;他采取同样的政策,派遣了十个公爵和几个伯爵去同加斯康人作战;这些伯爵是不受公爵节制的。佛烈德加利乌斯:《编年史》第78章636年条下。
② 格列高里·德·都尔:《法兰克史》第8卷第30和第10卷第3章。
③ 同上书,第8卷第30章。
④ "宰相",法文原文本来就是"官内长官"、"官宰"的意思。——译者
⑤ 参看《勃艮第法》附录二第18篇,和格列高里·德·都尔:《法兰克史》第9卷第36章。

不断地给人酬劳；应该让人憎恶偏爱。因此，管理宫廷的人就应该当军队的将领了。

第六节　黎明时期王权衰微的第二阶段

自布纶荷服刑以后，宰相便在国王之下治理国家；虽然宰相领导战争，国王仍然是军队的首长，宰相和国民就在他的下面进行战争。但是，柏彬公爵对梯欧多立克[①]和他的宰相[②]的胜利成功地降低了国王们的地位[③]；查理马特尔对查尔柏立克和他的宰相兰佛洛哇的胜利更确定了国王们地位的降低[④]。奥斯特拉西亚两次战胜钮斯特利亚和勃艮第；奥斯特拉西亚的宰相职位就好像柏彬们这一家族所专有的那样，所以这个宰相职位[⑤]就高出了一切其他宰相的职位；这个家族就高出了一切其他家族。胜利者们害怕哪一个有信誉的人抓住国王以煽动纷乱，所以他们就把国王们羁留在王宫里，也就好像在一种监狱里一样[⑥]。一年一次把国王给人民看看。这时，国王们就颁布法令，但这些实际是宰相的法令；他们回答大使们的问题，但这些实际是宰相的回答[⑦]。这就是历史家们所记述的宰相支配国王的时代。那时国王

---

① 甲乙本作"反对梯欧多立克"。
② 参看《麦次史记》687和688年条下。
③ "给予他们国王的名义，而他自己则享有全国的特权……。"同上书695年条下。
④ 同上书719年条下。
⑤ 原文mairie；甲乙本作mairerie。
⑥ "准许他们在自己的权力下当国王。"《麦次史记》719年条下。
⑦ 《桑都伦西史记》第2卷。"他［国王］好像以自己的权力来回答；这回答有教训的意思，或是更正确地说，含着命令的意思。"

就是屈服于宰相的[1]。

国民对于柏彬家族的热情竟达到这样的程度，就是他们立了柏彬的一个幼小的孙子做宰相[2]，又把他放在一个什么达果柏王之上，也就是说，把一个幻影放在另一个幻影之上。

第七节　宰相治下的重要职位和采地

宰相们无意建立地位和官职不时撤换的情况。他们之所以能够进行统治，纯粹是因为他们保护了贵族的官职。因此，重要的职位依然是终生的职位；这个习惯并且逐渐地确定了下来。

但是关于采地，我有一些特别的意见。我并不怀疑，从那时代起，大多数的采地都变成世袭的了。

在安得丽条约[3]里，贡特兰和他的侄子柴尔德柏承担义务，要继续维持他们以前的君王们所施与"忠臣"们和教会的各种恩赐；又准许国王们的王后、公主、寡后用遗嘱对她们从国库得到的东西作永久性的处理[4]。

马尔库尔富斯就在宰相的时代写他的《法式书》[5]。在其中的一

---

[1] 《麦次史记》691年条下。"柏彬监管梯欧多立克那年……。"《富尔德史记》或《罗立沙姆（罗尔矢）史记》。"法兰克人的首领柏彬，统治了法兰克王国二十七年；国王就屈服在他手下。"
[2] "此后，格黎墨尔的小儿多铎阿尔当了宰相；他就在当地和前述国王达果柏在一起。"无名氏：《佛烈德加利乌斯编年史续篇》第104章714年条下。
[3] 格列高里·德·都尔：《法兰克史》第9卷引证了这个条约。又参看615年格罗大利乌斯二世《诏谕》第16条。
[4] "如果有得自国库的土地或荣赏和援助，她们可以为所欲为，或用遗嘱加以处理，永远保留不变。"
[5] 参看《法式书》第1卷第24和34条。

些法式里，我们看到国王们把赏赐给予一个人本人，也给予他的后嗣[①]。这些法式既然是生活上普通活动的写照，它们就可以证明，在黎明时期（第一朝代）的末年，一部分的采地已经由后嗣承袭。当时的人们还远远没有一种"辖地不可剥夺"的观念；这是极近代的东西，所以无论是在理论上或实际上都是当时人们所不晓得的。

关于这点，我即将提出事实的证据。当我能够指出有一个时期已经不再给军队恩赏，也没有任何经费来维持军队的时候，我们就确实可以肯定，旧时的恩赏已经被剥夺了。这个时期就是查理马特尔的时期。他建立了一些新的采地；我们应该把这些采地和初期的采地好好地区别开来。

当国王们开始赐予永久性的恩赏的时候，不管这是因为政府已经腐化，或甚至是因为律令上规定国王有义务不断给予酬劳，国王们这样做主要还是使采地而不是使伯爵辖地永久化，这是自然的。放弃自己的一些土地不算什么；放弃重要职位，那就要丧失权力本身。

第八节　自由土地怎样变成了采地

从马尔库尔富斯的一条法式[②]里，可以看到人们把自由土地变成采地的方法[③]。土地的主人把他的土地给予国王；国王再把它作为一种"用益权地"或"恩赏"而返还给献地者；献地者又再向国王指定

[①] 参看同书第1卷第14条。该法式适用于一开始就是永久性赏赐的国库财产，也适用于开始是恩赏，后来才改为永久性赏赐的国库财产；依照该法式，赏赐"就好像是从那里，或更正确地说，从我们的国库取得的。"又参看同书第17条。
[②] 《法式书》第1卷第13条。
[③] "方法"原文为单数式；甲本作多数式。

自己的继承人。

如果要发现土地的主人为什么要改变他的自由土地的性质的各种原因，我就必须像进入深渊里一样，去探究当时贵族的古老特权；这些贵族，在十一个世纪的期间里，是遍身沾满尘土、血迹和汗污的。

拥有采地的人是享有极大的利益的。他们受害时所得到的和解金比自由人多。从马尔库尔富斯的法式里可以看到，"杀死国王封臣的人要给付和解金六百苏"是国王封臣的特权。这个特权是《撒利克法》[①]和《莱茵河畔法兰克部族法》[②]所设立的。这两种法律规定国王封臣的死亡和解金为六百苏，同时对一个自由人——法兰克人、野蛮人或生活在《撒利克法》下的人——的死亡则仅仅规定为二百苏；对一个罗马人的死亡则仅仅规定为一百苏[③]。

这并不是国王封臣所享有的唯一特权。我们应该知道，如果一个人被传唤受审而拒不到案，或不服从法官的命令，他便将被传唤到国王跟前去[④]；如果他仍然坚持不到案的话，他便将被摈弃在国王保护之外[⑤]，将没有人可以接纳他进自己的家，甚至将没有人可以给他面包。如果他是普通出身的人的话，他的财产将被没收[⑥]；但如果是国王的封臣的话，就不如此[⑦]。前者拒不到案就被认为足以定罪；后者则不然。前者虽是极细微的罪行，就要受开水立证的审判[⑧]；后者则

---

① 《撒利克法》第44篇。又参看第46篇第3、4节和第74篇。
② 《莱茵河畔法兰克部族法》第11篇。
③ 参看同上书第7篇；《撒利克法》第44篇第1、4条。
④ 《撒利克法》第59、76篇。
⑤ "在国王说话的范围之外。"《撒利克法》第59、76篇。
⑥ 同上书，第59篇第1节。
⑦ 同上书，第76篇第1节。
⑧ 同上书，第56、59篇。

只有在凶杀的场合才可判以开水立证①。末后一点：在审判时，不得强制国王的一个封臣立不利于另一个封臣的誓言②。这些特权时时都在增加着；卡尔罗曼的敕令给国王的封臣们这样一个荣誉，就是不得强制他们由自己立誓，而仅仅可以通过他们自己的封臣的嘴立誓③。此外，如果一个享有这些荣誉的人没有参加军队的话，对他的刑罚是，在他没有服兵役的期间，禁止他吃肉、喝酒；但是一个自由人，如果没有跟随伯爵的话④，就要罚金六十苏⑤，并要服奴役到交付该款为止。

因此，我们可以想象到，那些不是国王封臣的法兰克人——罗马人更不用说了——就都千方百计想要当国王的封臣了；又为了使土地免被剥夺，他们就想出了这个办法，把自由土地献给国王，再由国王作为采地发回，然后向国王指定土地继承人。这个习惯老是继续存在着；它在第二时期（第二朝代）纷乱的时候尤其盛行；那时人人都需要一个保护者，又愿意和其他领主们联合在一起，并且好像是愿意进入一种"封建的君主国"，因为"政治的君主国"已经不存在了⑥。

这个习惯在第三时期（第三朝代）仍然继续存在着，这从一些条例里可以看到⑦；有时是土地所有人把他的自由土地献上，又依据同一行为收回；有时是先宣布它是自由土地，然后承认它是采地。这类

---

① 《撒利克法》第76篇第1节。
② 同上书，第76篇第2节。
③ 883年由迎春殿发布的《敕令》第4和11条。
④ 812年查理曼《敕令Ⅱ》第1、3条。
⑤ 《赫利巴诺》。
⑥ 兰柏·达德尔说："不给病弱的继承人留遗产。"见杜刚支：《中末期拉丁语解》alodis字下。
⑦ 参看杜刚支：《中末期拉丁语解》alodis字下所引的条例；和伽兰：《自由土地论》第14页等所录各条例。

采地就叫做"收回的采地"。

这并不是说,拥有采地的人就像一个好的家长一样管理采地了。虽然自由人千方百计要取得采地,但是他们对待这类财产就像我们今天管理用益权地一样。因为这个缘故,我们最谨慎、最小心的君主查理曼才制定许多法规来阻止人们为着自己产业的利益而降低采地的地位①。这只能证明,在他的时代,大多数的恩赏仍然是终生享有的,所以人们关心自由土地多于关心恩赏;但是这并不能使人们去掉"喜欢当国王封臣胜于当自由人"的思想。由于某些原因,一个领主可能处分他的采地的某一个特殊部分;但他是不愿意把他的爵位本身丧失掉的。

我们知道,查理曼曾经在一道《敕令》里抱怨,有一些地方有人把他们的采地作为产业给人,此后又作为产业买回②。但是我并没有说,人们不是爱产业胜于用益权地。我只是说,当人们能够像上述法式里所看到的情况一样,把一块自由土地变成可以世袭的采地的时候,他是可以由此获得巨大利益的。

第九节　教会的财产怎样被改成采地

国库的财产,除了作为国王的赏赐以诱导法兰克人进行新的冒险事业之外,是不应当有其他目的的;在另一方面,新的冒险事业则增加国库的财产;我已经说过,这就是这个民族的精神。但是赏赐却

---

① 802年《敕令Ⅱ》第10条;803年《敕令Ⅶ》第3条;日期未详的《敕令Ⅰ》第49条;和806年《敕令》第7条。
② 806年《敕令Ⅴ》第8条。

走了另外一条道路。我们现在还可以看到克罗维斯的孙子查尔柏立克的一篇演讲;在这里,他已经在抱怨,他的财产几乎全都被给了教会①。

他说:"我们的国库已经匮乏了;我们的财富已被转移给教会了。只有主教们在进行统治;他们威势显赫,而我们已黯然无光了。"②

因此,不敢攻击各领主的宰相们就劫掠教会;柏彬进入钮斯特利亚所凭借的理由之一,就是主教们请他去遏止国王们——也就是宰相们——的计划,因为他们把教会的财产都剥夺净尽了③。

奥斯特拉西亚的宰相们——也就是说柏彬们一家——对待教会,要比过去钮斯特利亚和勃艮第的宰相们宽和些;这从我们的历史记录去看是极清楚的;据这些记录,僧侣们对柏彬们的热心宗教和慷慨捐施是赞叹不绝的④。柏彬们自己就据有教会的各个最高职位。这就像查尔柏立克对主教们所说的一样:"一只乌鸦是不会啄掉另一只乌鸦的眼睛的。"⑤

柏彬征服了钮斯特利亚和勃艮第;但是,由于他是以教会受到压迫为借口来消灭那里的宰相们和国王们的,所以他已不可能抢劫教会而不和他所标榜的目的相矛盾,不可能不使人们看到他是在播弄国民。但是,征服了两个庞大的王国,又毁灭了反对的党派,这就给他以足

---

① 格列高里·德·都尔:《法兰克史》第6卷第46章。
② 就是因为这个缘故,他撤销有利于教会的遗嘱,甚至取消他父亲所捐施的东西。但是贡特兰又恢复这些捐施,甚至又新作一些捐施。格列高里·德·都尔:《法兰克史》第7卷第7章。
③ 参看《麦次史记》687年条下。"我首先被司祭和神仆的怨言所激动,因为他们经常到我这里来,为的是教堂的财产被非正义地抢夺了去……。"
④ 参看《麦次史记》。
⑤ 在格列高里·德·都尔:《法兰克史》内。

够的资产来满足他的将领。

柏彬由于保护僧侣而成为君主国的主人。但是他的儿子查理马特尔,如果不压迫僧侣,那就没法维持自己的地位。这位君主,看到国王财产和国库财产的一部分已经被作为一生的财产或作为永远的产业给予了贵族,又看到僧侣们从有钱人和穷人的手中接受东西,甚至获得了一大部分的自由土地,所以他就劫掠教会了。而且,最初期分割的采地这时已不复存在了,所以他就重新建立第二次的采地[①]。他为着自己,又为着自己的将领,就攫取教堂的财产,甚至连教堂本身也占有了;这样,他杜绝了一种弊病;这种弊病和普通的疾病不同,因为它异乎寻常,所以反而容易治疗。

第十节 僧侣的财富

僧侣们接受的东西是极多的,所以在三个朝代的期间里,他们有几次应该说是把王国内的一切财产全都接受了。但是,国王们、贵族们和老百姓既然找到了把他们的一切财产都给予僧侣的方法,他们同样也能找到剥夺僧侣财产的方法。宗教的热诚使人们在黎明时期(第一朝代)建立起教堂来;但是尚武的精神又使人们把教堂给予军人,军人又把他们分给自己的子女。这时从僧侣们的财产收入目录中剔出的土地应该是很多的啊!第二时期(第二朝代)的君王们又慷慨解囊,大量捐施了。接着诺曼人来了;他们又抢又劫,又特别对神父和修士进行迫害,搜寻修道院,注视有宗教设施的地方,因为[②]他们把他们

---

① 「查理夺取许多教会的田产,把它们与国库合并,然后分散给军人。」《桑都伦西史记》第2卷。
② 甲乙本没有"因为他们把他们的偶像……不能使他们就忘记"这些句子。

197

的偶像遭受毁坏以及查理曼的各种暴行都归罪于僧侣们。查理曼曾迫使他们先先后后逃往北方避难。这些仇恨，四五十年的时间不能使他们就忘记。在这种情况下①，僧侣们失掉了多少财产呢！这时几乎没有僧侣剩下，可以要求返还这些失掉的财产了。因此，又要等到第三时期（第三朝代）的宗教热诚来让人大量建筑教堂，大量捐献土地了。当时在各地传播并为人们所信仰的见解、主张是足以剥夺俗人的一切财产的，如果他们是十分信实的人的话[53]。但是，僧侣们虽有野心，而俗人也是有野心的；死亡的人虽捐施遗产，继承的人却是愿意把它夺回的。因此，领主们和主教们之间、士绅们和神父们之间的纠纷，就像浮云过眼、层见叠出了；僧侣们所受的压力必然是很沉重的，因为他们不能不置身于某些领主保护之下；这些领主一时保护他们，但以后便压迫他们了。

第三时期（第三朝代）的朝廷，施政较为贤明。它已经许可僧侣们增加他们的财产。喀尔文教徒出现了；他们让人把教堂中一切金器和银器都铸成货币②。僧侣们的财产怎样能够安全呢？他们的生命也是不安全的啊！当他们在为纠纷的问题争论的时候，人们却已放火烧毁他们的档案了。他们向始终被弄得倾家荡产的贵族们要求返还贵族们已经不再持有的东西或是已通过无数方式抵押了出去的东西，这不是缘木求鱼么？过去僧侣们老是在取得，老是在返还，现在仍然在取得。

---

① 原文 Dans cet état de choses；甲乙本没有 de choses 二字。
② 抢劫了教堂。——译者

第十一节　查理马特尔时代欧洲的情况

查理马特尔竭力劫掠僧侣，而他所处的环境是最幸运不过的。他为军人所畏惧，又为军人所爱戴；他为军人工作，找借口同萨拉森人打仗①；僧侣们对他恨入骨髓，而他却是完全不需要僧侣的。教皇是需要他的，并向他伸出双手；格列高里三世派遣著名的使节到他那里去②，这是众所周知的。这两种权力结合③起来了，因为它们是相依为命的。教皇需要法兰克人的支持去反对伦巴底人和希腊人；查理马特尔④需要教皇去屈辱希腊人，去为难伦巴底人，去让他自己在国内受到更大的尊敬，去保证他已有的头衔和他自己或他的子女可能得到的头衔⑤。因此，他的计划是不能失败的。

奥尔良的主教圣欧奢利乌斯看到了一个"异象"⑥，惊动了各君主。关于这问题，我不能不引用在兰斯集会的主教们写给侵略了秃头查理领土的日耳曼王路易的一封信⑦，因为它很可以使我们看到当时的事物状况和精神面貌是什么样。主教们说："圣欧奢利乌斯被抓到天上

---

① 参看《麦次史记》。
② "前述的大司祭格列高里，以罗马的国王们的意旨写信，因为罗马人民背弃了皇帝的统治，愿意归顺到自己的保护和不可战胜的宽仁慈悲之下。"《麦次史记》741年条下。"……缔约以后，好从皇帝的地区撤出。"佛烈德加利乌斯：《编年史》。
③ 甲乙本作"牢固地结合"。
④ 甲乙本作："……和希腊人；法兰克人需要教皇给他们当屏障，以抵御希腊人，以为难伦巴底人；查理马特尔的计划是不能失败的。"
⑤ 在当时的著作里，我们可以看到，许多教皇们的权威在法兰西人的精神上所留下的印象。虽然国王柏彬曾经由麻烟的大主教加冕，但是他把教皇埃田对他所施的抹油礼看做是肯定他的一切权利的行动。
⑥ 幻梦之类，基督教认为是神的启示。——译者
⑦ 858年由伽里西阿果发的信，载巴路兹辑《敕令会纂》第2册第101页。

去；他看见查理马特尔由于圣人们的命令在下层地狱里①受到苦刑；这些圣人是应当陪同耶稣基督参与末日审判的；查理马特尔被提前判处这种刑罚，是因为他抢夺了教会的财产，因此所有捐施财产的人们的罪②都要由他担负了；柏彬曾为此召集了一个会议；他命令一切可以收回的教会财产都要返还给教会；由于他和阿规丹的公爵魏佛尔发生纠纷，他只能收回一部分，因此他对其余未能收回的财产则开发袒护教会的一种"权利未定的执照"③④；他又规定俗人占有教会财产应纳什一税，每所房子又要缴纳十二逮那利；查理曼未曾把教会的财产给人，而且相反地，他发布一道敕令，约定他和他的继承者们永远不把教会财产给人；他们所说的都用笔写出，他们当中还有一些人曾听到了两位国王的父亲柔懦路易的陈述。"⑤

主教们所说的柏彬王的规章是莱布第因主教会议时制定的⑥。它对教会的好处是，持有教会财产的人对这些财产的占有权利被置于一种不确定的状态中；教会对这些财产又可以收什一税，从属于教会的每一所房子还可以收到十二逮那利。不过这是一种治标的药剂；病痛则依然存在。

这事甚至引起了反对。柏彬不得不颁发另一道敕令⑦，告诫据有

---

① 按《新约圣经》，从天上是可以看到地狱的。——译者
② 基督教认为无论谁都是有罪的。——译者
③ 古耶斯在他对《采地论》第1卷所作的注释里说："权利未定的执照，是授与权利不肯定的占有者的。"我在柏彬王柏彬朝3年的一张执照里发现，柏彬不是最先创设这种"权利未定的执照"的人；他引了爱布罗恩宰相开发的一张这种执照；后来人们又继续开发这种执照。参看本笃会神父：《法兰西的史家们》第5册内该国王执照第6款。
④ 给予未能收回的教会财产的占有者。——译者
⑤ 巴路兹辑《敕令会纂》第2册第109页第7条。
⑥ 743年。参看巴路兹辑《敕令会纂》第5卷第825页第3条。
⑦ 756年由麦次颁发的《敕令》第4条。

这些教会财产的人缴纳什一税和房钱，而且要他们维护属于主教管区或寺院的房屋，否则将受到"丧失所分得的这些财产"的处罚。查理曼又重申了这些法规①。

在上述的信中，主教们说，查理曼答应他自己和他的继任者们不再把教堂的财产分给军人，这同这位君主为解除僧侣们在这个问题上的恐惧而于803年由爱克斯拉沙柏尔颁发的敕令，是相吻合的；但是已经分了的财产则依然不收回②。主教们又说，柔懦路易继续查理曼的做法，没有把教会的财产分给士兵。

但是，旧时的积弊极深，所以在柔懦路易的儿子们统治的时代，俗人就把教士们安置在他们的教堂里，或是不经主教们的同意就把他们驱逐出去③。教堂就由继承的人们去分割④。当人们粗暴地占据教堂的时候，主教们除了撤走圣骸而外是没有其他办法的⑤。

刚比昂的敕令⑥规定，国王的钦差，在占有寺院的人们的同意⑦和陪同下，可以和主教巡视一切寺院。这条一般性的规则证明，流弊是普遍的。

---

① 参看803年查理曼由窝姆斯颁发的《敕令》，载巴路兹辑《敕令会纂》第411页；它对这种权利未定的书契作了规定。又参看794年由佛兰克福颁发的有关修理房屋的《敕令》第24条，载同书第267页；和800年《敕令》，载同书第330页。
② 这从上注和意大利王柏彬的敕令可以看到。这道敕令说，该君主将把寺院作为采地给予申请采地的人们。这道敕令被附加于《伦巴底法》第3卷第1篇30节内和《撒利克法》第26篇第4条内（《柏彬法律会纂》在爱卡尔：《法兰克人的撒利克法及莱茵河畔地区的法律》内第195页）。
③ 参看罗达利乌斯一世的《条例》，在《伦巴底法》第3卷法1第48节内。
④ 同上书，第44节。
⑤ 同上。
⑥ 秃头查理朝28年也就是868年颁发的，载巴路兹辑《敕令会纂》第203页。
⑦ "和占有该地方的人商量，并取得他们的同意。"

201

这不是因为没有法律规定返还教会的财产。教皇在责难主教们怠于重建寺院之后，写信给秃头查理说，主教们没有为这种责难所激动，因为他们没有过失①；他们要他记得多少次的全国会议所曾答应过、议决过、规定过的东西。实际上，他们引了九次会议的决议。

人们总是在争论。诺曼人来了；他们使每一个人的意见都一致了。

第十二节　什一税的建立

柏彬王时所制定的法规给教会以减轻痛苦的希望多于实在地减轻了它的痛苦。查理曼看到僧侣们的财产都在军人手中，就像过去查理马特尔看到一切公共财产都在僧侣们手中一样。要从军人手中收回人们分给了他们的东西是做不到的。这样做，从事情的性质来说，本来就是不合实际的，而当时的情势更使这种做法行不通。但是在另一方面，又不应该使基督教因为缺乏教士、教堂和说教而灭亡②。

因此，查理曼设立了什一税。这是一种新型的财产。它对僧侣们有一个好处，就是它既是单独给予教会的东西，那么将来就比较容易知道它是在什么时候被抢夺了去的③。

有人曾把这个制度的建立时期提得比查理曼还早；但是从我看来，他们所引证的权威著作恰恰是他们的主张的反面证据。格罗大利乌斯

---

① 秃头查理朝16年也就是856年波诺依路会议，见巴路兹辑《敕令会纂》第78页。
② 查理马特尔时发生内战，兰斯教会的财产被分给了俗人。人们不管僧侣们，让他们能怎样生活就怎样生活。这是《圣雷米传》（苏利乌斯版第1册第279页）所说的。
③ 《伦巴底法》第3卷第3篇第1—2节。

的《律令》①只是说，对教会的财产不征收某些什一税②。当时教会自己绝对没有征收什一税，所以它的整个主张只是要人们宽免它缴纳什一税而已。玛康的第二次主教会议在585年召开，规定人们缴纳什一税③；诚然，它说，古代人们缴纳过这种税；但是它又说，当时人们已不再缴纳了。

在查理曼以前，人们曾打开《圣经》，宣传该书《利未记》中的捐施和祭献，对此谁能有所怀疑呢？但是，我的意见是，在这位君主以前，人们可能宣传过什一税；但是这种税并没有建立起来。

我说过，柏彬王统治时期所制定的法规规定，占有教会财产作为采地的人们，要缴纳什一税并修缮教堂。要依靠一项无可争辩是公道的法律去强制国内的重要人物以身作则，是艰巨的一件事。

查理曼更进了一步。从他由维利思所颁发的敕令④，我们看到他要他自己的地产缴纳什一税。这又是一个非常惊人的榜样。

但是老百姓几乎是不能够因为一些榜样而放弃自己的利益的。佛兰克福的宗教会议⑤向老百姓提出了一个应缴纳什一税的更急迫的理由。在该会议时颁发的一道敕令说，在最近饥荒的时候，人们曾发现

---

① 这就是我在上面第4节里谈得很多的那项《律令》，载巴路兹辑《敕令会纂》第1卷第9页第11条。
② "我们放弃教会的田产、牧畜，或是更正确地说，什一的猪；这样，官吏和收什一税的税吏就不干扰教会了。"800年查理曼的《敕令》（巴路兹辑《敕令会纂》第333页）很好地说明，格罗大利乌斯所宽免教会缴纳的是什么样的一种什一税。这就是人们放进国王的森林里饲养的猪的什一税。查理曼要他的法官们同他人一样缴纳这种什一税，作为榜样，我们看到，这是一种采地税或经济税。
③ 《圣典Ⅴ》，载雅各·西蒙都斯：《古代高卢的主教会议》第1册。
④ 《敕令》第6条，载巴路兹辑《敕令会纂》第332页。它是800年颁布的。
⑤ 794年，查理曼时候召开的。

麦穗是空心的；它们是被魔鬼吃光了的；人们又曾听到魔鬼的声音，责难人们没有缴纳什一税①；因此就命令一切持有教会财产的人缴纳什一税；并因此命令人人都要缴纳什一税。

查理曼的计划起初没有成功；这个负担似乎是太沉重了②。犹太人缴纳什一税原来就是他们的共和国建立计划的一部分；但是这里缴纳的什一税却是同君主国建立的税收毫不相干的一种赋税。从《伦巴底法》的附加条款③，我们可以看到，使民法接受什一税是曾经遇到困难的；从各主教会议制定的各种寺院法，我们可以看到由僧侣接受什一税所遇到的困难。

老百姓终于同意缴纳什一税，但以能够买回所纳税物为条件。柔懦路易的律令④和他的儿子罗达利乌斯皇帝的律令⑤对此是不许可的。

查理曼制定了建立什一税的法律；这个工作是出于必要。它仅仅和宗教有关系；但绝不是出于迷信。

他把什一税分成四部分，一部分充作教会的财产收入，一部分给予穷人，一部分给予主教，一部分给予教士。这个著名的划分⑥很好地证明，他愿意把一种固定的、永久的地位给予教会。教会已经失掉了这种地位。

---

① "依证据，我们确切地知道，魔鬼们愤怒地把全年的糠食都吃光了，又听到他们责难的声音……。"《敕令》第23条，载巴路兹辑《敕令会纂》第267页。
② 除其他敕令之外，参看829年柔懦路易的《敕令》，载巴路兹辑《敕令会纂》第663页。这道敕令是反对那些为不纳什一税而不耕种土地的人的；又第5条："我们的父亲和我们经常在各处劝说九一税或什一税。"
③ 除其他法律之外，参看罗达利乌斯的法律，载《伦巴底法》第3卷第3篇第6章。
④ 829年《律令》第7条，载巴路兹辑《敕令会纂》第1册第663页。
⑤ 《伦巴底法》第3卷第3篇第8节。
⑥ 同上书，第3卷第3篇第4节。

从他的遗嘱[1]可以看到，他愿意使他补偿他祖父查理马特尔的过失的工作臻于完成。他把他的动产平分为三份。他把其中第一、第二两份再分为二十一份，给予他帝国的二十一个首府；其中每份又重由各首府和它的每附属主教区分有。他又把第三份分为四份，一份给予他的儿子和孙子，一份加到已分的第一、第二两份中去，所剩两份则用于慈善事业。他主要似乎不把他这样给予教会的巨额捐施，看做是一种宗教性的行为，而是一种政治性的分配。

第十三节 主教和僧院长的选举

教会变得贫穷了，所以国王们就放弃了对主教和其他有俸圣职人员的选派[2]。君主们因为给教会任命教士而受到的烦恼较少了；教会地位的竞争者们也较少去求助于君主们的权威了。这样，教会就由被剥夺财产而得到了一种补偿。

此外，如果柔懦路易留给罗马人民以选举教皇的权利的话，那也是由于他的时代的一般精神的影响[3]。他对罗马教皇教座的做法和他对其他教区教座的做法是一样的。

---

[1] 这是艾真哈所录的一种遗嘱的补正书，同高尔达斯特和巴路兹书里所看到的遗嘱本文不一样。
[2] 参看803年查理曼：《敕令》第2条，载巴路兹辑《敕令会纂》第379页；和834年柔懦路易：《诏谕》，载高尔达斯特辑《帝国律令辑览》第1卷。
[3] 这是著名的圣典《朕路易》里所说的；这部圣典显然是伪造的；载巴路兹辑《敕令会纂》第591页817年条下。

第十四节　查理马特尔的采地

我不能断定，查理马特尔在把教会财产作为采地给人的时候，到底是仅仅给予一生，或是永远给予。我所知道的只是，在查理曼①和罗达利乌斯一世②的时代，曾经有过这类财产由继承人承袭，并由他们分有的情况。

我又发现，其中有一部分是作为自由土地分给人的，另一部分是作为采地分给人的③。

我曾经说过，自由土地的所有人和采地的占有者同样地要负担役务。无疑，就是因为这个缘故，查理马特尔把上述土地作为自由土地也作为采地分给了人。

第十五节　续前

应当指出，采地变为教会财产，教会财产变为采地，这样，采地和教会的财产就彼此吸收了对方的某些特质。因此，教会的财产便具有了采地的特权，而采地也具有了教会财产的特权；例如教会的体面上的权利就是在这时期产生的④。又因为这些权利一向附着于司法权

---

① 从801年查理曼：《敕令》第17条（载巴路兹辑《敕令会纂》第1册第360页），可以看见。
② 参看罗达利乌斯一世《律令》，载《伦巴底法》第3卷第1篇第44节内。
③ 参看上注《律令》和846年秃头查理由斯巴纳哥别墅颁发的《敕令》第20章，载巴路兹辑《敕令会纂》第2册第31页，和853年梭桑宗教会议时颁发的《敕令》第3和5章，载同书第2册第54页；和851年在阿狄尼亚果颁发的《敕令》第10章，载同书第2册第70页。又参看日期未详的查理曼：《敕令Ⅰ》第49和56条，载同书第1册第519页。
④ 从《敕令》第5卷第44条和863年毕斯特敕令第8—9条；可以看到这些敕令建立了领主们像今天一样的体面上的权利。

力，特别是附着于我们今天的所谓采地，因此世袭的司法职位也就和这些权利同时建立了①。

第十六节　王冠和相职[54]的结合②。第二时期

问题的顺序使我打乱了时间的顺序；所以我在没有叙述柏彬称王，王位落入喀罗林朝这个著名时期之前，首先谈论了查理曼。这次王位的转移，和普通历史事件截然不同，在今天也许比事件发生的当时甚至更为人们所注目。

[在墨罗温朝的时候]，国王们没有权力，只是一个名义；国王的称号是世袭的，而宰相的称号是选举的。虽然到了墨罗温朝的末期，宰相们有权力把他们所中意的墨罗温王族的人捧上宝座，但是他们并没有从另一个家族去拣选国王；规定王冠属于某一个家族的古代法律，并没有从法兰克人的心中被抹掉。在君主国里，国王个人几乎无人认识；但是王位却是尽人皆知的。查理马特尔的儿子柏彬认为把国王和宰相两种称号混合在一个人身上，是适合时宜的；这种混合将使王位是否世袭成为一个永远不能确定的问题；这对他已经够了；他已经把宰相的大权和国王的地位联合在一起。因此，宰相的权威就和国王的权威混合了。这两种权威的混合就产生了一种折中的情况。以前，宰相是选举的，国王是世袭的；到第二朝代（第二时期）开始，国王是

---

① 甲乙本没有"又因为这些权利……同时建立了"句。
② 这节谈的是法国史的黎明时期（第一朝代，即墨罗温朝），王室式微，宰相专权，宰相查理马特尔子柏彬终于篡夺了王位，把国王的虚位和宰相的实权结合在一人身上，建立了喀罗林朝，即法国史的第二时期，也就是第二朝代。——译者

选举的了，因为是由人民选举的；国王又是世袭的，因为人民总是从同一个家族去挑选①。

勒冠特神父[55]不顾一切历史文献上的证据②，否认教皇曾批准了这个巨大的变化③。他的理由之一是，如果教皇这样做的话，那他就是做了一件不公正的事。当我们看到一个历史家用人类应该做什么去判断人类所曾经做的事，能不惊叹！使用这种推理法，我们就不再有什么历史了。

不管怎样，我们可以肯定，自公爵柏彬获得胜利以后，柏彬的家族就统治了国家，而墨罗温的家族就不再是统治者了。当他的孙子柏彬被加冕为王的时候，那只是多一次仪式，少一个尸位而已；这样，他除了国王的装饰而外，一无所得；国家是毫无改变的。

我这样说，为的是要确定这次革命发生的时候，使人们不至错误地把革命的后果看做是革命本身。

当第三时期（第三朝代）初雨格·卡佩被加冕为王的时候，国家发生了更巨大的一次变化，因为国家由无政府状态进入了多少有个什么政府的状态。但是，当柏彬取得王冠的时候，国家的政府并没有改变。

当柏彬被加冕为王的时候，他只是改变了名义而已；但是当雨格·卡佩被加冕为王的时候，情况改变了，因为一个大采地和王冠结连在一起就结束了无政府状态。

当柏彬被加冕为王的时候，国王的称号同最重要的官职结连在一

---

① 参看查理曼的遗嘱；和柔懦路易在奎尔济召开的全国会议时把国土分给儿子们的经过；高尔达斯特这样记述着："人民同意选举他，以继承父亲的王位。"
② 无名氏：《史记》752年条下；和《桑都伦西史记》754年条下。
③ "在柏彬死后所编造的荒唐故事是违反教皇杂卡利亚的圣德和公正的。……"勒冠特：《法兰克教会年录417—485》第2册第319页。

208

起；当雨格·卡佩被加冕为王的时候，国王的称号同最大的采地结连在一起。

第十七节 第二时期；选举国王的特殊情况

从柏彬加冕的仪式书里，我们看到查理曼和卡尔罗曼也被抹了圣油并受到祝福[1]；同时法兰西的领主们又承担义务，永远不选举其他家族的人为王，违者将受到休职和开除教籍的刑罚[2]。

从查理曼和柔懦路易的遗嘱可以看到，法兰克人是从国王的儿子中选举国王的；这和上面所引条款，正相符合。当帝国落入查理曼以外的其他家族时，过去附有限制和条件的选举权利就成为单纯的选举权利了；古代的律令就被违背了。

当柏彬感到自己的生命已经将近结束的时候，便召集僧俗领主们到圣德尼开会；并把王国分给他的两个儿子查理曼和卡尔罗曼[3]。我们没有这次会议的议决案；但是，就像巴路兹先生所指出[4]，从卡尼西乌斯所搜集、发表的古代历史文献[5]和《麦次史记》中，我们可以知道会议经过的情形。那里，我看到了两件多少是矛盾的事情。起初，柏彬通过贵族的同意分割了他的王国；但后来却说，他是依据父权进行分割的。这就证明了我上面所说的话：在第二时期（第二朝代），人民的权利是从王族中选举国王；正确说来，这个权利与其说是选举

---

[1] 本笃会神父：《法兰西的史家们》第 5 册第 9 页。
[2] "使他们永远不从其他家族选举国王；而是从他的家族选出。"同上书，第 10 页。
[3] 在 768 年。
[4] 巴路兹辑《敕令会纂》第 1 册第 188 页。
[5] 卡尼西乌斯：《古史选读》第 2 卷。

209

权,毋宁说是排斥权。

这种选举权,从第二时期(第二朝代)的文献也可以证实。查理曼把他的帝国分给他的三个儿子的敕令,就是一个例子。在这道敕令里,查理曼把帝国分割了之后说:"如果三兄弟中有一人生了一个儿子,而人民又要选这个儿子继承他父亲的王位的话,叔伯父们就必须同意。"①

当837年柔懦路易在爱克斯拉沙柏尔会议时把他的帝国分给他的三个儿子柏彬、路易、查理的时候,也看到同样的条款②;又该皇帝在二十年前把国土分给罗达利乌斯、柏彬和路易的时候,也有相同的条款③。我们还可以看一看口吃路易在刚比昂加冕时所作的誓词:"我,路易,由于上帝的慈悲和人民的选举,被设立为王;我约定……。"④890年在华伦斯举行,选举博逊的儿子路易为阿尔国王的会议的决议⑤,也肯定了我所说的话。会议选举了路易;它所指出选举他为王的主要理由是因为他是皇族⑥,因为胖子查理56曾经给他王位过,又因为阿诺尔皇帝曾根据自己的职权并通过自己的钦差们授与他权力过。阿尔王国同其他被瓜分的王国或附属于查理曼帝国的王国一样,王位是选举的,但又是世袭的。

---

① 806年《敕令Ⅰ》第5条,载巴路兹辑《敕令会纂》第439页。
② 高尔达斯特辑《帝国律令辑览》第2册第19页。
③ 巴路兹辑《敕令会纂》第574页第14条。"如果其中一人死去,留下几个合法的儿子的话,权力不能由他们平分;而是由人民同样地集会决定,从其中选择一个皇帝所愿意的人;长兄要代表兄弟们和儿子们接受他。"
④ 877年《敕令》,载巴路兹辑《敕令会纂》第272页。
⑤ 会议决议第33条,载杜蒙:《外交团》第1册。
⑥ 依母系关系。

第十八节　查理曼[①]

查理曼的意图是把贵族的权力限制在一定范围内，并阻止他们压迫僧侣和自由人。他调和国内各阶层，使彼此互相抗衡。这样他就成为国家的主人。他的天才所发挥的力量团结了一切。他不间断地领导贵族们进行一次又一次的征战，不给他们时间搞阴谋诡计，而使他们完全忙于执行他的计划。帝国因为它的首领的伟大而得以维持；作为君主，他是伟大的，但是他的为人更是伟大。国王们——他的儿子们——是他的第一等臣属，是他的权力的工具，又是服从的榜样。他制定了美妙的法令；但是更美妙的，却是他使这些法令得到实行。他的天才的影响及于帝国各方。我们看到，这位君主的法律里存在着一种包罗一切的、高瞻远瞩的精神；又存在着一种牵引一切的力量。逃避职责的借口被消除了；怠忽职务被纠正了；流弊被革除或杜绝了[②]。他懂得刑罚；但他更懂得宽恕。他的计划是庞大的，执行却是简单的；他从容地成就最伟大的事业，迅速地完成艰难的任务，这种高度艺术是没有人能够超越的。他不断地巡游他的辽阔的帝国，他的手放到哪里，哪里就感到他的威力。哪儿发生新事件，他就在哪儿消灭它。没有君主比他更勇敢地面对危险；但是没有君主比他更懂得避免危险。他戏弄一切危难，尤其是伟大的征服者们几乎都要经历的危难——我的意思是说，阴谋。这位奇妙的君主是极端宽厚的；他的性格是温柔的；他的举止仪行是简单纯朴的；他喜欢和的朝廷的人士生

---

① 原文 Charlemagne；开头各版作 Charle-Magne。
② 参看 811 年《敕令Ⅲ》第 1—8 条，载巴路兹辑《敕令会纂》第 486 页；812 年《敕令Ⅰ》第 1 条，载同书第 490 页；和同年《敕令》第 9 和 11 条，载同书第 494 页；等等。

活在一起。他也许过于沉湎女色，但他是经常单人主政，又在辛劳中过日子的一个君主，这样做，是比较可以原谅的。他在用钱方面是十分严格的；他谨慎地、注意地、经济地管理他的庄园地产；一个父亲可以从他的法律学到如何治理家庭①。从他的法令，我们可以看到他的财富的来源是清洁的、神圣的。我只要再说一句话，就是他命令人出卖他的禽场的鸡蛋，和他的花园中无用的杂草②；但是他却把伦巴底人的财富以及曾经劫掠整个世界的匈奴人的巨额财宝，完全都分散给了他的人民。

第十九节　续前

查理曼和他初期的那些继承者们③害怕他们安置在遥远地区的人员造反；他们想，如果任用僧侣可能较为驯服温顺些。因此，他们就在阿尔曼④建立起极多的主教职位，并附以庞大的采地⑤。从一些条例去看，规定这些采地的特权的条款和通常授与这类让与权的条款⑥，并没有什么差异，虽然我们今天看到阿尔曼的主要僧侣们都被赋予元首的权力。不管怎样，这是他们用以对抗撒克逊人的一些谋略。他们

---

① 参看800年由维利思颁发的《敕令》；813年《敕令Ⅱ》第6和19条；和《敕令》第5卷第303条。
② 由维利思颁布的《敕令》第39条。参看这道敕令的全部；它是谨慎、良政和节俭的杰作。
③ 甲乙本没有"和他初期的那些继任者们"这些字。所以下面几句的主词是单数式的"他"（指查理曼一个人）而不是多数式的"他们"。
④ 即日耳曼。——译者
⑤ 参看789年设立布勒门地区的大主教的《敕令》，载巴路兹辑《敕令会纂》第245页；等等。
⑥ 例如禁止国王的法官进入采地征收安全税金和其他捐税。关于这些，我在前章第20—22等节已经谈得很多了。

从一个封臣的怠惰或疏忽所不可能获得的东西,相信可以从一个主教的热诚和勤于职守而获得。此外,这样的一个封臣[僧侣],绝不能利用被征服的人民来反对他们[君主],恰恰相反,需要他们[君主]来支持自己反对自己的人民①。

第二十节 柔懦路易②

奥古斯都在埃及的时候,他命令挖开亚历山大的陵墓[57]。人们问他是否也要挖开托勒密王们的陵墓;他回答说,他要看的是君王,而不是死人。同样,在第二时期(第二朝代)的历史里,我们探寻③柏彬和查理曼的事迹;我们要看的是君王,而不是死人。

一个君主④受自己情感的玩弄,甚至为自己的品德所欺惑;一个君主从来不懂得自己的力量,也不懂得自己的软弱;他不懂得使人们畏惧,也不懂得使人们爱戴;他心里邪恶不多,但精神上的缺点却是应有尽有;他执掌了查理曼所曾执掌的帝国的权柄。

在全世界为着他的父亲的逝世而恸哭的时候,在人人寻找查理曼而再也找不着的惊骇的时辰,在他加紧步伐要去继承查理曼的帝位的时候,他派遣一些亲信先去逮捕那些应对他的姊妹们不规矩的行为负责的人。这就产生了一些鲜血淋漓的悲剧⑤。这是一些匆忙的不谨慎的行为。他在没有到达皇宫之先就开始惩罚家庭中的犯罪;在他未成

---

① 甲乙本谈的只是查理曼,所以这些句子里的"他们"都用"他"字。
② 甲乙本的标题是《查理曼的继承者们》。
③ 甲本作"我们不断探寻"。
④ 指柔懦路易。——译者
⑤ 无名氏:《柔懦路易传》,载杜深:《汇选》第 2 册第 295 页。

213

为国主之前就已使人心离散了[1]。

他的侄子意大利王伯尔纳前来哀求他仁慈宽恕。他命令人挖掉该王的眼睛；而该王就在几天后死去了。这使他的敌人大为增加。由于害怕后果，他决定使他的兄弟们剃发为僧进修道院。这就更增加了敌人。这两件事情使他受到很大的责难[2][3]。人们[4]并没有忘记告诉他，说他曾经违背他的誓言，和他在加冕那天向他的父亲所做的严肃约言[5]。

荷门嘉德皇后曾生下三个儿子；在她死后，他娶茹迪斯，又生下一个儿子；不久他把一个老丈夫[6]的殷勤亲切和一个老国王的一切弱点混合了起来，搞得他的家庭混乱不堪，因而导致君主国的灭亡。

他不断地改变他所分给儿子们的国土，虽然每一份国土都曾经由他自己立誓，由他的儿子们立誓，由领主们立誓，加以肯定了的。他的做法无异要破坏臣民的忠诚；无异要使他们对于服从产生混乱、怀疑和模糊的观念；使君主们的各种权利混淆不清[7]，尤其是在这样一个时代，堡垒是罕见的，权力的主要城寨就是君主所接受的和臣民所矢誓的忠诚。

皇帝的儿子们，为着保有他们所分得的国土，就向僧侣献殷勤，

---

[1] 甲乙本没有这段和下段。
[2] 参看他被审判、废位的记录，载杜深：《汇选》第2册第333页。
[3] 指他后来受到审判的时候。——译者
[4] 指控告他的人。——译者
[5] 他的父亲命令他对他的姊妹们、兄弟们和侄子们要有"无限的仁慈"。——拉丁原文作 inde i ientem miserieordiam. 戴甘：《虔诚路易的生平》，载杜深：《汇选》第2册第276页。
[6] 甲乙本原文组织略有不同，没有"不久"二字，"殷勤"前多"一切"二字，"他把一个……"作"柔懦路易把一个……"
[7] 这里甲乙本多一句"又使他们的尊号不固定"。

并给予他们前所未闻的权利。这是一些仅仅在外表好看的权利；他们让僧侣来保证一件他们要僧侣认可的事①。阿果巴尔②告诉柔懦路易，说路易曾经派遣罗达利乌斯③到罗马去，以便被宣布为皇帝；说路易曾经在禁食、祷告三天向上天请示之后，把国土分配给了路易的儿子们④。一个迷信的君主，又⑤受到了迷信的袭击，能有什么办法呢？我们看到，国家最高的权威受到了双重的打击，一来是这位君主身入囹圄，二来是他做了公开的忏悔。他们企图贬抑国王，但却贬抑了王位。

我们最初是难于了解，这样一个君主，有一些好的品质，也不缺乏智慧，在本质上喜爱善良，而且说到底，又是查理曼的儿子，为什么会有这么多的敌人⑥，这些敌人是这么横暴，这么不能妥协，这么热心地要触犯他，这么骄蛮地要羞辱他，这么坚决地要毁灭他。他的儿子们在基本上是比敌人正直些；如果他们能够遵守一定计划并取得了一定的协议的话，敌人们是有两次机会可以永远地把他消灭掉的⑦。

---

① 指的是使僧侣方面赞成并保证他们背叛皇帝柔懦路易的事得到成功。——译者
② 里昂的主教，参加这次儿子们反对父亲的叛乱。——译者
③ 柔懦路易的儿子。——译者
④ 参看他的书信。
⑤ 甲乙本没有"又"字。
⑥ 参看他被审判和废位的记录，载杜深：《汇选》第2册第331页。又参看戴甘：《虔诚路易的生平》；又无名氏：《柔懦路易传》（杜深：《汇选》第2册第307页）说："他受到这样大的仇恨，所以他们都厌恶他活着。"
⑦ 甲乙本没有末了这段。

215

第二十一节 续前

查理曼所给予国家的力量，到了柔懦路易的时候，仍然充沛地存在着；这使国家能够维持它的显赫威势，在国外受到尊敬。君主的精神委顿；但是国民仍然是勇武的。在国内，皇帝的权势已经坠落，而在国外，国力却不像在减退。

查理马特尔、柏彬和查理曼①先后治理了这个君主国。查理马特尔满足了军人的贪婪，柏彬和查理曼满足了僧侣的贪婪；柔懦路易则使这两种人都不满足②。

按照法兰西的政制，国王、贵族和僧侣握有国家的全部权力。查理马特尔、柏彬和查理曼有时候把自己的利益同贵族、僧侣两集团之一联合起来去钳制另一集团，而且通常几乎总是同两个集团都联合在一起的；但柔懦路易却是和两个集团都脱离的③。他制定了一些从主教们看来过于严格的法规④；这使他们感到不愉快，因为他走得比主教们自己所愿意走的路程还要远些的缘故；极好的法律可以制定得不合时宜，因为在当时，主教们已经习惯于和萨拉森人及撒克逊人作战，他们和寺院的宗教精神是相距十分遥远的⑤。在另一方面，他完全丧

---

① 甲乙本作："查理曼、他的父亲和他的祖父先后治理……。"
② 甲乙本作："……僧侣的贪婪；柔懦路易的儿子们激起了这两种人的野心。"
③ 甲乙本作："但是柔懦路易的儿子们使国王和这两个集团都分开，以致国王的权力过于软弱。"这节就在这里结束。其余的部分只在最末版看到。
④ 指宗教上的清规戒律。——译者
⑤ "当时，主教们和教士们开始舍弃金的腰带和剑带，上面悬挂着用宝石装饰的刀子、华丽的衣服、装饰沉重地压着脚踵的靴刺*。但是人类的敌人不能容忍这种献身宗教的虔诚。它激起了一切修道会的僧侣们来反对它，向它进攻。"无名氏：《柔懦路易传》，载杜深《汇选》第 2 册第 298 页。
* 亦称"刺马距"，系于踵上用以催马前进的。——译者

失对贵族的信任，因而提拔了一些微贱的人①。他剥夺贵族们的职位，把他们驱逐出皇宫，把不相干的人找进来②。因此，他便同僧侣、贵族这两个集团分离，并为它们所抛弃。

第二十二节　续前③

但是使这个君主国积弱的主要原因，是这位君主浪费了王室产业④。这里，我们应当听听尼达尔是怎样说的。尼达尔是我们最明达的史家之一；他是查理曼的孙子，是属于柔懦路易方面的；他是奉秃头查理的命令写这段历史的。

他说："有一个叫做阿德拉尔的人，他有一个时期完全控制了皇帝的思想，所以这位君主在一切事情上都服从了这个人的意志；在这个宠信的人的煽惑下，他就把国库的财产给予一切愿意要的人⑤；因此毁灭了这个共和国⑥⑦。"由此可见，他在整个帝国内所做的事就同我已经说过的⑧、他过去在阿规丹的时候所做的事是一样的。这种事情发生在阿规丹时，查理曼曾经加以矫正过，而这时是没有别人去弥

---

① 戴甘说，查理曼时代极少见的事在路易时代却是常见的。
② 为着钳制贵族，他用一个叫做柏纳尔的人当侍从，这使贵族们极为愤怒。
③ 甲乙本没有这一节。
④ "他把自己的、祖宗的王室庄园交给自己的亲信永久占有；他很久以来就这样做。"戴甘：《虔诚路易的生平》。
⑤ "他劝说[皇帝]把自由的和公家的财产分散给私人使用。"尼达尔：《编年史》第4卷末尾。
⑥ "他把共和国完全毁坏了。"同上。
⑦ "共和国"（拉丁原文 rempublieam；法文原文 la république），这里用的是古义，即"国家"的意思。——译者
⑧ 参看本书第30章第13节。

217

补了。

国家被弄得精疲力竭，完全像查理马特尔就任宰相职时所看到的情况；那样的情况，已不是使用一下权威就可以使元气恢复的问题了。

国库消耗殆尽，所以到秃头查理的时候，一个人如果没有钱就不能维持他所得的荣赏[①]，没有钱就不能得到安全的保障；当时原来可以消灭诺曼人[②]，但是为着钱就让他们逃跑了；印克马向口吃路易提出的第一项劝告是：要求议会维持王室的开支。

第二十三节　续前

僧侣们有理由后悔他们曾保护了柔懦路易的儿子们。我已经说过，这位君主未曾颁发训谕把教会的财产给予俗人[③]；但是不久，在意大利的罗达利乌斯和在阿规丹的柏彬就放弃了查理曼的策略，而重又采用了查理马特尔的策略。僧侣们向皇帝控诉他的儿子们；但是僧侣们求援的权威正是他们所削弱了的权威。阿规丹方面还谦虚一些，意大利方面是不服从的。

使柔懦路易的生平受到困扰的内战，是他死后的内战的根源。罗达利乌斯、路易和查理这三个兄弟，都殚精竭虑要把贵绅们拉到自己那边去，利用他们作自己的工具。他们发布训谕把教会的土地给予那些愿意跟从他们的人；又为争取贵族，他们出卖了僧侣。

在《敕令》里，我们看到这些君主不得不向缠绕不休的要求让

---

① 印克马：《致口吃路易第一信》。
② 参看《圣色治·唐哲寺院史记》残篇，载杜深：《汇选》第2册第401页。
③ 参看845年宗教会议时主教们所说的话，在由德多尼别墅颁发的《敕令》第4条内。

步；看到人们常常把他们不愿意给的东西强夺了去；看到僧侣们认为受贵族们的压迫，甚于受国王们的压迫[①]。秃头查理又似乎是攻击教会财产最激烈的人[②]；这或许是因为僧侣们为着自己的利益曾经贬降过他的父亲，所以他对他们是愤恨的；但或许是因为他是最胆小的人。不管怎样，我们在《敕令》里，看到了僧侣和贵族之间连绵不断的争吵[③]。僧侣们要求他们的财产；而贵族们拒绝、逃避或迟延返还。国王们则居间调停。

当时的景象，确是凄楚可怜。当柔懦路易把他极多的产业捐施给教会的时候，他的儿子们却把僧侣们的财产分散给俗人。建设新修道院的手常常就是劫掠旧修道院的同一只手。僧侣没有固定的地位。这一时，他们被抢劫；再一时，他们又得到赔偿；但是国王的权威却是日趋下落的。

在秃头查理的末期和以后，就不再有僧侣和俗人为返还教会财产问题而争吵了。主教们虽然在给秃头查理的谏言（在856年的敕令里

[①] 参看845年宗教会议时由德多尼别墅颁发的《敕令》第3—4条；它对当时情况的描述至为详尽；又同年宗教会议时由榛树殿颁发的《敕令》第12条；同年波威宗教会议时颁发的《敕令》第3、4、6条；846年由斯巴纳哥别墅颁发的《敕令》第20条；和853年在兰斯集会的主教们写给日耳曼王路易的信第8条。

[②] 参看846年由斯巴纳哥别墅颁发的《敕令》。贵族们激怒国王来反对主教们，以致国王把主教们赶出会议；他们选择了各宗教会议制定的一些规则，并宣布他们为人们所应遵守的唯一规则；他们只给主教们一些实在无法拒绝给予的东西。参看该《敕令》第20—22条。又参看858年在兰斯集会的主教们写给日耳曼王路易的信第8条；和864年由毕斯特颁发的《敕令》第6条。

[③] 参看846年由斯巴纳哥别墅颁发的同一《敕令》。又参看847年玛尔纳会议时颁发的《敕令》第4条；依该敕令，僧侣抑制自己，只要求返还他们在柔懦路易时所占有的财产。又参看851年由玛尔斯纳颁发的《敕令》第6—7条；该敕令支持贵族和僧侣占有他们的财产；和856年由波诺依路颁发的《敕令》，里面可看到主教们向国王进谏，说制定多少次法律，而弊端仍未得到纠正。末了，参照858年在兰斯集会的主教们写给日耳曼王路易的信第8条。

看到)里,和在858年写给日耳曼王路易的信里,仍在欷歔长叹①;但是当他们提出了建议,又要求实践多少次为人所巧妙地避掉的约言的时候,我们看到,他们是完全没有希望得到这些东西的。

当时所能做的,最多只能是②对教会和国家所受的损害作一般性的弥补而已③。国王们就约定不抢夺封臣们的自由人,不再颁发训谕把教会的财产给人④。所以僧侣和贵族的利益,似乎就这样取得了一致。

我已经说过,诺曼人异乎寻常的劫掠是结束这些纷争的重要因素。

国王们的威信,由于我已经说过和将要说到的原因,而每况愈下;他们认为他们唯一可走的道路,就是把自己交给僧侣们去布弄。但是僧侣既已削弱了国王们,国王们也就削弱了僧侣⑤。

秃头查理和他的继承者们号召僧侣来支持国家,使免于灭亡⑥,但是徒劳无益。他们利用人民对僧侣这个集团的尊敬来维持自己应得的尊敬⑦,但是徒劳无益。他们想法子通过寺院法的权威来加强自己

---

① 该信第8条。
② 甲乙本作"最多几乎只能是对教会……"。
③ 参看851年《敕令》第6—7条。
④ 秃头查理在梭桑宗教会议里说,他曾经答应主教们不再颁发训谕把教会的财产分给人。853年《敕令》第11条,载巴路兹辑《敕令会纂》第2册第56页。
⑤ 这意思是说,僧侣把国王们削弱了,国王们既已软弱,僧侣们也就无法强大了。——译者
⑥ 参看尼达尔:《编年史》第4卷;那里记载,在罗达利乌斯逃跑以后,路易和查理二王如何和主教们磋商,问他们,二王是否可以占有并分割他所舍去的王国。实际上,主教们是比封臣们更为团结的一个集团,所以由主教们作出决议来保证这两位君主的权利,对这两位君主是便利的,因为主教们能够使其他领主们遵从这个决议。*
* 这是最末版才有的脚注。
⑦ 参看859年秃头查理由撒波纳利亚颁发的《敕令》第3条。"我曾使维尼龙当桑斯的大主教;他给我行了圣礼,所以我不应当被任何人逐出王国;至少,没有主教们的审问和判决,是不能这样做的,因为我在王国内的职位是由他们供献给神,奉为神圣的;而他们被称为上帝的宝座,上帝就坐在他们的上面;上帝通过他们作出自己的判决;在裁判上,我准备向他们慈父般的谴责和惩罚屈服;而目前我已经屈服了。"

220

的法律的权威[①]，但是徒劳无益。他们把教会的刑罚和国法上的刑罚连结起来[②]，但是徒劳无益。为着和伯爵的权力相抗衡，他们把派遣到行省去的钦差头衔授与每一个主教[③]，但是徒劳无益。僧侣们对补救自己所做的坏事是无能为力的；我即将谈到的一件异乎寻常的不幸事件，就使王冠坠落在地上了。

第二十四节　自由人后来可以接受采地

我上面说过，进行战争时，自由人由伯爵率领，封臣们由领主率领。这样就维持了国家各阶层彼此之间的均衡；虽然"忠臣"们手下也有封臣，但是他们可能受到伯爵的节制，因为伯爵是君主国内一切自由人的首长。

起初，自由人是不得申请采地的，但是后来就可以了[④]。我发现，这个变化是在贡特兰朝到查理曼朝这一期间内发生的。这点，我把底下这三个文件作个比较，就可以证明。1. 贡特兰、柴尔德柏和布伦荷王后间所缔结的安得丽条约[⑤]；2. 查理曼分割国土给儿子们的文件；3. 柔懦路易分割国土给儿子们的文件[⑥]。这三个文件关于封臣的条款是差不多相同的。它们所规定的要点相同，而且几乎是在

---

① 参看857年秃头查理由伽里由阿果颁发的《敕令》第1、2、3、4和7条，载巴路兹《敕令会纂》第2册第88页。
② 参看862年毕斯特宗教会议时颁发的《敕令》第4条；883年由迎春殿颁发的卡尔罗曼和路易二世的《敕令》第4—5条。
③ 876年秃头查理朝朋狄格南宗教会议时颁发的《敕令》第12条，载巴路兹辑《敕令会纂》。
④ 参看我在上面第30章末节末尾所说的。
⑤ 587年缔结，载格列高里·德·都尔：《法兰克史》第9卷。
⑥ 参看下节；关于这些分割文件，我将谈得多些；又参看引证这些文件的脚注。

相同的情况下拟订的，所以在这个方面，它们的精神和文字是差不多一样的。

但是关于自由人，它们之间则有极大的悬殊。安得丽条约没有说他们可以申请采地；反之，在查理曼和柔懦路易分割国土的文件里，则有条款明文规定他们可以申请。由此可见，安得丽条约之后，曾产生了一个新习惯，即自由人可以取得这个重大的特权了。

这个变化应当是在查理马特尔的时候发生的；在这个时期，查理马特尔把教会的财产分给他的士兵，分给时一部分作为采地，一部分作为自由土地，这是对封建法律进行的一种革命。很可能，在接受这些新恩赏时，本来有采地的贵族们认为接受自由土地对自己比较有利，而自由人则乐于接受采地。

第二十五节　第二时期积弱的主要原因。自由土地的变化

查理曼在上节我所谈到的分割国土的文件①里规定，在他死后，每一个国王的封臣只可接受在自己王国内而不是在其他王国内的恩赏②，但是，他们可以在任何王国内拥有自由土地。不过他又规定，自由人在自己的领主死亡后，可以在三个王国内的任何一国申请采地；尚未属于任何领主的自由人也是一样③。在817年柔懦路易分割国土

---

① 806年把国土分给查理、柏彬、路易的文件，载高尔达斯特辑《帝国律令辑览》和巴路兹辑《敕令会纂》第1册第439页。
② 第9条，载巴路兹辑《敕令会纂》第1卷第443页。这和安得丽条约（载格列高里·德·都尔：《法兰克史》第9卷）的规定是相符合的。
③ 第10条。安得丽条约没有规定这点。

给他的儿子们的文件里，也有同样的条款①。

但是，自由人虽然可以申请采地，伯爵的兵力却并不因而减弱。自由人对自己的自由土地总是要负担贡赋，并准备一些人为它服兵役，即四所田宅出一人；不然他就要准备一个人代替他为采地服务。这就发生过一些流弊②，但是被纠正了；这从查理曼的律令③和意大利王柏彬的律令④，可以看到。这些律令可以互相说明。

历史家们曾说，丰德聂战役是这个君主国灭亡的原因，这是很对的；但是准许我把这一天悲痛的后果略为回顾一下。

这一战役之后不久，这三位兄弟，罗达利乌斯、路易和查理，缔结了一个条约；里头我发现有一些条款，使法兰西人的整个国家的政治制度发生变化⑤。

查理在向人民宣布该条约有关人民部分的谕告⑥中说，一切自由人可以随意选择国王或其他领主做自己的领主⑦。在这次条约以前，自由人可以申请采地，但是他的自由土地总是在国王权力的直接支配

---

① 文件载巴路兹辑《敕令会纂》第 1 册第 174 页，"任何一个没有领主的自由人，可以自由选择三个兄弟 [三个国王] 中的任何一人，来做保护人 [向他申请采地]。"（文件第 9 条）又参看 837 年同一皇帝分割国土的文件第 6 条，载巴路兹辑《敕令会纂》第 636 页。

② 指放弃亲身和敌人作战的责任。——译者

③ 811 年《律令》第 7—8 条，载巴路兹辑《敕令会纂》第 1 卷第 486 页，和 812 年《律令》第 1 条，载同书第 490 页。"一个有属于自己的四所田宅的自由人，如果自己还有恩赏 [采地] 的话，就应自作准备，并亲自和敌人作战，或是协同自己的领主……"参看 807 年《敕令》，载巴路兹辑《敕令会纂》第 1 册第 458 页。

④ 793 年《律令》，附加在《伦巴底法》第 3 卷第 9 篇第 9 章内。

⑤ 847 年条约，载欧柏·勒米尔：《恩赏法》和巴路兹辑《敕令会纂》第 2 卷第 42 页"玛尔斯纳条约"。

⑥ 拉丁原文作 Adnunciatio。

⑦ "在我们的王国内，每一个自由人都可以随意选择我们 [指国王] 或我们的封臣 [领主们] 做自己的领主。"查理的《谕告》第 2 条。

223

下，也就是说，在伯爵的管辖下；他所以附属于一个他请求保护的领主，纯粹是因为他从该领主获得采地。从这次的条约以后，一切自由人要使他的自由土地受国王管辖或受另外一个领主管辖，就可以自由选择。这里的问题不是那些为一个采地而申请一个领主保护的自由人，而是那些要把自己的自由土地变成采地的自由人；这样他们就仿佛是离开了民法的管辖，而进入他所选择的国王或领主的权力支配之下。

因此，1. 那些过去纯粹在国王权力下并因为自由人的身份而在伯爵管辖下的人，已在不知不觉间成为彼此的封臣，因为每一个自由人都可以随意选择国王或其他领主作为自己的领主。

2. 一个人把永远属于自己的一块土地变成采地的时候，这些新采地就不能仅仅给予一生了。所以我们看到，不久以后便有一条一般性的法律出现，把采地给予采地占有人的儿子们继承；这是秃头查理的法律；他是缔约的三君主之一[①]。

我所谈到的这种自由，即君主国内每一个人自三兄弟的条约而后有选择国王或其他领主为自己领主的自由，又为后来制定的法令所肯定。

在查理曼时代，如果一个封臣接受了一个领主的礼物，哪怕是只值一苏钱他就不得再舍弃这个领主了[②]。但是，在秃头查理时代，封臣们可以按照自己的利益或自己的意志行动，而泰然无事。这位君主非常强调这点，所以他显得好像是很愿意劝诱人们来享受这种自由，

[①] 877 年由伽里西阿果颁发的《敕令》第 53 篇第 9—10 条"同样也讨论我们的封臣问题……"。这道敕令和同年同地颁发的另一道敕令第 3 条有关系。

[②] 813 年由爱克斯拉沙尔布发布的《敕令》第 16 条。"任何人在接受了领主值一苏的东西以后，就不得舍弃领主……。"又 783 年柏彬的《敕令》第 5 条。

而不愿加以限制似的[①]。在查理曼时代,恩赏是"属人的"性质多于"属物的"性质;后来变为"属物的"性质多于"属人的"性质。

第二十六节　采地的变化

采地所发生的变化并不比自由土地的变化少。伯彬王时由刚比昂颁发的敕令[②]使我们看到,由国王接受恩赏的人们,自己就把这恩赏的一部分又分给各个不同的封臣;但是这些分给的部分并不是和整个恩赏区别开的。所以当国王剥夺整个恩赏时,就连这些分给的部分也剥夺了;而且,当一个"忠臣"死亡的时候,在他下面的封臣也随着丧失了他的"附属采地";一个新的恩赏受领者就来了,他就重又设立新的"附属封臣"。因此,附属采地并不附属于采地;附属的是人。在另一方面,附属封臣终究要回到国王那里去,因为他并不是永远附属于封臣的;附属采地也同样回到国王那里去,因为它是采地本身,而不是采地的附属。

这就是采地可以撤销的时期的附属封臣的制度。在采地只可以终生占有的时期,也仍旧是这样。当采地可以世袭的时候,这个制度就改变了,附属采地也同样成为世袭的了。原来直接地属于国王的东西,这时只是间接地属于他了;国王的权力仿佛就像后退了一步似的;它有时退了两步,而且常常是后退了更多步。

[①] 参看853年由伽里西阿果颁发的《敕令》第10、13条,载巴路兹辑《敕令会纂》第2册第83页。在该敕令里,国王和僧俗领主们同意以下这点:"如果你们当中有人不喜欢自己的领主,表示愿意要找另外一个更好的领主,他可以安心地辞去……上帝既然同意他找别的领主,他就可以安心地去找。"

[②] 757年《敕令》第6条,载巴路兹辑《敕令会纂》第181页。

225

在《采地论》里，我们看到，虽然国王的封臣可以把采地分给别人作为属于国王的附属采地，但是这些附属封臣或"小封臣"①就不得同样把采地分给人了；这样，国王的封臣对他们所分出的采地什么时候要收回就可以收回②。此外，这种让与地不能同采地一样传给儿子，因为人们不认为它是根据采地的法律而设立的。

如果我们把那两位米兰元老院议员写这本《采地论》时附属封臣制度的情况和柏彬王时代的情况作一比较，我们即将发现附属采地保存自己的原始性质的时期比采地还要长久③。

但是在这两位元老院议员写书的时代，人们对上述原则作了一些带有一般性的例外，以致这些例外几乎把原则取消了。因为，如果一个从小封臣接受采地的人随小封臣出征至罗马的话，他就取得封臣的一切权利；同样，如果这人给小封臣钱，才取得采地的话，小封臣在把钱返还之前就不得剥夺他的采地，也不得阻止他把采地传给儿子④。末了，上述原则也不再为米兰元老院所遵守⑤。

第二十七节　采地的另一种变化

在查理曼时代，人们必须参加不论为什么战争而召集的会议，违者处以重刑；并且绝不容许借口任何理由不参加⑥。如果伯爵宽免任

---

① 原文 Petits vavasseurs；甲本作 valvasseurs。
② 《采地论》第 1 卷第 1 章。
③ 最少在意大利和阿尔曼是如此。
④ 《采地论》第 1 卷第 1 章。
⑤ 同上。
⑥ 802 年《敕令》第 7 条，载巴路兹辑《敕令会纂》第 365 页。

何人的话，伯爵本身就要受到惩罚。但是三兄弟的条约对这条法规加上了一种限制[1]；这就仿佛把贵族从国王的手中救了出来；他们除了防卫性质的战争之外，就不必跟随国王上阵作战了[2]。在其他性质的战争的场合，他们可以自由选择，或是跟随领主上阵作战，或是专心料理自己的事情。这个条约和五年前秃头查理同日耳曼王路易——这两位兄弟之间所缔结的另一个条约有关系。依后一条约，如果这二位兄弟互相攻打的话，他们的封臣们就可以不必跟随他们上阵作战。这两位君主曾对这项约定立誓，并使双方的军队都立誓[3]。

丰德聂的战役使十万个法兰西人死亡，这使残留着的贵族们[4]看到，国王们为自己国土的争吵，终将使贵族们绝灭，看到国王们的野心和嫉妒将要使一切还有血可流的人们流血。因此，才制定这条法律，规定贵族除了防卫国家反抗外国侵略的场合外，就没有义务随从君主们上阵作战。这条法律曾有效地存在了好几个世纪[5]。

第二十八节　重要官职和采地所发生的变化

当时看来，好像什么都患了一种特殊的病症，同时又都腐化

---

[1] 847年由玛尔斯纳颁发的《敕令》，载巴路兹辑《敕令会纂》第42页。
[2] "我们希望我们所有的人，不论在哪一个王国，都和自己的领主或自己的其他可以利用的人同敌人作战；除非遇到郎都维利人所说的那种国土的侵犯而外，我们当然不希望全国人民都总动员一齐同敌人作战。"同上《敕令》第5条，载同书第44页。
[3] 由阿根托拉都颁发的《敕令》，载巴路兹辑《敕令会纂》第2册第39页。
[4] 实际上订定这个条约的就是贵族们。参看尼达尔：《编年史》第4卷。
[5] 参看罗马王基多的法律，和其他附加于《撒利克法》和《伦巴底法》第6篇第2节的法律，载爱卡尔：《法兰克人的撒利克法及莱茵河畔地区的法律》内。

了[1]。我说过，在初期，有几个采地是永远赐了的；但那是一些特殊的情况，一般的采地仍然保有它们原有的性质；如果国王失掉了一些采地，他就用一些其他的采地来代替。我还说过，君主没有把重要的官职永远地赐给人[2]。

但是秃头查理制定一条一般性的法规；它影响了重要官职和采地。他在他的敕令里规定，公爵领地应给予公爵的儿子们；他又要这条法规同样也适用于采地[3]。

我们即刻就要看到，这条法规的范围被扩大了，以致重要官职和采地甚至被传给疏远的亲属。结果，大多数原来直接属于国王的领主，这时只是间接地属于他了。那些过去在国王的裁判会议里审案的伯爵们，那些率领自由人上阵作战的伯爵们，这时就居于国王与自由人之间了；国王的权力更后退一步了。

不仅如此，从敕令里可以看到，伯爵们也有附属于伯爵领地的恩赏，而且在他们下面也有封臣[4]。当伯爵领地成为世袭的时候，伯爵的这些封臣就不再是国王的直接封臣了；附属于伯爵领地的恩赏已不再是国王的恩赏了；伯爵们的权力更大了，因为他们既有的封臣使他们有可能再得到其他封臣。

---

[1] 这句话的意思是说：采地在特殊场合发生了变化，这种"特殊的病症"的广泛影响，引起了整个时代的变迁动荡。——译者

[2] 有些著者说，都鲁兹的伯爵领地是查理马特尔赐予的，它就被一代代继承下去，直到最后的雷蒙；但如果真是这样的话，那一定是因为当时某些环境的影响使人们不能不老是从领有该辖地的伯爵的儿子中选择都鲁兹的伯爵。

[3] 参看877年由伽里西阿果颁发的《敕令》第53项第9—10条。这道敕令和同年同地颁发的另一道敕令（第3条）有关。

[4] 812年《敕令Ⅲ》第7条；815年《敕令》第6条关于西班牙人；《敕令会纂》第5卷第288条；869年《敕令》第2条；877年《敕令》第13条（巴路兹版）。

如果要很好地了解这就是第二时期（第二朝代）末期积弱的根源，我们只要一看第三时期（第三朝代）初期所发生的情况就够了；第三时期（第三朝代）初期附属采地的大量增加把重要封臣推进了绝望的境地。

当时的王国有一种习惯，就是在哥哥把土地分给弟弟的时候，弟弟就向哥哥行臣服礼[1]，所以最高领主只能把这些土地作为附属采地看待。菲利普·奥古斯都、勃艮第的公爵、涅瓦、布龙、圣保罗、唐比埃等地的伯爵，以及其他领主宣布，从那时起一个领地即使是因继承或其他原因而被分割，整个领地应该仍然属于同一领主，不得有中间领主[2]。这项法规并没有得到普遍的遵守，因为我在别的地方已经说过，当时是不可能制定普遍性的法规的；但是我们有好些习惯是这类法规所规定的。

第二十九节　秃头查理朝以后采地的性质

我已经说过，秃头查理规定，据有重要官职或采地的人死亡而留有儿子时，应把该官职或采地给予他的儿子。这条法律所产生的流弊如何滋长蔓延，它的适用范围如何在各地延展扩大，是不容易追踪寻迹的。我在《采地论》里发现，当皇帝康拉德二世朝代的初期，在他统治的地区里的采地是不得传给孙子的[3]；只能传到最新近的采地领

---

[1] 从奥登·德·佛里兴：《佛烈德利克的伟业》第 2 卷第 29 章的记述可以看到。
[2] 参看 1209 年菲利普·奥古斯都的《法令》，载罗里埃尔：《法令会纂》（新辑本）。
[3] 《采地论》第 1 卷第 1 篇。

有者的儿子；领主由这些儿子中选出一人来承受①，所以采地是通过领主对儿子们所作的一种选择（选举）而授与的。

在本章第17节里，我曾经说明，在第二时期（第二朝代），王位从某些方面来说是选举的，从某些方面来说是世袭的。它是世袭的，因为人们总是从同一个家族选出君王；它更是世袭的，因为儿子们承袭大统；它是选举的，因为人民从这些儿子中拣选国王。由于事物总是一步一步地前进的；由于一条政治法规总是和另一条政治法规有关系的；所以人们在采地的继承上的想法和过去人们在王位的继承上的想法，前后如出一辙②。因此，采地就依据继承的权利和选举的权利而传给了儿子；采地就如同王位一样，是选举的又是世袭的了。

这种对领主的人选进行选举的权利，在《采地论》的著者③的时代，也就是说，在皇帝佛烈德利克一世[58]统治的时代，是不存在的④。

第三十节　续前

据《采地论》记载，康拉德皇帝动身要到罗马去的时候，为他服务的封臣们要求他制定一条法律，规定传给儿子的采地也可以传给孙子；又规定，死后而无合法嗣子时由同父兄弟继承曾经属于他们的父亲的采地⑤。皇帝照准了。

我们应当记得，《采地论》的著者们是生在皇帝佛烈德利克一世

---

① "就这样进行：如果领主愿意确定恩赏［采地］，他就来到儿子的地方。"同上。
② 最少在意大利和阿尔曼是这样。
③ 这书的著者是哲拉尔都斯·奈遮和奥柏禿斯·德·欧尔托。
④ "今天就这样决定：对待所有的人都一律平等。"《采地论》第1卷第1篇。
⑤ 《采地论》第1卷第1篇。

的时代的①。该书又说："古代的法学家们一向认为旁系亲属的采地继承没有超过同父母的兄弟,虽然在近代,这种继承曾经扩展到第七亲等,而且按照新法,直系的继承,则代代相承至于无穷。"②康拉德的法律的适用范围就这样逐渐扩大了。

假定所有情况就是如此,那么略为一读法国的历史便将看到,采地永远世袭的制度在法兰西的建立是早于阿尔曼的。当皇帝康拉德二世在1024年开始执政的时候,阿尔曼的情况才和法国秃头查理时代已经达到的程度一样。秃头查理是877年死去的。不过,自秃头查理朝以后③,法国发生了极大变化,以致愚钝查理无法同一个外族王室争夺他对帝国无可争辩的权利;而且末了,到雨格·卡佩的时候,被剥夺了一切庄园产业的王室甚至保不住国王的宝座了。

秃头查理精神的软弱也给法兰西这个国家带来同样的软弱④。但是他的兄弟日耳曼王路易和该王的几个继承者具有比较伟大的品质,所以他们的国家的力量便维持得较为久长。

我的意见是什么呢?我认为,这也许是因为阿尔曼民族的冷淡无情的性格和——如果我可以这样说的话——固定不移的精神,比法兰西民族的精神,更能抗拒一种事物发展的趋势,这种趋势就是要使采地按照一种自然倾向,永远为家族所有。

我又认为,另一个原因是,法兰西曾受到了诺曼人和萨拉森人那种特别类型的战争的蹂躏,几乎等于灭亡;而阿尔曼王国就没有受到

---

① 古耶斯在给《采地论》所作的注释里已经充分地证明了这一点。
② 《采地论》第1卷第1篇。
③ 甲乙本作"当秃头查理朝的时候"。
④ 这句甲本文字次序略异,但意思大致一样。

这种战争的摧残。阿尔曼拥有较好的财富，较少的城市可以劫掠，较少的海岸可以游行，又有较多的沼泽要越过，有较多的丛林要凿通。那里的君主们并不感到自己的国家随时就要倾复，所以比较不需要封臣，也就是说，比较不依赖他们。显然，要不是因为阿尔曼的皇帝们不得不到罗马去接受加冕礼，又不得不无间断地远征意大利的话，则阿尔曼的采地就会在更长久的时期内保持它们的原始性质。

第三十一节 帝国怎样脱离了查理曼帝室的统治

帝国首先落入日耳曼王路易这一家系的私生子们[①]手中，秃头查理的家系就这样失去了帝国；912年，法兰可尼的公爵康拉德被选为皇帝，帝国就落入一个外族的帝室手中。这时，统治着法兰西的王室要争夺一些村庄已经很勉强了，要争夺帝国，那更是没有能力了。我们看到了愚钝查理和继承康拉德的皇帝亨利一世之间缔结的一个协议，人们称为波恩条约[②]，这两位君主到莱茵河中的一只船上去，在那里立誓将永远和好。他们使用了一种相当好的折中性的名词：查理用的是西法兰西王的尊号，亨利用的是东法兰西王的尊号；查理缔约的对手是日耳曼王，而不是皇帝。

第三十二节 雨格·卡佩家族怎样取得法兰西王冠

采地的世袭和附属采地的普遍建立，就消灭了"政法性的政府"，

---

① 阿诺尔和他的儿子路易四世。
② 926年缔结，载欧柏·勒米尔：《恩赏法》第27章。

而形成了"封建性的政府"。这时,国王们不像过去那样有无数的封臣,而只有几个封臣了,其他封臣则依附于这几个封臣。国王们几乎不再有直接的权威了。他们的权力要通过许许多多的其他权力,通过许许多多强大的权力来贯彻,所以它在没有达到目的之先就已经停止作用或已经消失了。那些强大的封臣们不再服从了;他们甚至利用他们的附属封臣来达到不再服从的目的。国王们的辖地庄园被剥夺净尽,只剩兰斯和拉旺两城市,所以他们只好任凭封臣们去摆布了。树枝伸得太远,树头干枯了。王国没有辖地庄园,就像今天的帝国[59]一样。因此,最有势力的封臣之一就攫得王冠了。

诺曼人劫掠了王国;他们乘坐各种木筏或小船,进入各河口,溯河而上,蹂躏两岸地区。奥尔良和巴黎两个城市阻住了这些强盗;使他们既不能上森河,也不能上罗亚尔河了①。这时雨格·卡佩就领有这两个城市;他手里就握着王国所剩余的不幸地区的两个钥匙;人们就把王冠授与他了,因为他是唯一能够捍卫它的人。这就同后来人们把帝国交给那个阻住了土耳其人使他们在边境不能动弹的王室[60]的情况是一样的。

帝国脱离了查理曼帝室的统辖的时候,采地的世袭制度的建立仅仅是王室谦躬礼下的一种表示而已。这种采地世袭制度在阿尔曼的实行②甚至比在法兰西还要晚一些③。就由于这个缘故,帝位是选举的,因为人们用当时采地的观念去看待帝国。当法兰西的王冠和查理曼的

---

① 参看877年秃头查理从伽里西阿果颁发的《敕令》,论当时巴黎、圣德尼和罗亚尔河两岸各城寨的重要性。
② 甲乙本作"……在阿尔曼的建立似乎比在法兰西……"。
③ 参看上面第30节。

帝室分离的时候，情况正相反；采地在这个王国里实实在在是世袭的，所以王冠也和一个大采地一样，是世袭的了。

此外，人们把这次革命以前和以后所发生的一切变化都说成是这次革命当时的事，那是很大的错误。所有的一切就被缩减为两件事：王室更易；王冠和一个大采地结连在一起。

第三十三节　从采地永远给予所产生的几种后果

采地的永远给予导致长子的特殊权利或称嫡长权的建立。在黎明时期（第一朝代），人们是不懂得这种权利的[①]；王国就由兄弟分割；自由土地也同样地分割；当时采地是可以撤销的或只是给予一生的，并不是继承的对象，所以也不可能作为分割的对象。

在第二时期（第二朝代），柔懦路易享有皇帝的称号，又把这个光荣称号赏给他的长子罗达利乌斯。这个皇帝称号使柔懦路易想到他应给予这位君主一种高于弟弟们的优越权利。因此，两位当国王的弟弟就要年年带礼物访问当皇帝的哥哥去，并从他那里接受更好的礼物；他们又必须和他磋商共同的事情[②]。这就使罗达利乌斯提出一些虚夸的主张，这些主张并没有很好地成功。当阿果巴尔为这位君主 [罗达利乌斯] 写信 [给皇帝柔懦路易] 的时候，他坚持了皇帝本身的原有的安排，因为皇帝决定使罗达利乌斯继承帝业是由于皇帝曾经三天禁食，举行神圣的献祭典礼，进行祷告和布施，这样向上帝请示了之后才这样做的；是由于人民已向皇帝立誓忠诚，人民不得背誓；并由于皇帝

---

① 参看《撒利克法》和《莱茵河畔法兰克部族法》自由土地篇。
② 参看817年柔懦路易第一次把国土分割给他的儿子们的《敕令》。

曾经遣送罗达利乌斯到罗马去，以便由教皇认可①。所有这一切是阿果巴尔所强调的；他并不强调嫡长权。他确实说过，皇帝曾经计划分割帝国给幼弟们，而又偏爱了长兄；但是他既然说皇帝偏爱了长兄，这就同时意味着皇帝也是可以偏爱幼弟们的。

但是当采地成为世袭的时候，采地继承上的嫡长权就被建立了起来。王冠既属于大采地，王冠的继承也因同一理由而建立了嫡长权。古代规定分割国土的法律已不再存在了；采地负有服役的义务，所以采地占有者就要能够履行这种义务。一种嫡长权既已建立；那么封建法律的道理就居于政治法规或民事法规的道理之上了。

采地既已传给占有者的儿子们，领主就丧失了处分采地的自由；为补偿这种损失，他们就设立了一种叫做补偿税的税（我们的习惯曾规定过这种税额）。补偿税首先是由直系继承者们缴纳的，后来，习惯上则只有旁系继承者们缴纳。

不久以后，采地就可以作为一种世袭家产转让给没有亲戚关系的人。这就产生了领地遗产出售税（由领主征收）；它几乎在王国各地都设立了起来。这些税的数额首先是武断征收的；但是后来在这种税的征收普遍得到许可时，各地区就对税额进行规定。

补偿税在每次继承者变动时都要缴纳，起初甚至直系继承者也要缴纳②。最普遍的习惯把税额规定为一年的收入。这对封臣来说负担太重，又手续烦琐不便，并且多少给采地以有害的影响。因此，封臣常常在行臣服礼的时候，征得领主同意，缴纳一定金额，此后就不再

---

① 参看他关于这问题的两封信；其中一封的题目是《论帝国的分割》。
② 参看1209年菲利普·奥古斯都关于采地的《法令》。

缴纳补偿税①。由于货币的改变,这种金额后来变得微不足道;因此,到了今天,补偿税几乎已等于零了,但领地遗产出售税则仍旧十足地存在着。这种税对封臣和继承者都没有关系,而是一种偶然的东西,既不能预料,也不能等待;所以人们没有制定这类规章,而一贯是使人缴纳售金的一部分而已。

当采地只给予一生的时期,人们不得把采地的一部分给人作为永远的附属采地;因为如果一个对一件东西只享有收益权的人竟可以处分这件东西的所有权的话,将是荒谬的。但当采地成为永远财产的时候,这样做是可以的②,只是遵从习惯上的某些限制就成③。这就是人们的所谓"分割自己的采地"。

采地的永远给予产生了补偿税的制度,因此,在没有男子的场合,女子也可以继承采地了。因为领主把采地给予女子,就可以增加补偿税的份额;这是由于丈夫要和妻子一样缴纳补偿税④。这个条规不能适用于王冠,因为它不属于任何人,所以不能征收补偿税。

都鲁兹伯爵威廉五世的女儿没有继承伯爵领地。后来,阿莉爱娜继承了阿规丹,马蒂尔德继承了诺曼底;在这时期,女子的继承权似乎已经确立;所以少年路易在解除他和阿莉爱娜的婚姻关系之后,就毫无困难地把基燕还给了她。后面这两个事例是紧接着第一个事例之后发生的,可见准许妇女继承采地的这条一般性的法律在都鲁兹伯爵

---

① 我们在条例里看到了一些这类的协定,例如伽兰:《自由土地论》第55页所引由温多姆颁发的《敕令》和由播都的圣西普里因修道院颁发的《敕令》。
② 但人们不得削减采地,这就是说,不得取消它的一部分。
③ 习惯对人们可以"分割"的部分的大小,是有规定的。
④ 因为这个缘故,领主强制寡妇再结婚。

领地被采用的时期一定是晚于王国的其他省份的①。

欧洲好些王国的政制都是和王国建立时采地的实际情况相适应的。妇女不能继承法国的王位和帝国的帝位，因为在这两种君主国家建立的时期，妇女们是不能继承采地的。但是在采地永远给予的制度建立后才成立的那些王国里，她们就可以继承王位。这些王国有：由诺曼人的征服战争而建立的那些王国；由征服牟尔人而建立②的那些王国；以及那些 61 位于阿尔曼边境之外，在相当近代的时期，由于基督教的建立而仿佛得到了新生的王国。

在采地可以撤销的时期，采地是给予那些有能力担负采地义务的人，所以不存在未成年人继承采地的问题。但是到了采地成为永远给予的时期，领主们管理采地到幼年的继承者成年为止，这也许是为着增加自己的收益，也许是为着给未成年继承人以武艺的锻炼③。这在我们的习惯，称为"幼年贵族保护权"④。这种权利是建立在和普通对未成年人的监护权完全不同的原则上的，所以和后者是截然有别的。

在采地只是给予一生的时期，人们可以申请采地；采地的真正移交是要持王笏进行移交的；这就肯定了采地的地位；它和今天用臣服礼加以肯定是一样的。我们没看过伯爵们，甚或国王的钦差们，在省里接受臣服礼；在敕令所保存的这些官吏的委任状里，也是看不到他

---

① 大多数大家族的继承都有自己的特殊法律。参看德·拉·多玛榭尔：《贝利的古代风俗》关于贝利各家族的记载。
② 这句甲乙本用字稍异，而意义相同。
③ 在877年由伽里西阿果颁发的《敕令》里（第3条，载巴路兹辑《敕令会纂》第2册第269页），可以看到国王们使人给未成年的继承人保管采地。领主就学了这个榜样。这就是"幼年贵族保护权"的起源。
④ 实际上就是领主对未成年贵族（他的封臣）的财产的收益权利。——译者

们曾经负有这种任务的。他们的确有时候让一切臣民立忠诚的誓言①；但是这种誓言极少具有后来建立的臣服礼的性质；因此，在后来举行臣服礼的时候，忠诚的誓言是和臣服礼相联系的一种行动，有时是在臣服礼之前，有时是在臣服礼之后举行，而且并不是所有的臣服礼都举行这种誓言；它没有臣服礼那样庄严，是和后者截然不同的②。

伯爵们和国王的钦差们又在偶然的场合要求在忠诚上有疑问的封臣们提出一种保证，叫做"坚定不移"的保证③④；但是这种保证不可能是一种臣服礼，因为国王们彼此之间也作这种保证⑤。

许哲神父谈到达果柏有一只交椅；按照古代记录，法兰西的国王们有一种习惯，就是坐在这只交椅上接受领主们所行的臣服礼⑥；显然，许哲在这里所运用的就是他的时代的思想与语言。

当采地可以传给继承人的时候，在起初封臣的谢恩只不过是偶然的事情，但后来就成为一种规矩；谢恩典礼要赫赫堂堂，充满庄严的仪式，因为它要能够使人世世代代都记住领主和封臣彼此之间的义务。

我有理由相信，臣服礼是在柏彬王的时代开始建立的。这就是我所说的有几种恩赏都是永远给予的时代。但是我这样看是存着戒心的，

---

① 在802年《敕令Ⅱ》里可以看见这种誓言的一个例子。又参看854年《敕令》第13条等。
② 从杜刚支：《中末期拉丁语解》第1163页 Hominium 字下和第474页 Fidelitas 字下引证的古代臣服礼的一些条例中，可以看出这些差异，又他引证了很多文献，可资查阅。行臣服礼的时候，封臣把手放在领主手中而立誓；忠诚的誓言是手按《福音书》进行的。行臣服礼时要跪着；立忠诚的誓言时站着。只有领主可以接受臣服礼。但是他的官吏们就可以接受忠诚的誓言。参看李特尔顿：《宣誓和臣服礼》第91—92节。所谓"宣誓和臣服礼"，就是"忠诚的誓言和臣服礼"的意思。
③ 860年秃头查理从康弗伦狄回来以后颁发的《敕令》第3条，载巴路兹辑《敕令会纂》第145页。
④ 拉丁原文作 firmitas。——译者
⑤ 上述860年秃头查理的《敕令》第1条。
⑥ 许哲：《论自己的政府》。

而且只是根据一个假定，就是古代《法兰克人史记》的著作者们并不是愚昧无知的人，当他们在描写巴威利亚的公爵塔西庸向柏彬行忠诚典礼的时候①，是按照他们看到的人们遵行的习惯而记载的②。

第三十四节　续前

当采地可以撤销或是仅仅给予一生的时期，采地几乎和政治法规没有什么关系；所以当时的民法很少提到采地的法规。但是当采地变成世袭的时候，它们就可以给予、出卖、传留给人，所以它们就属于政治法规和民事法规的范围了。采地，作为负有军事义务的东西来考虑，就属于政治法规的范围。采地，作为贸易上的一种财产来考虑，就属于民事法规的范围。这就产生了有关采地的民事法规。

当采地成为世袭的时候，关于继承顺序的法律就必须和采地永远给予的制度相适应。因此，不顾罗马法和《撒利克法》③的规定，法兰西法律便建立了这条规则："遗产不上传"④。采地必须有人负义务；但是一个祖父或是一个祖伯父是不可能给领主当好封臣的⑤。所以，就如布地利埃所告诉我们的一样，这条规则起初仅仅是为采地而设立的⑥。

---

① 757 年，见《法兰克人史记》第 17 章。
② "塔西庸来申请做封臣受保护；他把手放在圣贤遗物上，发了无数神圣的誓愿，并向柏彬许下了忠诚。"这似乎是行封臣礼又立忠诚誓言。参看本节倒数第5段第2个注"从杜刚支……"。
③ 自由土地篇。
④ 《法兰西法》第 4 卷《庄园》第 59 篇。
⑤ 指年纪太老，不能负采地的义务——译者
⑥ 布地利埃：《乡间事务大全》第 1 卷第 76 篇第 447 页。

在采地成为世袭的时候，领主们总要注意谁担负采地义务的问题，所以他们要求将继承采地的女子——我想有时候也要求男子——没有得着他们的同意不得结婚；因此，婚姻的契约对贵族们来说是一种封建性的安排，又是一种民事性的安排[1]。当这么一种行为[2]在领主的监督下成立的时候，人们就在里面为将来的继承规定一些条款，使继承者能对采地担负义务。因此，最初只有贵族们有通过婚姻契约处分遗产的自由；这是波野[3]和奥佛烈利乌斯[4]所指出的。

同族的人的财产收复权是建立在古代亲族权利之上的；它是我们法兰西古代法学的一个谜；我没有时间详加阐述。然而不用说，关于采地的这种权利只有在采地成为永远给予的时代才有可能产生。

"意大利！意大利！[5][6]……"我写完了关于采地的论文；我的论文结束的时期正是大多数著者的论文开始的时期[62]。

---

[1] 按照1246年圣路易为肯定安如和梅茵的习惯而颁布的一道诏谕，看护一个采地的女继承人的人们必须向领主提出保证，该女继承人不会没有取得他的同意而结婚。
[2] 指婚姻契约这种法律行为。——译者
[3] （波野或称波爱利乌斯是十六世纪的法国法学家）。《判例》155第8号和204第38号。
[4] （奥佛烈利乌斯在评论都鲁兹议政院的作风）。卡贝尔·多尔：《判例》453。
[5] 维奇利乌斯《伊尼德》第3卷第523节。
[6] 维奇利乌斯名诗《伊尼德》叙述德洛伊英雄反抗希腊侵略失败后逃离故国，经历艰辛，终于抵达快乐的意大利。孟德斯鸠用新方法辛苦地完成了对法国封建史最暧昧时期的研究；他借用诗中"意大利！意大利！"这几个字来表达他这时的愉快心情。——译者

原编者注

1. 人们曾经指出，罗马的一切立法，尤其是关于继承财产的立法，都和祖先的崇拜有关系。在这里，孟德斯鸠似乎不重视这个看法。人们知道，从罗马法的 agnation（男系亲属）这个字可以看到，亲族关系是用 foyer（灶火）、feu（火、炉灶）（亦即 agni）表示出来的。

2. 罗马人并没有要求重新"分配"一切土地。他们仅仅要求享用公共祖业和征服土地的公平分配。

3. 本注意思和汉译完全相同，故略。——译者

4. 即从前主教们所制定并用来反对西哥特人的法律。

5. 拉布莱指出，孟德斯鸠说："西哥特的法律是严厉的。"他又说："这些法律被译成西班牙文，题名《法苑》；它经过了整个中世纪，到了今天仍然是西班牙法律的基础；岂不奇妙？"

6. 亚得瑞安·德·瓦罗哇（1607—1697），著有《法兰克人的业绩》（1646—1658）；哲罗姆·比格侬（1589—1656），著有《法兰西君王们的美德》。

7. 参看上面第5号注。

8. 孟德斯鸠在本书第30章第14节谈及"安全税金"。

9. 这是"道学家"的货色。①

10. 孟德斯鸠在所有关于决斗裁判的谈论中,竟把最主要的一点忘掉。这就是:决斗裁判的基础是人们信仰上帝将进行干预,使代表正当权利的一方获胜。

11. "预审",指的是在对诉讼主要争议之点进行裁定之前,先对所将采取的某些步骤进行裁决的审判。

12. "按照条例或习惯",指的是"按照成文法或习惯法"。

13. 就是卡龙达斯·勒伽隆。

14. 这是佛兰西斯一世的《维勒柯德烈法令》。

15. 这里指的是,教堂代理人拒绝交出依避难权避入教堂的贼。

16. 不过,这正是大革命时期所进行的改革的一项。

17. 在圣路易的时代,"法制"(原文 établissements)这个词的含义是"法律和命令"。

18. 原文"suffisance"(充足)应作"才能"解。

19. 这是查理九世朝 1566 年颁发的《幕林法令》。

20. 原文"antiquaire"(研究古物者、古董商);这字在当时的意思,是对古代的东西有好奇心;嗜好古物。

21. 这里人们看到"道学家"可以用何等的聪明智慧去参与纯粹的政治。②

22. 我们知道,古希腊"城市或民族的同盟"就叫做"安绯克仲

---

① "道学家"(les mora'istes)是法国的一派学者,以批评世风为主。其中最著名的有蒙旦(1533—1592);他的道学甚至主张仅仅理性是不能达到形而上学的真理,这和孟德斯鸠的理性论是背道而驰的。这个注是在奚落孟德斯鸠。——译者

② 孟德斯鸠是由实际事物出发的思想家,和"道学家"(说明见前面脚注)恰恰相反。所以这个注也是在奚落孟德斯鸠。——译者

尼"（amphietyonie）；这个名词来自传说人物"安绯克仲"（Amphietyon）；他是希腊洪水传说中的大船上生存着杜卡利安的儿子。

23. "体制"指的是拉斯的"体制"。
24. 由于这个缘故，"贝壳放逐"就被称为"树叶放逐"了。按照普卢塔克和狄奥都露斯的记载，人们用的是橄榄树叶。
25. "多一个手段"，指的是"施酷刑"，也就是上面说的"拷问"。
26. 和第16章第3节①有关系。
27. 原文"如果没有他们"指的是"如果没有窝赃者"。
28. 近代渊博的学术造诣已经不能承认这样确定的见解。
29. 人们认为这个恶劣的戏言是来自巴黎大主教德·阿尔莱；他认为"王权法和王冠周围的圆形是联系着的"。
30. 有人认为，这里暗指的是关于第二次婚姻的不名誉观念。
31. 康斯坦的《宪法读本》在论《征服的精神》（第2卷第13章第170页等）时也谈到这点，可资参照。
32. 原文"阿林顿"（Arrington）就是"哈林顿"（Harrington）；见他所著的《大洋国》。
33. 孟德斯鸠用轻快而简练的笔法，写出不偏不倚的公正论断，来欣赏一种已经消逝了的立法；这是值得人们细察的。
34. 原文"attendre l'anée"（等候岁时），意思是"等候岁时的收成"。
35. "有些人"，德·布兰维利埃就是一个例子，在下面第10节就讨论他的问题。

---

① 这里的章数节数似有错误。——译者

243

36. 这个罗利更是哪一个无名的修道士；罗利更肯定是化名而已。

37. 拉布莱指出："有这点不同，就是勃艮第人的这种好客是一种强制的好客，是对家庭主人的掠夺。"

38. 我们认为这样往好里去想的见解，是否正确，不无疑问；我们也不晓得，到底孟德斯鸠从哪儿知道勃艮第人是一个畜牧的民族。

39. 德·布兰维利埃伯爵在所著《法国古代政府的历史》说了对自己有利的话。他说，法国贵族是法兰克人的后裔，其余的人是高卢——罗马人的后裔。孟德斯鸠似乎同意这个意见。

40. 这里所引的是奥维得：《变形记》第 2 卷第 131 等节的诗句。

41. 原文 "…qui cultivaient les arts"（熟习工艺的人），应简单地解作"从事各种手艺的人"。

42. 拉布莱说，耶稣会士阿尔顿神父是 1646—1729 年时人；曾辑有"一部先贤普利因的好集子"和主教会议记录会纂十二卷⋯⋯"但是他主张说，希腊和罗马所遗传给我们的著作，大多数是十三世纪的僧侣们的著作"，而且"他特别想象出 [罗马诗人维奇利乌斯所著]《伊尼德》诗是一个本笃会的修士的作品，因为这个修士要祝贺基督教会对犹太教会的胜利"。

43. 原文 "un finaneier"（财政家），应作"总税务司"解。

44. 这是柏拉图在《对话》里说的。

45. 原文 "le sort"（命运），应作 [遗产的]"份额"（La part）解 [指所有人死后，应归属军队]。

46. 拉布莱说："《采地论》（Le Liber Feudorum），作为法国封建法律史的著作，并不是很可靠的；它是在意大利根据伦巴底人的习惯写出的；它的两位著者与其说是普通的史家，毋宁说是法学家。"

47. 原文"Adalingue"，是"贵族"的意思。

48. 德文 Friede 也是同样意思。

49. 参看上面第 38 号注。

50. 决定了杜波神父的成功的著作是《诗画评论》。它的体裁优雅，意见高妙，但是看不出他的雄伟气魄。

51. 原文"Tandis que"应作"当……的时候"解；这个用法今天仍通行。

52. 这是布兰维利埃：《法国古代政府的历史》（第 1 册第 28 页）所说的。

53. "如果他们是十分信实的人的话"，意思是说，"如果十分严格地认真地遵从立遗嘱者的意思的话"。

54. 宰相职位（mairie）原文作"mairerie"。这个发音今天仍然留存，尤其是在巴黎郊外。

55. 勒冠特神父曾著有《法兰克教会年录，417—485》8 卷（巴黎 1665—1683）。

56. 胖子查理，原文"Charles le Gros"；拉丁原名为"Carolus Craseus"。

57. 参看苏埃多尼乌斯：《奥古斯都》第 18 章和狄欧：《罗马史》第 51 卷第 16 章。

58. "巴柏路斯"①（Barberousse）（1122—1190）。

59. 帝国"，指的是阿尔曼（即日耳曼）。

---

① 即"巴巴罗萨"（Barbarossa），意大利文是"红胡子"的意思。这是佛烈德利克一世的绰号。——译者

60. 这指的是奥地利王室。

61. 指斯堪的纳维亚各国和俄罗斯（莫斯科公国）。

62. "当孟德斯鸠高喊'我们应当用法律去阐明历史，用历史去阐明法律'[①]这句训言——现在已成为公认的原则——的时候，他为科学打开了一个新的视野。他在完成他的著作时说：'我写完了关于采地的论文；我的论文结束的时期正是大多数著者的论文开始的时期'；这部著作是他的原则的应用和适时性的第一次示范。当孟德斯鸠说这句话的时候，他并不自限于年代的问题。他知道，这些内容材料还没有任何法学家用历史方法加以研究过。这种方法是他刚刚采用的。他有意思为这个愉快的新发明确定一个日期。将没有人敢和他争夺这个权利。"（拉布莱版引斯克罗比的注）

---

① 见本书第31章第2节末尾。——译者

查理·路易·孟德斯鸠
C. de Montesquieu

1689.1.18—1755.2.10

法国启蒙时期思想家、法学家,"三权分立"学说的奠基人。1748年出版《论法的精神》,奠定了近代西方政治与法律理论发展的基础。这本包罗万象的著作被伏尔泰称为"理性和自由的法典"。

张雁深

1910—1968

翻译家,精通英、日、法、意大利四门外文。

自燕京大学毕业后,留校任职。1952年调入中科院近代史研究所史料编辑组,从事史料翻译、编纂、考辨工作。同时致力于"侵华史研究",拟完成《法国侵华史》等6部著作,立志把余生完全投入其中,扩大中法关系史研究的幅度与深度。

即使身体状况不佳,张雁深仍遵照近史所安排,为同仁教授法文,并为长久计,拿出私藏的3套15册课本,交由图书室保存。

1966年8月,张雁深病情加重,一切脱离常轨,更无潜心研究的条件。1968年10月2日(一说为1967年),病重离世。其妻张绿子,本命鸟居绿子,是日本学者鸟居龙藏之女,曾供职于故宫博物院,后携子女返回日本生活。

论法的精神（全六册）

产品经理	张　晨	书籍设计	朱大锤
技术编辑	顾逸飞	执行印制	陈　金
监　制	马伯贤	出品人	吴　畏

图书在版编目（CIP）数据

论法的精神：全六册 /（法）查理·路易·孟德斯鸠著；张雁深译. -- 昆明：云南人民出版社，2021.10
ISBN 978-7-222-20425-6

Ⅰ. ①论… Ⅱ. ①查… ②张… Ⅲ. ①政治学②国家和法的理论 Ⅳ. ①D0②D90

中国版本图书馆CIP数据核字（2021）第193862号

责任编辑：刘　娟
责任校对：吴　虹
责任印制：马文杰

论法的精神：全六册
LUN FA DE JINGSHEN : QUAN LIU CE
[法] 查理·路易·孟德斯鸠 著　张雁深 译

出　版	云南出版集团　云南人民出版社
发　行	云南人民出版社
社　址	昆明市环城西路609号
邮　编	650034
网　址	www.ynpph.com.cn
E-mail	ynrms@sina.com
开　本	880mm×1230mm　1/32
印　张	30.5
字　数	700千字
版　次	2021年10月第1版　2021年10月第1次印刷
印　刷	天津丰富彩艺印刷有限公司
书　号	ISBN 978-7-222-20425-6
定　价	198.00元

版权所有　侵权必究
如发现印装质量问题，影响阅读，请联系021-64386496调换。